Johann Andreas Christian Löhr

Untersuchung der Frage

Warum wirkt das Predigtamt so wenig auf die Sittlichkeit der Menschen?

Johann Andreas Christian Löhr
Untersuchung der Frage
Warum wirkt das Predigtamt so wenig auf die Sittlichkeit der Menschen?

ISBN/EAN: 9783743602946

Hergestellt in Europa, USA, Kanada, Australien, Japan

Cover: Foto ©Lupo / pixelio.de

Weitere Bücher finden Sie auf **www.hansebooks.com**

Untersuchung der Frage:

Warum wirkt das

Predigtamt

so wenig auf die

Sittlichkeit

der Menschen?

v. L.

———

Frankfurt am Main 1792.
bei Johann Georg Fleischer.

Der Inhalt des vorliegenden kleinen Werks, ist durch den Titel hinlänglich bestimmt. Es soll auf diejenigen Umstände die Aufmerksamkeit hinleiten, die vorzüglich den Nutzen des Predigtamts verhindern oder erschweren. Es bedarf wohl keiner weitläuftigen Untersuchung, daß der Nutzen dieses Amts, ohne Verhältniß geringer sei als sein Zweck, da die Beweise dazu in dem Leben der Menschen überall so klar vor Augen liegen, und die Klagen darüber so alt und so laut sind. Sehr gern würde der Verfasser seine Schrift, — die schon seit einem Jahre fertig da lag — zurückbehalten haben, wenn er sich hätte überzeugen können, daß sie durchaus zu spät käme. Er glaubt aber, der behandelte Gegenstand sei wiederholter Untersuchung werth, und, seit der bekannten Schrift des vortreflichen Spaldings, so sehr noch nicht bearbeitet, daß dadurch alle Untersuchungen der Art, wie sie das gegenwärtige Werk enthält, wären entbehrlich geworden. Ueberdem weiß ja alle Welt, daß, ob man schon an einigen Orten sehr thätig darauf bedacht gewesen ist, die Hindernisse der Nutzbarkeit des Predigtamts zu erleichtern oder zu heben, so gut man konnte oder zu können glaubte, an andern man sich die möglichste Mühe gegeben habe, alle Hindernisse, unter der gewöhnlichen Firma, die Religion in ihrer Ehrwürdigkeit zu sichern, und aus Pflicht und Gewissen dem Irrglauben zu wehren, gänzlich beizubehalten, und das Predigtamt zu einem bloßen

bloßen — Popanz zu machen. Es scheint also wohl noch nicht so weit zu sein, daß man ruhig den vorliegenden Gegenstand vorübergehen könnte.

Der Verfasser hat durch diese Schrift, an seinem Theil zu größerer Nutzbarkeit des Predigtamts, mit beitragen wollen. Ob er dazu Beruf gehabt habe, und, in wie weit ihm das gelungen sei? — müssen freilich andere entscheiden. Doch hoft er, seine Bemühung werde so ganz fruchtlos nicht sein, wenn sie nur das Verdienst behält, auf den bearbeiteten Vorwurf die Aufmerksamkeit rege zu machen, und wiederholte Untersuchung desselben, vielleicht auch ausführbare und zweckmäßige Vorschläge zu nöthigen Verbesserungen zu veranlassen.

Uebrigens hat er über die Schrift selbst nichts weiter zu sagen, als daß diejenigen Stükke, die die Geschichte berühren, dazu dienen sollen, beliebige Vergleichungen zwischen Vergangenheit und Gegenwart anzustellen, um auf das Fortrücken in manchen Dingen schließen zu können — vielleicht auch manchem Prediger das Büchlein selbst ein wenig zu empfehlen.

Die Erinnerungen einsichtsvoller und sachverständiger Männer, sollen gewiß dem Verfasser sehr willkommen sein, und zu seiner Zeit, bei welcher Gelegenheit es auch sei, von ihm dankbar benutzt werden. Doch das bedarf keiner Erwähnung.

———

Erster

Erster Abschnitt.
Von den Wegen ins Predigtamt zu gelangen.

Schon die Wege auf welchen seit Jahrhunderten sich so viele ins Predigtamt hineingewunden haben, und die in unsern erleuchteten Decennien eben so häufig, als sonst iemals betreten werden, enthalten mannichfaltige und gewiß nicht unbeträchtliche Hindernisse für den Nutzen des Predigtamts, da es Schleich- und Holzwege sind, die demienigen, der sie einschlägt, die äuserste Geringschätzung bei seiner zukünftigen Gemeinde, wie bei iedem graden und rechtschaffenen Manne bringen müssen.

Zwar, warum es eben ein ganz besonderer göttlicher Ruf sein soll, durch welchen der Prediger sein Amt erhalten muß, warum es diesem Ruf schnurstraks entgegen laufe, sich um ein Predigtamt zu bewerben, und was man am Ende mit einem solchen besondern Ruf meint, das dürfte in der That schwer sein zu sagen. Es giebt indessen noch manchen Ort, wo es der gewisseste Weg ist abgewiesen zu werden, wenn iemand um ein Predigtamt anhält, da ein solches Anhaken als Beeinträchtigung des göttlichen Rufs angesehen

hen wird. 1) Dieser Aengstlichkeit ohngeachtet, wird es nicht selten angetroffen, daß dieser Ruf nicht immer die Verdientesten und Fähigsten zum Predigtamt genommen habe, und daß die Prediger an manchen Orten desto untauglicher für ihr Geschäft sind, ie strenger man auf den besondern Ruf hielt, durch welchen sie erwählet wurden. Rufs genug ohne Zweifel, wenn man mit Talent und Kenntnissen, Rechtschaffenheit und guten Willen vereinigt, ein solches Amt zu verwalten — und wenn es mit diesen Erfordernissen gesucht wird, was soll darin Unrechtes liegen, wenn man es anders auf ofner und grader Landstraße sucht? Es hat allerdings seine eigenen Vortheile auf iede Weise, ganz ohne eigenes Zuthun eine Predigerstelle zu erhalten, da man vielleicht nur auf diesem Wege allein, allem ungerechten und kränkenden Verdacht entgehen kan. Doch aber ist dieses lange nicht hinlänglich, alle Bewerbung für unrecht zu erklären. Das aber läßt sich hingegen leicht sagen, daß es sehr unrecht sei, auf einem von den hundert oder tausend Wegen ins Amt zu kommen, die von der ofnen Landstraße abgehen. Diese heimlichen Gänge, sich in den Schaafstall zum Hirtenamt einzuschleichen oder einzudrängen, sind

lange

---

1) Dieser Gedanke von einem besondern göttlichen Ruf, wird noch immer allzuhäufig auch selbst da noch gemißbraucht, wo er seine Gültigkeit schon längst verloren hat. Die Belege hierzu kan man in unendlich vielen Abschieds- und Antrittspredigten finden, wo immer von ganz besondern Winken des göttlichen Rufs geredet wird, ohnerachtet alle Welt weiß, daß man eigentlich um einer bessern oder um einer höhern Stelle willen Veränderung vorgenommen hat. — — Wozu am Ende den unschicklichen und oft ärgerlichen Ausdruck, wenn auch die Sache gerechtfertigt werden kann! —

lange so verheimlicht nicht, daß sie nicht iederman kennen sollte.

Wo das Volk das Recht zur Wahl des Predigers hat, und wo folglich das Partheimachen am häufigsten ist, geht der Kandidat, der den Werth einer Pfarre über den Werth eines unbescholtenen Rufs und einer unverlezten Ehre sezt, zu den Gemeindegliedern umher, bietet seine Dienste an und bettelt demüthigst um die Stimmen, kriecht, schmeichelt, verspricht alles was gefordert wird oder wovon er vermuthet, daß es den grosgünstigen Gönnern und Patronen angenehm sein werde, macht vielleicht gar Hofnung dem und ienem etwas von den Abgaben an die Pfarre auf einige Jahre zu erlassen und gelobt höchsten Fleiß, Treue und Willfährigkeit. Gelingt es ihm — und einem unter vielen gelingt es freilich — ists da möglich, daß er die Achtung und das Zutrauen besitzen kann, ohne welches sich so wenig wirken läßt? — Gewiß niemals, denn welche Achtung und welches Zutrauen könnte ein Mensch haben, der sich durch die entehrendste Bettelei und durch seine bewiesenen überaus niedrigen Gesinnungen alles Zutrauens und aller Achtung unwerth gemacht hat; den die meisten ohne beschwerliche Rückerinnerung an sein kriechendes Betragen nicht ansehen können, und der nirgends gegen die Erniedrigung gesichert ist, daß nicht dieses oder ienes Mitglied seiner Gemeinde bei ieder vorkommenden Gelegenheit, der Protektion geflissentlich erwähne.

haupten zu müssen, zumal wenn etwa gar Bür=
germeister und Rath eines ganz kleinen Landstädt=
chens oder aber Richter und Schöppe einer an=
sehnlichen Dorfgemeinde die vornehmsten Beförde=
rer waren. Alsdenn unterstehe sich der gemachte
Prediger irgend etwas zu unternehmen, was nicht
den Beifall seiner Patronen hat, so wird man es
ihm bald fühlen lassen auf welchen Wegen er ins
Predigtamt kam, und sicher wird er um so mehrern
Verdrüßlichkeiten und Kränkungen ausgesezt, ie=
mehr er daran arbeitet sich von der beschwerlichen
Unterwürfigkeit loszumachen.

Mancher erlauert sein Pfarramt von einer
hochadlichen Herrschaft die das Besetzungsrecht
dazu hatte. Er hat sein Glück durch die Artigkeit
seines unterthänigst applicirten Handkusses bei der
gnädigen Frau gemacht — vielleicht hat er es gar
dem geltenden Wort einer dirigirenden Kammer=
jungfer oder zuweilen auch den Empfehlungen eines
hochgebietenden Johanns zu danken, die das Herz
des Herrn Kollators in Händen haben — oder aber
er hat seine Fähigkeit zum Predigtamt mit einem
Hundert wichtiger Goldstücke bewiesen, und die
zerrütteten Finanzen der Patronatherrschaft haben
die Klarheit des Beweises aufs vollkommenste ein=
gesehen. Ganz unter der Hand erhält denn der
Schulze der neubesezten Gemeinde Notiz davon,
von dem Schulzen erfährts die Frau Schulzin, —
die Frau Nachbarin, und nun gehts wie ein Lauf=
feuer durchs Dorf — iedoch, es versteht sich,
alles unter dem Siegel der Verschwiegenheit.
Und die Folgen? — — sind mit einigen schlim=
mern oder bessern Abänderungen, im Grunde die=
selben, wie vorhin.

Hin und wieder werden auch die erledigten
Pfarrstellen fast öffentlich verhandelt. Dem Ver=
fasser

fasser ist wenigstens ein Ländchen bekannt, wo sie der Meistbietende mit Gewißheit erhält und wo es gar nicht nöthig ist sich mit guter Manier als einen Mitbietenden anzugeben. So sind auch die Stellen eben keine so große Seltenheit, mit deren Besitz zugleich der Besitz einer weiland schön gewesenen Kammerjungfer von der Gemahlin des Gönners oder des Patrons, oder einer verblühten Jägerstochter, zuweilen auch der Besitz einer Fräulein der Patronatsherrschaft, und wenns am handlichsten ist, die Verbindung mit der Witwe des Vorfahren oder mit der Tochter des Herrn Pastoris bene emeriti den genauesten Zusammenhang hat. Es giebt auch wohl außer dem Wege des Erbettelns, Erkaufens und Erheirathens, manche andere Wege, nur daß sie nicht so gangbar sind.

Wer noch, unter diesen elenden Wegen, auf dem ehrenvollesten ins Pfarramt gelangt ist, dem hat ein hohes Mitleid über seine zwanzigjährige Kandidatenschaft oder die Erkenntlichkeit seines Principals hineingeholfen, bei welchem er so lange als Hofmeister und Kinderwärter gedient hat, bis man, weil die Junker unter dem Regiment und die Fräulein alle schon zum Abendmahl gegangen sind, seiner Dienste entbehren kann.

Wenn Mittel dieser Art noch nicht so bekannt wären, als sie es wirklich sind, so würde die Satyre unserer Romanenschriftsteller bei izt laufendem und ansteckendem Lesefieber, schon allein hinlänglich für die Bekanntmachung derselben sorgen. Und wer sich noch besser aus eigener Erfahrung überzeugen will, wie es herzugehen pflegt, — vorausgesezt, er wäre in dem seltenen Fall Ueberzeugung zu bedürfen — der darf nur alsdenn Achtung geben, wenn eine irgend etwas einträgliche, und nicht schon im voraus wieder besezte Pfarrstelle erledigt ist. Wie viel Partheien, wie viel Bewerbungen dieser Partheien, welche sinnreiche Erfindungen seines Zwecks nicht zu verfehlen, welche feine und entfernte Operationen durch die vierte, sechste oder zehnte Hand, welches verflochtene Interesse, Versprechungen, künstliche Anlagen, studirte Manövres und zusammengesezte Machinationen, um den Mitwerbern ein Bein unterzuschlagen! Man würde in Wahrheit nicht ganz unrecht dafür halten dürfen, das Bild einer Parlamentswahl nach dem verjüngten Maasstabe zu sehen.

Es ist bekannt, daß es von leher so gewesen ist, und die einfältige Gutmüthigkeit würde der Verderbtheit unserer Zeiten ein wenig allzuviel aufbürden, wenn sie in ihr den Grund aller dieser Uebel suchen wollte. Schon in den alten sächsischen Verordnungen, die Kirchensachen betreffend, heißt es: „Die Edelleute nehmen ungelehrte Gesellen — Schreiber und dergl. die dem Edelmann etwas von den Pfarreinkünften ablassen, oder sonst dem Junker zu Hofdiensten mit Schreiben, Registerhalten, Kinderlehren u. dergl. verbunden sein müssen;" und um gleiche Zeit ohngefähr giebt ein gewisser alter D. Caius dem Kollatoren den Rath: doch ja nicht gleich zuzuplatzen und ohne alle Prüfung zu Pfarrdiensten currentes-Brüder, faule socios, fratres ignorantiae, Köche, Lumpenpack und Seiltänzer zu nehmen.

Kaum bedarf es einer weitern Auseinandersetzung, wie sehr durch diese und ähnliche verachtungswerthe Mittel ins Pfarramt zu kommen, der Nutzen des Amts gehindert werde, und wie viel sich von Menschen fürchten lasse, die sich bis zu solchen

solchen Mitteln erniedrigen können. So viel gutes und unverdorbenes Sinnes für Ehre und Unehre hat auch der niedrigste Handarbeiter und der ärmste Häusler noch, um das Schimpfliche in solchen Bewerbungen ganz zu fühlen, und er kann nicht anders als nach diesem seinem richtigen Gefühl, den Mann von Herzen verachten, der auf solche Weise sein Prediger geworden ist, wo er ihn nicht vielleicht gar haßt. Was derselbe nun auch Gutes und Erbauliches von seiner Kanzel in Zukunft sagen mag, so wird es viel leichter überhört, — bleibende Eindrücke fürs Herz und dauerhaftes Gute fürs Leben wird er selten bei seinen Zuhörern erzeugen, denn alles wird von dem Andenken an die Art, wie er ins Amt gekommen ist, stark überwältigt. Die ganz eigene Kunst, dies Andenken an ieden Perioden des Vortrags anzuknüpfen, versteht der größere Theil der Zuhörer ganz, und sollte ers auch die Predigt über vergessen haben, so fällt es ihm desto lebhafter und stärker bei den Worten der Absolutionsformel „ich als ein berufener und von ⊙. verordneter Diener ꝛc." wieder ein. Selbst der Verständigere kann sich nicht immer dieser Erinnerung erwehren, und vielleicht hört dieselbe unter der ganzen Gemeinde nicht eher auf, als bis der Prediger eine ganz neue Generation von Kirchkindern hat, die seinen Fehler nur von Sagenhören wissen. So lange diese nicht da ist, giebt iedes kleinere oder größere Versehen des Predigers, iede in der Nachbarschaft neuzubesetzende Pfarre, den Anlaß alles wieder aufzuregen. Möcht es auch sein — ein Fall der nicht unmöglich ist — daß ein Mann vielleicht nur aus zu großer Begierde nach Versorgung zu einem entsprenden Schritt verleitet, in der Folge wahrhaft exemplarisch lebte und mit

A 4   muster-

musterhafter Berufstreue alle Obliegenheiten seines Amtes erfüllte, wie viel wirds ihm helfen? Der größere Theil hat weder Gelegenheit noch Fähigkeit genug das zu erkennen und zu schätzen, oder richtig zu beurtheilen; nicht einmal zu rechnen, daß es ihm vielleicht an Lust fehlt es erkennen und schätzen zu wollen. Ihm erscheint iede Handlung seines Seelsorgers in dem zweideutigsten Lichte, die er nicht ganz versteht — alles die Folge der ersten Eindrücke, von welchen man weiß, wie schwer sie sich wieder verwischen lassen. Seine Achtung und sein Zutrauen ist grade da verloren worden, wo man es zu allernächst hätte suchen sollen zu erhalten. Vielleicht glaubt man es nie, oder doch nur mit Mühe, daß er Fähigkeiten habe seinem Amte ehrenvoll und nuzbar vorzustehen. Der wenigstens, der seine Talente und Kenntnisse nicht näher in Augenschein nehmen kann, oder sich nicht darauf versteht ihren Werth oder Unwerth zu wiegen, wird gewiß dafür halten, er hätte sich so weit wohl nicht herabgewürdigt, wo er anders seiner selbst gewiß gewesen wäre, oder aber er habe nur deswegen alle Seegel aufgespannt, in den sichern Hafen einer Pfarre einzulaufen, seines Bauchs nach Herzenslust zu pflegen; denn das kann man nach seiner Meinung nie besser, als in einer Pfarrstelle. Wenn nun ein Mann mit seinem Amt zugleich, und das aus eigener Verschuldung, so viel üble Nachreden, so viel von den Mitwerbern um die Pfarre angestellte Kränkungen, Feindschaft und Widerwillen findet, wie lange wird er Achtung und Zutrauen vergebens suchen, und wie wenig wird er Nutzen stiften!

Zwar dem Unwesen ließe sich wohl steuern, und zwar so leicht steuern, wenn unsere Konsistorien

rien, und übrigen geistlichen Kollegien überall auf diese Wege so wachsam wären als sie könnten — zuweilen auch, wenn sie so könnten, als sie es gern wollten. So lange beides nicht ist, werden sich immer niedrige Menschen genug finden, welchen kein Preiß zu theuer ist, für welchen sie eine Predigerstelle erkaufen können, und die ihrem neuen Stande alsdenn wahrhaftig keine Ehre machen. Warum indessen da nicht gesteuert wird, wo es geschehen könnte, darauf läßt sich so unendlich viel antworten, daß es rathsamer scheint lieber gar nicht zu antworten. — — — Bei vielen Herren Examinatoren läßt sich auch durchkommen. Eine Rolle guter Dukaten, und ein locus in der Dogmatik oder eine schwere Stelle aus dem Neuen Testament, sind sehr oft Synonime. Man hat auch deren, die so nachsichtig und menschenfreundlich sind, den Examinanden erst vorher ein wenig auf eine geschickte Weise mit seinen Fragen bekannt zu machen. Ein alter thüringischer Superintendent sagte von einem angehenden Prediger: „der Herr Johannes hat gute Ga-„ben (dona) ob er gleich noch iung ist!" — Zuweilen hat auch der Herr Examinator aus Unwissenheit oder um der lieben Bequemlichkeit willen, sein bestimmtes Handbuch — und oft ist das Handbuch wohl gar nur eine etwas korpulente Heilsordnung — nach welchem einmal wie immer das ganze Examen hergeleiert wird, und hat der Kandidat denn fleißig das Handbuch vorher durchgelesen, so kann er bei der größten Unwissenheit, die gefährliche Fahrt zwischen den Klippen des Examens, vielleicht gar noch cum laude beendigen. Alle diese, feinere oder plumpere Manövres sind schon ein wenig lange im Brauch und Uebung, und beinahe eben so lange untersagt oder doch getadelt.

In den sächsischen Generalartikeln von 1580 ist eine Beschwerde, daß etliche Ordinanden die untüchtig wären, „so lange auf Unkosten der Kirche „lägen, bis sie erst von einem Studenten oder „sonst iemand abgerichtet wären, auf etliche „vorgelegte Fragen zu antworten — — „welche sich denn nachmals auf Postillen leg= „ten." Und damit solche Unwürdige wenigstens im Examen nicht durchschlüpfen möchten, so wird den Examinatoren in Churfürst Augusts Kirchenordnung aufgegeben, worüber sie examiniren sollen; — „sollen sich nicht mit blosen Ja oder „Nein begnügen — nicht dem Examinanden straks „helfen — um Beförderung willen zum Kirchen= „dienst von niemanden Geschenk noch Gaben neh= „men, noch sich mit Examinanden heimlich ver= „gleichen, was sie im Examen antworten sollen „u. s. w."

Jedoch, würde auch aufs gewissenhafteste examinirt — welches allerdings von vielen braven Examinatoren geschieht — was wirds fruchten, wenn man nicht auch endlich einmal darauf sehen will — welches an einer Probepredigt wahrhaftig nicht gesehen wird — wie viel Fähigkeiten zu seinem künftigen Amte der Gewählte habe, wie groß seine Talente, seine Menschenkenntniß, seine Gabe sich faßlich zu machen, und wie stark er in der Kunst sei zu überzeugen. Bisher sind die Prüfungen schwerlich viel mehr gewesen als Versuche, zu sehen wie viel Gedächtniß der Kandidat, und wie viel er in dem Gedächtniß von dem oder ienem Kompendio habe.

Zweiter

Zweiter Abschnitt.

Ueber Leben und Wandel der Prediger.

Ohne Zweifel ist die Bemerkung deswegen so oft gemacht, weil sie so leicht zu machen war, daß wohl nie ein Stand dem unbilligen wie dem gegründeten Tadel mehr ist ausgesezt gewesen, als eben der Stand des Predigers. Es ist auch nicht zu leugnen, daß in gewissen Zeitaltern ein sehr hoher Grad von Sittenlosigkeit, Wildheit und Unwissenheit in den geistlichen Ständen herrschend war. Wenn man aber izt noch diese Beschuldigung dem Predigerstand so gradehin zur Last legt, so ist man entweder ungerecht oder sehr übel unterrichtet.

Eines Theils ists wahr, daß man von dem Prediger im Leben und Wandel mehr Moralität und Reinheit fordern darf, als von andern Menschen und Ständen. Wenn sein ganzes Leben darin besteht, sich immer mit dem zu beschäftigen, was den Menschen veredelt, sein Herz läutert, und ihm ehrenvoll und anständig ist, und wenn seine Pflicht es fordert in der Untersuchung dessen, was die Menschennatur zu ihrer wahren Würde erhebt, immer weiter vorzurücken, seinen Zuhörern und Lehrlingen in dem was Tugend ist, besser fortzuhelfen, ihnen dieselbe nach der reinen Moral Christi aufs wärmste und dringendste zu empfehlen, und sie ihnen

nen so liebenswürdig darzustellen, wie sie wirklich ist, und wenn es sogar eine seiner ersten Obliegenheiten ist seinen Lehren durch sein eigenes Beispiel Nachdruck zu geben; so darf man gewiß mit unbezweifeltem Recht von ihm erwarten, er werde sich bei diesen ununterbrochenen Beschäftigungen, für alles was wahrhaft tugendhaft, ädel und groß ist, ein tiefes Gefühl erworben haben. Auf einer andern Seite darf man aber auch nicht übersehen, daß bei sehr vielen Predigern, zumal wenn es Menschen von so ganz alltäglichem Gepräge sind, das was die Religion Großes und Aedles hat, eben darum, weil sie sich immerfort damit beschäftigen und beschäftigen müssen, und weil viele Theile ihres Amts handwerksmäßig betrieben sein wollen, und einige das moralische Gefühl erstikken, ganz mechanisch werde, und aus diesem Grunde einen großen Theil seiner Gewalt über das Herz verlieren müsse. Unmöglich kann der Prediger diese immerwährenden Beschäftigungen in der Religion, mit immer gleich großer Willigkeit des Geistes und mit gleicher Wärme des Herzens betreiben; er betreibt sie also oft nur darum, weil es die Vorschriften seines Amts so wollen, und weil damit sein Brod und sein Unterhalt verbunden sind. Wenn nun das Entstehen derselben im Muß und im Magen seinen Grund hat, so ist es so wunderbar eben nicht, daß sie so wenig auf Kopf und Herz wirken 2). So sieht man auch leicht,

---

2) Alles was man hierbei sagen kann, wird doch auf keine Weise sich darin endigen, daß der Prediger ohne Besoldung dienen solle, wie Moses Mendelssohn meinte. Außer ein wenig Scheinbarkeit, mit welcher

leicht, wie wenig sein Amt zur Verödlung auf den wirken werde, der wider seinen Willen Prediger werden mußte, weil er von seinen Verwandten einmal dazu bestimmt war, und daß mit seinem Amt nicht selten die Religion selbst ihm gleichgültig oder zuwider werden könne.

Aber welcher dieser Gedanke schon vor ihm aufgepuzt und gefärbt worden ist, dürft' er auch wenig weiter für sich haben. Es liegt in der That kein Kontrast darin, Lehrer der Religion sein und sich dennoch besolden lassen. Heutiges Tags dürft' es sich so füglich nicht thun lassen, wie weiland bei den iüdischen Theologen, neben der Theologie noch ein Handwerk zu lernen, und wenn es sich thun ließe, so dürfte der Prediger dennoch mit seinem Handwerk sehr wenig erwerben, denn ein hochgeneigtes Publikum würde wegen des Verpfuschens sehr viel Besorgniß haben. Sollte aber ein Prediger seinen Unterhalt etwa von der Gutmüthigkeit seiner Zuhörer erwarten, so müßte er warlich sehr frühzeitig haben hungern lernen, wenn er dabei nicht eigentlich verhungern oder eben so eigentlich betteln wollte. Auf jede Weise würde aber sein Amt sehr darunter leiden. — Was soll auch Unrechtes oder Widriges darin liegen, daß der Prediger eben so wenig als jeder andere, von bloser Luft leben, und davon Weib und Kind nicht erhalten kann? — Könnte man es von dem Prediger wirklich mit Recht fordern, daß er für seine Mühwaltungen und für seine Arbeiten nichts nehmen soll, so könnte man dies mit gleichem, wo nicht mit größerm Rechte auf mehrere andere Stände übertragen. So müßte der Richter über Recht und Unrecht, ebenfalls keinen Gehalt nehmen, denn es kommt ia so heraus, als würde die Gerechtigkeit bezahlt, und das Recht wohl gar verkauft, welches einen überaus großen Kontrast macht. —

Aber man übertreibt auch vielleicht wohl die Erwartungen ein wenig allzusehr. Was man iedem Stande gern läßt zu statten kommen — die Wahrheit, daß der Mensch — ein Mensch bleibe, davon schließt man den Stand des Predigers noch gar zu oft aus, und man sieht bei ihm das als Verbrechen an, was man bei iedem andern nur als Schwäche, als Versehen, oder als eine Uebereilung angesehen hätte, welche alle Entschuldigung verdiente. Die Ursachen davon sind leicht zu verstehen. Der größere Haufe von Volk — und man weiß ia wie viel Volk es unter allen Ständen giebt, wenn man einmal nicht gern Pöbel sagen will — giebt der Meinung eine allzuweite Ausdehnung, daß der Prediger in seinem Wandel etwas mehr Strenge und Ernst beweisen müsse, als andere. Das, worinnen er bei iedem andern Stande nichts ärgerliches findet, ist ihm beim Predigerstand ein notorisches Verbrechen, und was er bei ienen Ständen sehr gern verzeiht, das verdammt er bei diesem aufs grimmigste. Man legt dem Prediger die unschuldigsten Dinge zur Last — für ihn soll es sich nicht schicken, an einem frölichen Mahl Theil zu nehmen, ein Konzert anzuhören u. s. w., und wenn er gar so dreist wäre eine Lustreise mit zu thun, oder das Schauspielhaus, obwohl mit großer Gefahr seiner Seele zu besuchen, so lodert selbst zuweilen unter den Herrn Kollegen der hämischfromme Eifer, in helle Flammen auf.

Um den Schwachen nicht allzu anstößig zu werden, mag sich der Prediger allerdings auch wohl in solchen Dingen bescheiden, die beschwerliche Etiquette zu beobachten, die die Einfalt seinem Stande aufbürdet, und nur nach und nach

mit

mit behutsamer Vorsicht den Unverstand davon zu entwöhnen suchen — denn entwöhnt muß er allerdings davon werden, wenn er nicht ewig seine Einfalt gerechtfertigt finden und zum höchsten Verdruß des Predigers daran hangen soll. Schon Erasmus giebt das dem Prediger zu erwägen.

„Gewisse Dinge", sagt er, „sind der Art,
„daß, wenn sie auch an und für sich, nichts
„Böses sind, sie doch den Verdacht davon er-
„regen — — — als Reichthümer besitzen,
„kostbare Gebäude aufführen, reich gekleidet
„sein, einem frölichen Mahl beiwohnen, und
„ein Glas Wein trinken. In dem allen liegt
„nichts Böses, aber der hämische Pöbel nimmt
„doch davon Anlaß zu Argwohn und übeln
„Nachreden"! 3) — Indessen dies alles hindert nicht, daß man in diesem Stück doch noch dem Prediger allzuviel aufbürde. Wir müssen hierin iezt schwer für das büßen, was unsere Vorfahren, mit einer morösen und verschobenen Moral gesündigt haben.

Die Erwartung eines außerordentlich tadellosen Lebens von dem Geistlichen scheint dem Unverstande um so gerechter, da man ihm den Gedanken beigebracht, oder ihn doch darin bestärkt hat, er habe

---

3) — „& illud ecclesiastae perpendendum quaedam
„eius generis esse, vt quamuis absint a crimine,
„tamen quoniam prae se ferunt malam speciem,
„non absint a criminis suspicione — — — veluti
„possidere diuitias, splendidius aedificare, ve-
„stiri nitidius, conuiuari lautius, vino hilaresce-
„re — per se non sunt crimina, tamen maligno
„vulgo praebent male suspicandi maleque lo-
„quendi materiam".
Erasmus in Ecclesiast. ed. Antu. p. 22.

habe in dem Prediger ein Wesen von ganz eigener Art zu suchen. Der große Geruch von einer außerordentlichen Heiligkeit, in welchen sich so viele Geistliche gesezt haben, und auf dessen Beibehaltung sie so sorgfältig bedacht sind, ist schon allein Schuld daran. Man hütet sich sehr, sich irgend worin andern Menschen gleichzustellen; man hat alles anders; andern Gang, Haltung des Kopfs, andere Geberden und Sitten, andern Schnitt und Farbe des Kleides, und man sucht den gemeinsten und gleichgültigsten Dingen und Handlungen, den Anstrich eines besondern Gewichts und einer ganz singulären Heiligkeit zu geben. Hierauf sezt die Unwissenheit und die fromme Einfalt, zwar bald mehr, bald weniger, aber doch allemal einen allzugroßen Werth. Vorzüglich gilt dies von der Kleidung der Prediger. Ueberall sollte die priesterliche Amtswürde zur Schau ausgetragen werden, und darum wurde es hier und dort beinahe gesezlich, eine besondere Tracht zu haben. In den sächsischen Generalartikeln Nro. XVI. wird den Predigern zwar nicht bestimmt was sie tragen sollten, weil sich dies ohnehin schon ziemlich von selbst geben müßte, wenn man ihnen untersagte, was sie nicht tragen sollten. Es heißt: „Und damit ein Unterschied „sei, zwischen dem gemeinen Mann (d. i. Laien) „und Kirchendienern, so sollen sich die Kirchen„diener hinführo aller leichtfertigen, kurzen, „zerhackten, zerschnittenen Kleidung und Ver„bremung, so mit Samt und desgleichen ge„schiehet, enthalten". Ja auch die Gattin des Geistlichen, sollte, wie billig, an dieser Singularität Theil haben. Daher heißt es weiter: „ihren Weibern nicht gestatten, in güldenen
„Haus

„Hauben, güldenen Ketten, Samt oder Sei=
„denwerk, mit Schweifen und Springen zu
„gehen." In dem Synodalschreiben an die
Geistlichkeit in Chursachsen von 1610 kann man
ähnliche Sachen finden 4). Stärker konnte dem
rohen und sinnlichen Haufen, die Idee von einer
vorzüglich großen Heiligkeit des Predigers nicht
eingestempelt werden, als es wirklich durch diese
Dinge geschahe.

Bei diesen erregten großen Erwartungen,
gleich viel hier, wie sehr oder wie wenig sie ge=
gründet sein mögen, was kann den Nutzen des
Amts wohl mehr hindern, als der gewaltige Wi=
derspruch, in welchem das Leben der Geistlichen, so
oft mit diesen Erwartungen und Hofnungen steht.
Welche vortheilhafte Meinung kann man von
Männern haben, die, so sehr sie auch den Schein
der Frömmigkeit besitzen, und die Außenseite einer
äußeren Tugend iedem Zug ihres Gesichts einge=
prägt haben, doch oft so unheilig und so sittenlos
leben? Und mit welcher Wahrscheinlichkeit kann
man darauf rechnen, man werde diesem Manne
seinen

---

4) In der vierten Nummer dieses lateinischen Syno=
dalschreibens wird den Predigern auferlegt, sich
nicht den Weltleuten gleichzustellen, sich die Haare
nicht abzuschneiden, wie die Prediger der Kalvini=
sten, die man kaum von Kauf= und Handelsleuten
unterscheiden könne — bei Verlesung des Evange=
liums und bei Nennung des Namens Jesus, das
Barett fein abzunehmen, und zwar deswegen,
weil es nach dem Ausspruch des Apostels (nemlich
I Kor. 11, 4.) unanständig sei, wenn ein Mann
in ecclesia beim Beten und Lehren eine Mütze oder
Kappe auf dem Kopf habe u. s. w.

seinen Fehler eben so leicht vergessen, wie iedem andern! Je größer die Prätensionen sind die man an den Prediger macht, ie mehr der Prediger durch sein Aeußeres dieselben zu berechtigen scheint, und ie weniger nachmals dieselben erfüllt werden, desto verächtlicher wird derselbe bei seiner Gemeinde, und bei iedem andern. Man findet in ihm, wenn auch nicht immer den Heuchler und den Bösewicht, doch den gewöhnlichen Alltagsmenschen, und schon das ist schlimm genug. Lehrt er nun die Tugend, oder straft er das Laster, so hört man ihn fast nur mit Verdruß, oder man stellt beständig Vergleichungen zwischen seinen Moralen und seinem Leben an. Je wärmer und herzlicher er iene empfiehlt, und ie mehr er dieses mit seinen eigentlichen und abscheulichen Farben mahlt, um desto unwilliger wird der Zuhörer der ihn kennt, oder doch zu kennen glaubt. Hat man einmal keinen Heiligen in ihm gefunden, so hält man ihn sogleich für einen Bösewicht, denn die Wahrheit, welche zwischen beiden liegt, trift Jan Hagel nur äußerst selten.

Daß es schwer sein müsse, unter solchen Umständen, vielen Nutzen beim Volk zu stiften, wird wohl niemand befremdend sein. Will man ein ehrliches Geständniß ablegen, so darf man nicht leugnen, daß alles was man von ieher mit Recht oder Unrecht, Deismus und Theismus, Naturalismus und Indifferentismus, und wer weiß wie noch sonst, genannt und geschimpft hat, die guten Wirkungen der Religion kaum so viel hinderte, als das irreguläre Leben vieler Prediger. Wie wenige, selbst unter Gebildetern, verstehen den kunstvollen Vortrag und die verflochtenen Beweise der erstern, wenn hingegen der Handwerker und Tag=
löhner

löhner, das strafbare Leben seines Predigers aufs genaueste versteht. — Und wer mags dem einfältigen und im Urtheilen ungeübten Haufen verargen, der so lebhaft das Entehrende, oder das von ihm dafür gehaltene, im Wandel seines Seelsorgers wahrnimmt, wenn er die Folgerung daraus zieht, er lehre nur so, weil er müsse und weil er sein Brod davon habe — vielleicht auch, aus der oder iener andern Absicht, nur aber nicht aus der, die man ihm angegeben habe. Es müsse, aufs wenigste, lange so nothwendig nicht sein, dem nachzuleben was er lehre, als er es vorgebe; denn da er es doch am besten wissen müsse, so würde er ia ohne Zweifel, sich vor allen, sein selbst darnach richten. Es springt ins Auge was solche Vorstellungen, die durch Beispiel und Handlung von Männern gelehrt zu sein scheinen, nach deren Beispiel man sich berechtigt hält, sich zu bilden, für einen schädlichen Einfluß aufs Leben der Menschen haben müssen, die zu wenig geübte Urtheilungskraft besitzen, als daß sie bald begreifen sollten, die Religion könne dennoch heilig, ehrwürdig und groß sein, wenn auch der Lehrer derselben ein gewöhnlicher Mensch mit tausend Schwächen, oder gar ein Bösewicht und ein Nichtswürdiger wäre. Diesen Unwissenden scheint eins mit dem andern zu stehen und zu fallen.

Möglich muß es indessen wohl sein — denn wie könnte über die Möglichkeit Streit sein, wenn die Erfahrung lehrt, daß es wirklich so ist — daß Prediger bei einer so gar merklich großen Verdorbenheit der Sitten, dennoch die Zuneigung und das Vertrauen ihrer Gemeinde in Händen haben können; aber doch warlich nur deswegen, weil Bauer oder Bürger seinen lieben Herrn Pastor so ähnlich mit sich selbst findet, weil derselbe mit ihm trinkt, schwärmt, spielt und schmaust, und das Pfarrkind hierin eine triftige Entschuldigung für seinen Leichtsinn zu finden glaubt. Aber wird er auch wahre Achtung für ihn haben? Wird nicht grade um so viel mehr, iemehr er Zutrauen findet, von ihm zu besahren sein, daß er seinem Amt und dessen Nutzen auf der andern Seite doppelt vergebe, was er auf der einen gewonnen hat?

Ohne Zweifel hat auch, in dem, in einigen Zeiten so auffallend sittenlosen Leben der Geistlichen, eine sehr wichtige Veranlassung gelegen, die Religion, so ehrwürdig und wohlthätig sie auch immer selbst blieb, desto scheinbarer zu verläumden. Auf diese Gegend konnten daher die billigen und unbilligen Gegner derselben, ihre Anfälle mit desto glücklicherm Erfolg richten, und die Schwachheit hat sich durch diesen Umstand nur leider allzuoft aufs Glatteis führen lassen, und mit dem Lehrer der Religion, ward ihr die Religion selbst verächtlich. Schlimm für sie, daß sie büßen mußte, was ihre — Priester verschuldet hatten.

Die Klagen über die Irregularität des Lebens der Geistlichen, sind so alt als häufig — ein Beweis, wie genau man von ieher auf diesen Stand gemerkt, und wie viel man an ihm zu tadeln gefunden habe. Der Behelf ist schaal, daß nur die Feinde der Religion, und mithin auch des Predigerstandes, den Geistlichen Sittenlosigkeit im Leben und Wandel vorgeworfen hätten — es sei bei weitem so arg nicht, als man angebe, und bloser Ausbruch, wilder, bitterer Ausbruch einer unversöhnlichen Feindschaft gegen Gott (?) und seine Diener! — Damit hat man freilich eine Antwort auf die Beschuldigungen gegeben, aber hat

man

man auch damit widerlegt? — Für die Ehre des Predigers und seines Standes wäre es zu wünschen, es wäre das so ganz vollgültige Wahrheit, als man es gern dafür verkaufen möchte. Nur der Augenschein ist leider sehr oft entgegen, und nur so viel wahr daran, daß die Gegner der Christusreligion, auf diese Seite ihre Anfälle am ersten richteten, weil hier die meiste Hofnung zu einem siegreichen Glanz für ihre Waffen war. Selbst aber diese Anfälle, und daß sie so häufig auf diese Seite gerichtet wurden, lassen schon allein vermuthen, wie wenig befriedigend jene Antwort sein dürfte. Nicht die Humes und die Voltaire, und das Gefolge witziger und witzelnder Nachbeter und Abschreiber hinterdrein, haben allein hier ihre Kräfte versucht; auch ernsthafte Männer aus unserer eigenen Mitte, haben oft und vielfältig geklagt — freilich oft übertrieben, aber deswegen noch nicht ungegründet. Der Unterschied zwischen beiden ist nur, daß jene ein etwas wilderes Geschrei machen und die größesten Vergrößerungslinsen vors Auge nehmen. Es wäre auch äußerst befremdend, wenn diese Fehler nicht sollten bemerkt worden sein, da sie den Nutzen des Amts so auffallend verhinderten und der Religion so sichtbar zur Unehre waren. Wer alle Aeußerungen über den schlechten Wandel der Prediger von Konstantin des Großen, thörichten Andenkens, Zeiten — denn viel länger als der Stand selbst, dürften die

redet sehr häufig darüber, in seinem Buch von der Kirchendisciplin. „Wenn der Abt Würfel auf=
„legt" heißts an einem Orte, „so spielet das
„Convent, und wie der Hirt, also auch
„das Schäflein." Und der durch seine
Lieder so sehr, als durch seine Theilnahme, an
der Abfassung der Konkordienformel bekannte Nik.
Selnecker, spricht hin und wieder in seiner Er=
klärung der Psalmen von den Predigern sehr warm.
Unter andern: „Sie predigen nach Geld und nach
„gutem Leben, und sprechen, kommt her, lasset
„uns guten Wein holen, und einen Rausch
„beibringen, wie leider heutiges Tages fast
„überall der Brauch ist, und die Erfahrung be=
„zeuget. — — Sie (die Wächter) gehen da=
„hin, wie eine blinde Kuh, wo sie ihres Her=
„zens Lust hintreibt, zur Hurerei, Füllerei,
„guten Schlampamp — In Sünden, die sie
„am meisten sollen strafen, stecken sie bis über
„die Ohren — — das Leben ist gar ferne von
„der Lehre, daß man schier nicht mehr weiß,
„wo man einen Mann, Lehrer, oder Pfarrer
„finden soll, der nicht große Laster auf sich hätte."
Er sezt ausdrücklich hinzu, daß er nicht von mensch=
licher Schwachheit rede, und führt ein Beispiel
eines Predigers an, der gesagt habe: „Was sagt
„man viel, als sollten die Prediger nicht saufen?
„Was kann denn ein Prediger von Saufen pre=
„digen, wenn er nicht selbst säuft?" Ein schö=
nes Motto, in Wahrheit, das bei vielen Predi=
gern immer noch in gutem Werth steht. — Auch
der Kanzler, Jacob Andreä, spricht mehrmalen
davon, und sagt einmal in seiner gewöhnlichen
Laune: „Gute, faule patres, die in der Wochen
„kaum eins die Bibel ansehen, schreiben das
„bibere

„bibere fürs scribere, haben mehr calices als
„codices, und deren ist die Menge am größten
„— Tellerlecker und Gerngäste, die alle Mahl=
„zeiten einen frischen Wirth suchen, und wo
„Bier und Wein am besten ist, sich einflicken,
„hat man die Fülle." In den sächsischen Ge=
neralartikeln Nro. XVI. wird den Predigern gebo=
ten: „sich Saufens, Spielens, unversöhnlichen
„Hasses, Zank, Hader, Unzucht und (nach)
„dem Ton der damaligen Zeit) Spazierenge=
„hens, Ausreisens und anderer Leichtfertigkeit,
„wie auch der Tabernen und Schenkhäuser ent=
„halten, und selbst in der Pfarrbehausung nicht
„viel Quas noch oftmals Gasterei halten, —
„— — keine Gäste im Hause setzen und Bier=
„zeichen ausstecken, als woraus groß Ergernuß
„der Kirchen, und dem Prediger selbst, Scha=
„den, Gefahr und Nachtheil erwachse." —
Genug zur Probe. Wem es lüstet mehr Belege
zu haben, wird sie in den Schriften damaliger
Zeiten leicht finden, und auf die gangbare Morali=
tät des Predigerstandes, so wie sie damals war,
auf schmutzigen Erwerb, Geiz, Wucher und Un=
bändigkeit schließen können.

Ob heut zu Tage sich alles das um so gar vieles
gebessert habe, mag hier immer unentschieden blei=
ben. So viel ist wenigstens außer Zweifel, daß,
so wie überall, auch unter Predigern, der Ton
artiger und feiner geworden ist, die Ausbrüche von
Roheit und Wildheit weder so oft, noch so heftig
getroffen werden, und aufs wenigste, doch unter
einem bessern Anstrich passiren; der Geschmack an
Schwelgen und Saufen, nicht mehr so allgemein,
und überhaupt alles durch die Feile der Zeit ma=
nierlicher geworden ist — aber ob deswegen schon

jede=

iedesmal in eben dem Grade gebessert sei, in welchem die Verfeinerung zugenommen hat, ist hier die Stelle nicht zu erörtern. Auf jeden Fall ist immer noch genug zu bessern übrig, und es scheint leider, als ob es noch lange sein werde. Man komme nur in eine nicht ganz unbeträchtliche Stadt, wo das Ministerium aus sechs oder acht Männern besteht, und frage nach ihrem Betragen und Gesinnungen, — wie viel Thorheiten und ärgerliche Anecdoten wird man sich können erzählen lassen. Mag auch der dritte Theil des Erzählten falsch und Zusatz sein, so liegt doch immer noch zuviel Wahrheit im Hintergrunde. Vorzüglich ist der Kollegenneid der geistlichen Herrn, der Unfriede und die Partheigängerei sehr groß. Tausendmal eher wird man finden, daß der Prediger mit andern Häusern in gutem Vernehmen lebt, als daß er mit seinen Kollegen in engerer Bekanntschaft leben sollte. Freundschaft scheint gar nicht möglich. Auf der Kanzel, in Gesellschaften und auf der Studierstube, zweizüngelt der eine über den andern; überall Bestreben, der Achtung des Kollegen, jedoch mit dem Schein aller Ehrlichkeit und kollegialischen Zuneigung, oder doch wenigstens unter der Larve der Wahrheitsliebe, einen Stoß zu geben, und die Liebe oder das Zutrauen zu verringern, das jener besizt; der Talentneid so sichtbar; das gehässige Gezänk über gestohlne oder erschlichene Accidentien so bitter und so wahr, und die Gefälligkeiten gegeneinander aus gutem Herzen so seltene Erscheinungen! In Wahrheit, lehrreiche Beispiele von Vertragsamkeit, Schonung und Liebe für den unverständigen Haufen. Daraus weiß er sich die Moralen warlich viel besser und leichter zu nehmen, als aus allen Vorträgen — — Behüte Gott,

daß

daß man nicht behauptete, an dem ganzen Ministerium, bei dem es so hergehe, sei kein gut Haar. Die meisten glauben nur auf dieselbe Art sich vertheidigen oder schützen zu müssen, auf welche sie angegriffen werden. Aber so sind denn doch fast immer mehrere schlechte Mitglieder darunter, die zu allem dem Unheil Veranlassung geben.

Laßt uns noch ein wenig weiter sehen. — Der Geist der Religion hat so viel Ernst und Würde, und doch witzeln ihre Prediger so oft mit den zweideutigsten Anspielungen, über ihre ersten und wichtigsten Gegenstände, um einer vornehmen Gesellschaft etwa zu zeigen, daß sie Kopf haben — hüpfen von einer Dame zur andern, um an ihrem allerliebsten süßen Unsinn nicht zu ersticken; machen das galante Putzmännlein, und an Frivolität und Frechheit, d. i. an Aufklärung, würden sie selbst den niedlichsten Pariser Abbé beschämen — spielen ihr Karte so hoch und so anhaltend hitzig, wie der älteste Bürgermeister, und fluchen wie ein Officier: Das Gepräge des Christenthums ist Bescheidenheit; und Sankt Blasius, der Herr Superintendent, oder Inspector oder Pastor primarius und Senior ministerii gehen mit einer Grandezza auf dem Pflaster Dero Parochie, daß niemand umhin kann sich von Deroselben hohen Werth und Würden, bei irgend iemand Belehrung auszubitten, und Dieselben mögen predigen oder sonst ein Amtsgeschäft verrichten, so lassen Sie das Gewicht Dero vornehmen Person so ganz fühlen, als Sie selbst durch und durch davon durchdrungen sind: — Die Lehre Jesu will Wirthlichkeit und Maashalten, und die schwelgerische Tafel ihres Lehrers, seine verschiedenen Sortiments seiner Weine, sein haut goût, seine weitläuftigen Kenntnisse in der

Koch-

Kochkunst, seine verquollenen Augen und sein glänzendes Kinn, laſſen eher einen römiſchen Prälaten, und sein kahler und abgetragener Rock eher einen Bettler vermuthen: — ſie will Frieden, und Verſöhnlichkeit, wenn der Friede geſtört iſt, und der Lehrer des Friedens und der Verſöhnung sucht gefliſſentlich Uneinigkeiten zu ſtiften, hezt Partheien gegen einander auf, giebt Anschläge zur Kränkung des Gegenparts, hindert die Verſöhnung aus allen Kräften und führt ſelbſt mit ſeiner Gemeinde oder mit ſeinen Kollegen die bitterſten Proceſſe, bei den geringfügigſten und elendeſten Veranlaſſungen, und führt ſie aus eigener Verſchuldung: — ſie will Wohlthun und Mitleid, und der reiche Prediger, der Mann von vielem Vermögen, drückt den armen Taglöhner um einige rückſtändige Groſchen, und würde von Mitleid kaum den leeren Ton wiſſen, wenn er ihn nicht dann und wann auf der Kanzel brauchte — ſie ſchildert den Geiz als die wuchernde Wurzel alles Unheils, und doch bricht er dem dürftigen Handwerker ſeinen kleinen Verdienſt und dem Geſinde ſeinen geringen Lohn unter dieſem und jenem Vorwand ab, läßt Weib und Kind zerlumpt und halb nackend gehen und ſeinen Geiz zum Mährchen ſeiner Gemeinde und ſeiner Gegend werden: — durch ſie sollte er doch wenigſtens ſo weit ſein, Sinn für den Unterſchied von anſtändig und unanſtändig zu finden, und doch macht er den Weinſchenken, den Roßtäuſcher, den Kornhändler, den Branteweinbrenner und Bierbrauer, ohne daß die Noth ihn treibt: — ſie wird ihm doch, von dem was Wahrheitsliebe iſt, ſo viel richtigen Gefühls haben geben können, daß man nicht Unwahrheiten, handgreifliche Unwahrheiten öffentlich ſagen muß, und

den-

dennoch weiß er in seinen Leichenpredigten von jedem notorisch lasterhaften Menschen für iedweden über die Gebühr bezahlten Groschen, eine Tugend zu loben, wo er höchstens hätte schonen sollen, und da ihn seelig zu preisen, wo er blos, nur nicht verdammen sollte. Wahrhaft bedaurenswerth und unglücklich ist das Volk, welches von solchen Menschen, Eintracht, Schonung, Liebe, Mäßigkeit, Mitleid und Wohlthun wohl lehren hört, aber das was sie durch kahle Worte unkräftig gelehrt haben, so gewaltig durch ihr Beispiel und Leben wieder geleugnet sieht; wahrhaft bedauernswerth, da es auf das Beispiel mehr als auf die Lehre merkt, und diese schon längst vergessen hat, wenn es jenes immer noch nachahmt.

Beneidenswerth glücklich ist der Prediger, der, unbekannt mit den mannichfaltigen und häufigen Gebrechen seines eigenen Standes, diese Züge für zu scharf gezeichnet hält. Sie sinds nicht; denn wer nur ein wenig aufmerksam sein will, der wird sich es nicht bergen können, daß alles leider nur allzuwahr ist. Wer nur zum mindesten, die Greuel näher bemerken will, die das, zwar durch alle Waffen bekämpfte, aber doch noch nicht erlegte Ungeheuer, Intoleranz, unter den Lehrern einer Religion, einer Stadt und einer Gemeinde anrichtet, zumal in unsern Tagen, wo es besonders zu Zeiten so gewaltig wütet, der wird, um volle Ueberzeugung zu haben, kaum etwas weiter bedürfen.

Durch solches Betragen vieler Prediger, ist das Amt derselben verschrien und verspottet und dadurch bei Menschen aus allen Ständen und Klassen verächtlich gemacht worden; selbst gute und billige Männer haben, allen Abhandlungen über seinen Werth und Würde zu Troz, doch angefangen gegen diesen seinen Werth mistrauisch zu werden, und Priesterhaß, Priesterstolz, Priestergeiz sind dadurch zu Volkssprüchwörtern geworden, die dem Stande wenigstens keine Ehre machen, wenn sie auch aufs Amt nicht zurückfallen. Es ist wahr, man thut dem Stande wohl ein wenig zu viel, die Zeiten sind nicht mehr dieselben, die sie sonst waren, und es giebt unter diesem Stande so viel gute, ehrwürdige und vortrefliche Menschen, deren Leben und Betragen wahrhaft musterhaft ist, aber es ist nicht zu leugnen, daß es auch der verachtungswürdigen und tadelnswerthen sehr viele, und vielleicht noch mehr derselben giebt als von ienen. Zugleich sind diese daran Schuld, daß auch die Bessern für Heuchler gehalten werden, und daß man neben der Herrschsucht Verstellungskunst und erkünstelte Rechtschaffenheit für einen gewissen Esprit de Corps beim Predigerstande hält. So werden selbst die Guten durch die Schlechten verhindert, mehr als halben Nutzen durch ihr Amt zu stiften. Hat sich der ehrliche Matthesius nicht geirrt, so hat Luther einmal in seinem Eifer gesagt, er würde, „selbst von seinen eigenen Leuten dazu genöthiget, daß er um einen Pfaffenthurm beim Churfürsten anhalten müßte, darinnen man solche wilde ungezogene Leute, wie in ein Prison stecken könnte." Ich weiß nicht, ob nicht zu befahren ist, Luther möchte immer noch dasselbe sagen, wenn er izt unter uns wäre.

Die Schwenkfelder und ein Theil der Pietisten nebst verschiedenen andern Partheien, die so eigensinnig behaupteten, nur ein zuvor bekehrter Prediger, könne bekehren und bessern, und eben so eigensinnig dieser Behauptung wegen bestritten wurden,

den, dürften doch so ganz unrecht nicht gehabt haben, wenn sie nur das Uebertriebene in ihren Meinungen abgesondert hätten. Man kann es zwar allerdings nicht leugnen, daß auch der lasterhafteste Prediger noch Nutzen, und unter gewissen Beziehungen noch sehr großen Nutzen werde stiften können; aber eben so wenig wird man leugnen können, daß er zugleich für die Moralität seiner Gemeinde manches Uebel anrichten könne, und daß, wenn er ein rechtschaffener Mann wäre, er unsäglich viel Gutes mehr würde gestiftet haben — man müßte denn die große Gewalt der Beispiele ganz ableugnen, zumal solcher die das Volk von Männern sieht, die es glaubt mit Sicherheit nachahmen zu dürfen.

Richtet das offenbare sittenlose Leben vieler Prediger, und manche in ihrem Stande herrschend gewesene oder noch herrschende Fehler manchen Schaden an für die gute Frucht des Predigtamts, so mag das unweise und unbesonnene Betragen mancher andern, ebenfalls nicht wenig Gutes zerstören, welches sonst wohl nicht unerreichbar sein dürfte, und die beste vorgebliche oder wirklich gehabte Absicht, macht den Schaden nicht im mindesten geringer, der durch ein unweises Betragen entsteht. Man trift noch so viele Prediger, die jede menschliche Freude, wie das schwärzeste Verbrechen scheuen, die so finster und menschenfeindlich sind, daß sie um alles in der Welt, an einer frohen Menschengesellschaft nicht würden Antheil nehmen. Weltvergnügen schimpfen sie alle Menschenfreude, und die unschuldigste und reinste wird von ihrem Zorn verdammt. Ist das Verschobenheit der Begriffe, von erlaubter und unerlaubter Freude, wie soll man Zutrauen zu einem Manne haben,

haben, der gewiß nur mit unendlicher Mühe sich gezwungen hat, so verschoben zu denken, und mit noch mehrerer, darnach zu handeln? Ists wirklich Menschenhaß und Feindseeligkeit gegen Menschenfreude, wer wird dem mürrischen menschenfeindlichen Mann gut sein, und ihm Liebe und Zuneigung schenken können; wer wird ihm und seiner verdrüßlichen Moral glauben, und nicht schon im Voraus geneigt sein, sie verwerflich zu finden? Und ists gar Heuchelei — Menschenkenner mögen entscheiden, ob dies nicht der gemeinste Fall sei, wenn man, wie billig ist, körperliche Disposition gar nicht in Rechnung bringt — ists Heuchelei, oder verstelltes Wesen, um es gelinder zu benennen, wer mag sich dann enthalten können, den Heuchler nicht zu verachten, wo nicht zu verabscheuen?

Andere, um dem Theil ihres Amts, den man durch das Wort Seelsorge im engsten Sinne begreifen will, ein Genüge zu thun, machen wöchentlich oder monatlich einmal die Ronde in den Häusern ihrer Gemeindeglieder. Ganz gewiß aus der gutmüthigsten Absicht. Sie halten es für Pflicht, weil sie dadurch sehr viel Gutes zu stiften meinen, und einige mögen, wie ehedem geschahe, die Verpflichtung dazu in dem κατ' οικους der Apostg. 20, 20. zu finden glauben. Sonst wurden solche Hausumgänge visitationes domesticae genennt, und mögen zu gewissen Zeiten nicht ganz ohne allen Nutzen gewesen sein. Wer sie aber noch itzt halten wollte, der müßte sehr wohl bedenken, wie übel hier die Uebertreibung, wie genau das Willkommen- oder Unwillkommensein zu bemerken, wie oft das Lächerlich- und zu Zeiten gar das Verächtlichwerden, sehr zu befürchten, und die sogenannte πολυπραγμοσυνη kaum, und nur kaum

zu

zu vermeiden sei. Dies ist gewöhnlich immer das lezte, worin man sich gantz unbemerkt befangen sieht, wenn es nicht ohnehin schon die eigentliche Absicht des Hausbesuchs war. Man wird in jeden fremden Handel verflochten, und man mischt sich auch gern hinein, von welcher Beschaffenheit derselbe auch sein mag, ohnerachtet man eigentlich durch nichts berechtigt ist Antheil daran zu nehmen, und die Hofnung ihn aufs Reine zu bringen nur sehr klein sein kann. Diese Geschäftsträgerei — denn dies ist ihr wahrer Name — wird in den meisten Fällen schwerlich andere Folgen haben, als Entfernung von näherliegenden Geschäften, Missvergnügen und Unwillen derer, deren Wunsch man nicht befriedigt, und Verdacht bei Verständigen und Unverständigen, daß man ein Schwachkopf sei, oder einen unruhigen und wirbelnden Sinn habe, oder aber daß man eigennützige Absichten erreichen wolle. Hinlänglich bekannt ist die gute Absicht, sich auf diese Weise desto glücklicher Liebe und Zutrauen zu erwerben, aber vielleicht steht man nie mehr in Gefahr beides zu verlieren, als wenn man es auf diesem Wege gewinnen will. Ueberhaupt begehen viele Prediger mancherlei Thorheiten um sich Liebe und Zutrauen zu erwerben, und mancher Landprediger geht so weit, daß er sich um dieser Absicht willen mit seinen Bauern zu sehr familiarisirt — gemein macht nennen wirs auf gut teutsch. Man trift es zu Zeiten, daß er nichts Unschickliches darin findet, mit ihnen auf der Pfarre oder im Gasthofe einen Krug Bier zu trinken, die Karte zu spielen, oder vor dem Dorfe Kegel mit zu schieben. Möglich ists, daß ihre Absicht erreicht wird, aber durch diese Mittel sie erreichen, das heißt sich Achtung und Ansehen vergeben. In einigen

gen Gegenden Teutschlands findet man auf Dörfern auch noch hin und wieder die alte Thorheit, daß sich Prediger bei Hauptlustbarkeiten, als Hochzeiten, Pfingstbieren und Kirchweihfesten mit in die Tänze ihrer Bauern mischen. Das Unanständige hierin fühlt sich auch ohne weitere Entwickelung von selbst. Auch hat man es schon lange gefühlt, wie daraus erhellt, daß man die bequeme Distinction zwischen einem weltlichen und einem geistlichen Tanz machte, und durch die lezter Benennung dem Dinge eine schickliche Farbe anstreichen wollte. Ein Prediger in der Pfalz, wollte unter Churfürst Friedrichs Regierung mit dem Behelf eines geistlichen Tanzes, seine Thorheit entschuldigen — man strafte ihn daher auch mit der geistlichen Strafe von 10 Floren ins Kirchenvermögen. Selbst Luthers Beispiel sollte zur Entschuldigung dienen, denn er habe ja auch zuweilen vermummte Faßnachtsgesellen zu sich gelassen, und habe mit ihnen gesungen und gesprungen 5).

Wollte man insonderheit in unsern Zeiten, bei der Fortdauer der großen Gährung zwischen Alten und Neuen und bei der immer noch unvollendeten Krisis zwischen Licht und Finsterniß, das Betragen vieler Prediger näher ins Auge fassen, so wird es oft der gelindeste Ausdruck sein, dies Betragen nur unweise zu nennen. Viele und gewiß nicht blos alte Prediger, die vor langen Jahren studiert haben, kämpfen vor ihrer Gemeinde mit Heftigkeit,

und

---

5) Noch vor wenigen Jahren ließ sich ein Prediger im Herzogthum Mecklenburg beigehen, im Uebermaas einer anwandelnden Lustlaune, in einer Gesellschaft wacker mitzutanzen. Jedoch um seinen Ornat nicht zu entweihen, legte er eine Husarenuniform an. Löbliche Vorsicht!

und wie es scheint, oft gegen eigene bessere Ueberzeugung, aus Rechthaberei, oder, ich weiß selbst nicht aus welchen andern Absichten, für alles was und wie es bisher war, und wollen schlechterdings nicht einmal die Möglichkeit mancher Verbesserungen gestatten. Bis aufs Pünktchen soll alles so bleiben wie es gewesen ist, selbst Farbe und Schnitt der Kleidung und der Perüque u. s. w., und, wo es iemand wagt im mindesten hierin zu ändern, so würden sie gewiß das grauenvolle Ungeheuer Irreligion dahinter ahnden. Kein Wunder, wenn sie dadurch dem Zuhörer, der weiter zu sein glaubt, lächerlich werden, und das um so mehr, ie öfter sie auf der Kanzel von diesen Dingen sprechen, oder doch darauf anspielen. Andere, und ebenfalls nicht allein iunge Prediger, obgleich diese am meisten, wollen immer mit Sturm durchfahren, wollen alles was vorhanden ist, sogleich bessern und abstellen, so gut auch das Vorhandene immer sein mag, und richten natürlich eben deswegen nichts aus, wohl aber schaden sie hingegen ihrem Amte und sich selbst. Mancher iunge Prediger trägt sein eigenes Haar, lediglich deswegen weil es keine Sünde und viel natürlicher ist — trägt eine grüne Jagdiacke, eine gestickte Weste u. s. w. und sein armer Bauer oder Kleinstädler, der bei dem verstorbenen Herrn die große Perüque und die drei oder vier Mandellocken daran, benebst dem schwarzen Kleid und Kragen gewohnt war, und das nun so seit dreißig oder mehr Jahren recht geistlich und ehrwürdig gefunden hat, nimmt mit seiner Schwachheit an dem neuen Mann ein gar großes Aergerniß 6). Schon um der abgeschafften
Perüque

---

6) Man glaube ia nicht, solche Dinge wären zu unwichtig um erwähnt zu werden; hängt doch der

Perüque willen — die ihm oft unter allen beim Prediger das wichtigste ist — wird er mit Mistrauen befaßt; hat er etwa gar noch ein Paar Worte von alter guter reiner Lehre und von neuem Irrwesen aufgefangen, so wirft sein Kopf das alles in Eins, und er bildet sich aus seinem neuen Seelsorger leicht ein Wesen von ganz anderer Art, als er glaubt daß derselbe sein müsse; er fängt an ihn mit wachsamerm Mistrauen zu meiden, und sieht in den Handlungen wie in den Predigten desselben, nur immer den Unterschied, zwischen dem lieben alten Herrn und dem neuen Pfarrer. Nun darf der iunge Mann nur noch mit einer ganz kleinen Aenderung kommen, etwa den Zymbel unter der Predigt abstellen, und unter dem Glauben umhergehen lassen, ein Paar Worte eines Formulars in der Agende weglassen oder ändern, so schreit die ganze Gemeinde ein gräßliches Geschrei über Neuerung, der iunge Mann stürmt noch mit Feuer und Heftigkeit drunter, und so ist Achtung und noch mehr Liebe und Zutrauen in den ersten Wochen aufgeopfert, und oft so unwiederbringlich verloren, daß der Prediger die ganze Zeit seiner Amtsführung dafür schwer zu büßen hat. Beide fehlen, durch Unüberlegtheit. Jener vergißt entweder, daß allerdings Besserung möglich sei, oder glaubt doch,

---

Mensch häufig von Kleinigkeiten ab, und wird dadurch regiert. Man kann ia hierin dem Volk leicht Etwas nachgeben, und man wird es auch müssen, wenn man seine Einfalt nicht allzusehr beleidigen will; aber auch nur Etwas, denn überall und immer nachgeben wollen, hieße offenbar dasselbe in seiner Einfalt bestärken. Aber das wie viel und wie lange nachgeben? wird sich schwerlich nach allgemeinen Regeln angeben lassen.

doch, daß der Prediger dabei nichts thun könne und läßt seine Gemeinde wie sie war, und dieser übersieht die wichtige Wahrheit, daß der Gang der menschlichen Dinge sich nie übereile, und daß man dem Menschen ie schwächer er und ie mehr er durch ungeschickte und zweckwidrige Einrichtungen verdorben ist, um desto mehr zum Besinnen Zeit lassen müsse. Würde er anfangs gar nicht und alsdann nur langsam, bessern wollen, wie viel könnte er mit dem Fortrücken der Zeit Gutes stiften.

Vorzüglich groß und wichtig ist der Schaden, der fürs Predigtamt aus der Nachläßigkeit, Trägheit und Bequemlichkeitsliebe mancher Prediger entsteht, und kaum nöthig, daß der Einfluß davon ins Licht gestellt werde, da er ohnehin niemanden fremd sein kann. So sehr man auch die Geissel der Satyre hier gebraucht hat, so viel auch immer von Leuten geredet ist, die sechs Tage ruhen und den siebenten arbeiten, so wenig ist doch damit ausgerichtet worden. Wie sollt' es auch? Die Nachläßigen nehmen sich sogar die Mühe nicht darauf zu merken, so wie sie überhaupt sehr wenig auf das mancherlei Gute reflektiren, was gegenwärtig für Prediger geschrieben ist, so anwendbar auch dies und das darunter für diesen oder jenen Ort sein kann. „Was sollen wir denn damit, wer wird denn in unserm Dorf oder in unserer kleinen Stadt darnach fragen, und am Ende, was hilfts denn auch? Wir sitzen einmal gut, und die Welt? — Ei die wird schon bestehen, wie sie so lange bestanden ist, wo das alles doch auch nicht war u. s. w." Das ist ihr bekanntes Deraisonnement. Haben sie doch einmal ihre Vorlesungen gehört, ihr Examen — o der frölichen Rückerinnerung!

nerung! — ausgestanden, die Kandidatenzeit verlebt, und nun, da sie ihr gutes Geschick in die sichere Behausung einer wohldotirten Pfarre geführt hat zur Entschädigung für so manches in den Kandidatenjahren ausgestandenes Abentheuer, so sehen sie das als den unverkennbaren Ruf an von den vielen gehabten Unfällen auszuruhen. Ihr ganzes Thun und Wesen beschränkt sich nun darin, aus wohlverwahrten Heften von der Akademie her, und aus erkauften Postillen, grade so viel Worte zur Erbauung ihrer Gemeinde herauszusuchen, als für eine Stunde nöthig ist, übrigens die vorkommenden Tauf- und Trauaktus gegen gleich baare Bezahlung zu verrichten, dann und wann, obschon nicht ohne sauren Schweiß, eine Leichenpredigt zu halten, und Sonnabends Beichte zu sitzen. Die übrige Zeit, zumal wenn man sich erst ein Paar Jahrgänge durchgearbeitet hat, hin und wieder noch ein Predigtbuch ankauft und ein gutes Gedächtniß besizt, kann füglich in otio philosophico zugebracht werden. Der eine hat dann eine Drechselbank und dreht allerliebste Kräusel für den kleinen Jungen, und der andere macht Fallen um den Klagen der Frau über die Zerstörungen der Mäuse in der Speisekammer abzuhelfen u. s. w. Dies sind Lieblingsgeschäfte in den Nebenstunden, das ist, von Sonntags Nachmittag bis zu Sonnabends Nachmittag — alle dazu vorhanden um sich von dem sauren Schweiß einer einzigen Sonntagspredigt zu erhohlen. — Wie weit wird man zu gehen haben um in ieder Provinz, und sogar in iedem kleinen Bezirk Originale zu finden, die mehr sagen wollen, als solche unvollendete Kopien — deren ganze Thätigkeit sich oft sogar darin schon ganz erschöpft, die Pfeife Tabak zu füllen und zu leeren;

auf

auf dem lieben Grosvater, in welchem sie vegetiren, sich in Wohlgerüche kräuselnder Dampfwolken zu verhüllen und daneben den Bierkrug fleißig zu handhaben. — Wer das für Bitterkeit hält, der soll wissen, daß sie der Wahrheit nicht beigesezt ist, sondern daß sie die reine klare Wahrheit selbst mit sich führt. Will man nur die Menge von Postillen, Predigtbüchern und Konkordanzen in Rechnung bringen, aus welchen die Bibliotheken so vieler Prediger bestehen — wahres Handwerkszeug in ieglichem Sinne — so wird man, da die andern Büchern in gar keinem Verhältniß mit diesen stehen, schon daraus abnehmen können, was und wie viel man von der Thätigkeit dieser Herren und von ihrem Fleiß zu erwarten habe. Ein Mann, der auf diesen Schlag lebt, wie wenig läßt er Hofnung übrig, daß er sein Amt gewissenhaft verwalten, und alle Mühe anwenden werde, durch dasselbe Nutzen zu stiften. Bei einer so großen Unthätigkeit und Erschlaffung, hat er vielleicht seit Jahren nicht mehr daran gedacht, wofür sein Amt da ist, es sei denn, daß es für seinen Bauch da wäre. Sagt einem solchen Menschen, was euch eure Wärme für die Erweiterung des Guten zu sagen eingiebt, sagt ihm wie unädel es sei, sich besolden, und vielleicht ansehnlich besolden zu lassen, und dafür — zu faullenzen, und wie ädel und groß das Bewußtsein für Menschenglück nicht ohne Erfolg zu wirken, ihr werdet ihm warlich von dieser Wärme nichts mittheilen. Gelang es auch ihn aus seinem Seelenschlaf auf einige Augenblicke herauszuschütteln, und einen Sinn für den Nutzen seines Amts und für das Verdienst diesen Nutzen wirklich befördert zu haben, in ihm erwachen zu machen, wie verkehrt

würde

würde er alles angreifen, wie schwer ihn die ungewohnte Thätigkeit drücken, und wie leicht er in den Schlaf zurücksinken? Man kann überall solche fromme Pfarrherrn finden, die mit rechtem großen Dank gegen die Vorsehung genießen, was sie ihnen Gutes mit der Pfarre bescheert hat — und damit meinen sie sei es denn gut.

Wie treffend wahr für seine Zeiten und für die nachfolgenden bis auf uns, sagt Luther 7). — — — „Wir sehen, daß leider viel Pfarrherren und „Prediger — — sehr säumig sind, und ver„achten beide ihr Amt und — Lehre — etliche „aus Faulheit und Bauchsorge, welche stellen „sich nicht anders zur Sache, denn als wären „sie um ihres Bauchs willen Pfarrherren und „Prediger." Und wie mit Divination für unsere Zeiten geschrieben, ist, was er noch hinzusezt: „Und wiewohl sie alles, was sie lehren und „predigen sollen, izt so reichlich, klar und leicht „vor sich haben, in so viel heilsamen Büchern, „und wie sie vor Zeiten hießen, die rechten „sormones per se loquentes, dormi secure — „paratos et thesauros, noch sind sie nicht so „fromm und redlich, daß sie solche Bücher kau„fen, oder wenn sie dieselben gleich haben den„noch nicht ansehen und lesen! Ach das sind „allzumal schändliche Freßlinge und Bauchdie„ner, die billiger Säuhirten und Hundeknech„te sein sollten, denn Seelwärter und Pfarr„herrn."

Bei andern Lebensarten, wird die Trägheit doch immer etwas durch den Mangel geschüttelt, der aus derselben zu entstehen pflegt, beim Prediger

7) In der Vorrede zum großen Catechismus.

ger aber ists nicht so. Träg oder nicht träg, seine Einnahmen bleiben dieselben und seine Accidentien, darf ihm keins seiner Pfarrkinder entziehen. Hofnung des Erwerbs, Eigennutz, Aussichten zu einem ehrenvolleren und anständigern Loose des Lebens — die wirksamsten Federn um die Trägheit bei iedem andern ein wenig anzuschnellen, können hier nicht, oder nur äußerst selten angebracht werden, und an anderweitiger Aufmunterung fehlts sehr. Doch davon nachher.

Es ist für die bessern Mitglieder dieses Standes höchst unangenehm, so einen verächtlichen Auskehricht von Menschen unter sich dulden zu müssen, deren Schande dem Amte und Stande selbst nur allzuoft zur Last fällt. Solche Menschen für einen Stand, der, auch ohne Vorliebe gesprochen, so ehrwürdig durch sein Geschäft und durch seine Wirkungen so wohlthätig für die Menschheit werden sollte! —

Bei so großer Trägheit und der mit ihr genau verbundenen Erschlaffung aller Kräfte, kann zugleich die tiefste Unwissenheit nicht lange ausbleiben, durch welche die Verächtlichkeit dieser Pflanzenmenschen, wenn es möglich ist, noch größer, und die guten Wirkungen dieses Amts noch mehr vereinzelt und verringert werden müssen. Diese, so wie sie immer die treue Gefährtin von jener ist, findet sich gewiß auch hier nach wenig Jahren mit ihr zusammen, um alsdenn unzertrennlich bei ihr zu bleiben. Wenn sich auch so ein träger Prediger ehedem einige Kenntnisse erworben hat, so ist doch Zeit gewesen sie in der langen Reihe von zehn, zwanzig oder dreißig Jahren seiner Amtsführung allgemach verdampfen zu lassen. Welche neue Bäche oder Flüsse binnen dieser Zeit zu dem

großen Meer von Kenntnissen hinzugeleitet sind, wie reichhaltig sie sein mögen, wie brauchbar, wie mannichfaltig, das sind ihm lauter Seltenheiten. Was er allenfalls davon noch weiß, das weiß er ziemlich falsch und schief, denn er hats nicht selten von seinem Bauer oder Handwerker gehört, oder höchstens von dem Studenten, der in den Ferien nach Hause kam, oder dann und wann für ihn predigte, vielleicht nicht einmal ganz gehört, und noch weniger, richtig und ganz verstanden. So predigt er zuweilen immer noch Dinge fort, die endlich selbst seine Bauern und Bürger zu vergessen wünschten, und verräth seine Unwissenheit überall. Mangel an Kenntnissen mochte vor einem halben Jahrhunderte und noch früher eher verzeihlich scheinen, als in unsern Zeiten, wo das große Gebiet der Wissenschaften täglich neuen und beträchtlichen Zuwachs erhält, oder doch besser angebaut wird, und die Hülfsmittel sich vervielfältigen, die erhaltenen neuen Vorräthe zu bearbeiten — in unsern Zeiten wo eine Menge gemeinnütziger Kenntnisse unter den unstudierten und selbst unter den niedrigern Volksklassen in Umlauf kommen. Der Mann, wo er auch sein mag, muß nothwendig izt sehr oft in den Fall kommen, eine bemitleidenswerthe Figur zu machen, dem alle die Dinge durchaus fremd sind, von welchen sein Professor ihm etwas zu sagen nicht beliebt hat. Selbst wenn er ein Landprediger ist, so ist er auch da nicht einmal sicher ein Gespött seiner Bauern mit seiner Unwissenheit zu werden, denn auch der Bauer fängt hier und da schon an zu lesen, und leider zuweilen sehr fleißig zu lesen, zur höchsten Freude für die schreibseligen Herrn, die ihre Finger für Bauer und Handwerker bemühen. Dann und wann leiht
ihm

ihm ein guter Freund und Herr Gevatter aus der Stadt ein Buch, oder er kauft sich auch wohl selbst eins, und wird dadurch in manchen Stücken Herr über seinen Pfarrer, merkt es sich gewiß sehr genau, wenn sich der Pastor einmal verstolpert, und glaubt alsdann alles übrige ebenfalls besser zu verstehen. Oder aber — ein häufiger Fall — der Schulmeister übersieht seinen Prediger, und gewiß es wäre selten, wenn er sich des Kitzels des Mehr- und Besserwissens mit Lächeln und Spötteln enthalten könnte. Und in Wahrheit, die Prediger sind noch keine Seltenheit, über welche ein nur halb guter Kopf unter den Bauern zu spötteln vielerlei Anlaß finden kann, die nur durch ihre Tracht von den Unwissendsten ihrer Pfarrkinder unterschieden, eben so gut, wie diese, den Glauben an Gespensterei, Hexerei, Zauberei und Tagewählen und an tausend andere Possen dieser Art in hohen Würden halten, und die sichern Gewährleistungen der Großmutter und Urgroßmutter und ihrer Nachbarn mit aller Treuherzigkeit dafür anführen, und doch als ächte rohe Kinder der Natur, von der Natur nichts mehr wissen, als noth thut ihr Feld zu bestellen, einen Baum zu setzen und Sonnenschein und Regen zu unterscheiden. Wären die Zeiten nur noch einigermaaßen günstig, vielleicht möchten sie bald wieder dahin kommen, wo ihre lieben Vorfahren zur Zeit der Reformation schon gewesen sind, 8) und es ist immer noch Fra-

ge,

---

8) Die ehrlichen Leute konnten kaum etwas aus den Postillen herlesen. S. Abraham Scultets Annalen, 2ter Th. und Luther war sehr zufrieden, wenn er nur ehrbare Leute zu Priesterstellen finden onnte, wenn sie auch weiter nichts vermochten.

ge, ob es einige nicht in der That sind. Wir wiederholen es, daß es dem Amte und seinem Nutzen auf keinerlei Weise gleichgültig sein könne, wie viel oder wie wenig es solcher Prediger, und dem Stande nicht, wie viel er solcher Mitglieder besitze, denn das Ansehen, der Nutzen und der gute Ruf von beiden muß sehr darunter leiden. Woher es indessen komme, daß grade dieser unser Stand so viel Kreter und faule Bäuche und unwissende Menschen habe, davon sollen die Ursachen, an seinem Ort nicht unangezeigt bleiben. Eine der bekanntesten und eine der Haupturfachen liegt indessen darin, daß sehr viele schon Lehrer werden wollen, ehe sie noch geschickt sind Schüler zu sein. Wird nicht mit Ernst dieser Unwissenheit entgegen gearbeitet, so können die Klagen über ungelehrte Esel und dumme Pfaffen leicht wieder so allgemein laut werden, als sie es in dem Jahrhunderte

---

Die Unwissenheit war damals größer als wir itzt nicht glauben. Ein Prediger glaubte aus Dummheit drei Götter, ein anderer konnte den Katechismus nicht, und ein britter versicherte auf die Frage, ob er auch den Decalogum mit seiner Gemeinde treibe, daß er diesen autorem nit habe. Seckendorf erzählt auch von einem der in einer Kirche das Abendmahl sub utraque austheilte und in der andern ordentlich die ganze Messe hielt. Dem ohngeachtet mögen sich die ehrlichen Leute als Studenten eben so hoch gelehrt gedünkt haben, wie die Wittenberger Studenten dieser Zeit, welche, nach Luthers Ausdruck: „wenn sie ein halb „Jahr zu Wittenberg gewesen sind, lassen sie sich „gelahrter dünken denn ich bin, und wenn sie aufs „Land zu andern Leuten kommen, so bricht ihre „Kunst heraus, wie eine Wolkenbrust und läßt „sich eines Zentners schwer bedünken."

hunderte vor Luther schon waren 9). Und was brauchts erst dahin zu kommen, wir sind immer so besonders weit noch nicht davon weggekommen, und die Klagen haben eigentlich nie ganz aufgehört. Man könnte der ermüdenden Zeugnisse zu Hunderten anführen, die hier als Belege dienen würden.

Anstatt nun dahin zu arbeiten, daß der Prediger durch seine Einsichten und Kenntnisse respektabler würde, wenn man die alte Unwissenheit verdrängt hätte; so sucht man izt vielmehr denselben in der Meinung zu erhalten, oder ihm dieselbe beizubringen, als brauche es für ihn nur einiger wenigen und leichten oberflächlichen Kenntnisse. Seit einiger Zeit ists nemlich stark in Umlauf gekommen, sehr auf den Unterschied zwischen eigentlich gelehrten Theologen und zwischen Volkslehrer zu dringen. Zugegeben, daß dieser Unterschied

---

9) Eine alte oldenburgische Chronik, sagt beim Jahr 1426: „Sie machen Ignoranten zu Priestern — „— Die Bischöfe, (heut zu Tage die Konsistorien „und Superintendenten) mögen es verantworten, „daß sie solche Unwissende dazu machen. Sie „sitzen mit den Saufbrüdern in den Schenken, „bringen ihre Zeit mit Spielen und Schlemmen „zu, und sind nur dem Titel nach Priester, in „praxi aber rechte Esel ——— Wer kanns glau„ben, wo ers nicht selbst erfahren hat, was für „Irrthümer, Fabeln und Ketzerei, sie in der Kir„che den Leuten predigen." Damals war man aber auch zufrieden, wenn der Kandidat, der Verordnung zufolge, nur ein wenig latinaliter, wie man es zierlich nannte, sprechen konnte. Dies war schier das einzige was man von ihm forderte, und eben damit läßt man sich ja auch noch heut zu Tage, an vielen Orten begnügen.

schied nicht ohne Grund sei — denn allerdings hat der Prediger in gewisser Hinsicht ein ganz anderes Geschäft, als ein Professor der Theologie auf Universitäten, ob er gleich wieder in einer andern Hinsicht ganz einerlei Geschäft mit ihm hat — so trift doch das Wort Volkslehrer, das wohl so genau nicht, was es eigentlich sagen soll. Eines Theils drückt es mehr aus, als was izt zum Geschäft des Predigers gehört, und andern Theils sind es doch nicht die Klassen von Menschen allein, die man gewöhnlich unter dem Namen Volk befaßt, welche an den öffentlichen Vorträgen des Predigers Theil nehmen. Es giebt vorzüglich in Städten, unter den Zuhörern des Predigers mehrere, deren Verrichtungen und Aemter Kenntnisse voraussetzen oder nothwendig machen, daß sie schon dadurch von dem, was man gewöhnlich Volk zu nennen pflegt, ausgeschlossen sind. Zwar es giebt überall Volk, welches der Prediger belehrt, aber deswegen ist doch noch nicht alles Volk, was von ihm belehrt wird. Auf der einen Seite scheint demnach dies Wort zuviel und auf der andern zuwenig zu sagen, und am Ende, man mag seine Bedeutung und seinen Umfang bestimmen wie man will, drückt dasselbe doch nichts mehr, und auch nichts besser aus, als was die schon vorhandenen Worte, Prediger und Pfarrer sagen 10). Indessen, die Unbestimmtheit dieses Worts, dürfte eben so wenig wichtig sein, als es nöthig ist, mit einer

be=

---

10) Der conceptus adhaerens einer Herrschaft in dem Worte Pfarrer, wird von keiner Bedeutung sein, da er sich mit der Zeit und den Umständen verloren hat, so wie auch das Wort selbst nicht einmal mehr seiner ursprünglichen Herkunft gemäß geschrieben wird.

beschwerlichen Weitläuftigkeit die Gültigkeit oder Ungültigkeit des Unterschiedes zwischen Gelehrten und Volkslehrer zu erörtern: desto wichtiger ist aber das, daß man mit dieser Distinction, auch zugleich die Meinung geltend zu machen sucht, welche gegenwärtig scheint Lieblingsmeinung geworden zu sein, als erfordere nemlich das Geschäft des Predigers keine eigentlich gelehrten Kenntnisse, und die übereilte Folgerung daraus zieht, als sei es sonach für den Prediger sehr überflüßig und vielleicht gar schädlich sich dieselben zu erwerben.

Wollte man nun auch wirklich annehmen — wozu doch die Befugniß in der That nicht vorhanden ist — als sei schon, das was Theologie, von dem was man Religion nennt, durch recht scharfe und bestimmte Grenzen abgesondert, und folglich hinlänglich kenntlich, was hier gelehrte Kenntniß ist, und was es nicht ist, so wird man doch auch ohnedem bald finden, wie viel Unbestimmtes und Schwankendes, noch übrig bleibe. Wenn auch eigentlich gelehrte Kenntnisse, dem Volke nicht vorgetragen werden können noch dürfen, sollten denn deswegen dem Prediger diese Kenntnisse ganz überflüßig und unnütz sein? Soll er mit einigen dürftigen Einsichten abkommen können, so wird eben dadurch ein gewisser Grad von Unwissenheit bei ihm privilegirt. Braucht er auch vieles was zur Theologie als Theologie gehört, nicht für seine Gemeinde unmittelbar, so hat er es desto eher für sich selbst nöthig. Wenn eine gewisse Reichhaltigkeit und Vollständigkeit unserer Kenntnisse überflüßig sein soll, so ist dieser Ueberfluß in Wahrheit allen Predigern herzlich zu wünschen. Ohne die sogenannte gelehrte Erkenntniß, ist es dem Prediger ja nicht einmal möglich hinlängliche Gewißheit

heit und Sicherheit in seinen Religionswahrheiten zu haben und zu geben, da er oft in Fälle kommen kann, wo er mit seiner ungelehrten Kenntniß nicht ausreicht. So lange der Prediger noch Lehrer des Christenthums sein soll, so ist ihm aufs wenigste das Studium des Neuen Testaments unentbehrlich, und mit diesem Studium so manche andere Kenntnisse die ganz unzertrennlich genau damit zusammenhangen. Eins aber wie das andere erfordert ganz eigentlich gelehrte Erkenntniß von mancherlei Art. Soll der Prediger nur so viel grade lernen, als er in Zukunft für seine Gemeinde braucht, wer kann ihm denn im voraus diviniren, wo und wie die Gemeinde sein werde, die künftig seiner Führung anvertraut wird, und wie viel Kenntnisse seine Lage alsdenn erfordern wird. Ist der Prediger in seinen Einsichten allzusehr beschränkt, so hängt er in dem was er weiß, größtentheils nur von den Worten seines Lehrers ab, und wird vor einem guten Landschulmeister, kaum einen andern Vorzug haben als den Vorzug des Standes. Er würde auch meistentheils bei dem, was er einmal gefaßt hätte, stehen bleiben müssen, neuere Aufklärungen über verschiedene Gegenstände der Religion, zumal wenn sie in sogenannter gelehrter Sprache und mit wissenschaftlichen Ausdrücken geschrieben wären, blieben ihm sehr oft ein Räthsel, zu dessen Auflösung er sich erst einen Oedip suchen müßte. Auswahl würde er unter seinen Kenntnissen schwerlich haben, denn sein Vorrath davon wäre ohnedies schon dürftig und armseelig genug, und respektabel durch seine Einsichten könnte er seinen Zuhörern kaum werden, denn er weiß nichts mehr als was ein guter Kopf unter seinen Bürgern und Bauern, der nur ein wenig
Lektür

Lektür hat, ebenfalls weiß. Wahrhaftig eine schöne Weise! — Damit der Prediger seiner Gemeinde recht nützlich möge werden, so bringt man ihm die Meinung bei, es sei für ihn schon hinreichend, nur so ein Bischen von der Hauptsache zu wissen. Findet sich nun unter seiner Gemeinde einer oder der andere, der über das was er gehört oder gelesen hat, nähere Auskunft zu haben wünscht, wie beschämt steht dann der Herr Pastor da, der ihm nicht zu antworten weiß.

Hätte man, der Gebühr nach, bestimmt genug angezeigt, was denn nun eigentlich der zukünftige Prediger erlernen soll, und wie viel um seinem Amt mit Nutzen vorzustehen — und freilich käme hierauf unendlich viel an — so würde man sich ebenfalls bestimmter hierüber auslassen können. Dies ist aber so ziemlich unterblieben, und nur, wohl weislich sehr unbestimmt, hingeworfen, das meiste von dem, was der Prediger bis daher gelernt habe, sei ihm entbehrlich. Schwerlich haben solche Einfälle mehr zur Unzeit kommen können, als eben izt, da schon überall der Bauer und der Tagelöhner, bei den Zänkereien über Gegenstände der Religion Parthei nimmt, und in Journalen, fliegenden Blättern, wie in Gesellschaften und Zusammenkünften, Religion den Gegenstand der Unterhaltung hergiebt. Mitten unter diesem Wesen soll der Lehrer der Religion gleichsam stillstehen, und da alles noch darüber lärmt und schreit, was Religion ist, und was nicht, was dazu gehört und was davon abgesondert werden muß, dem Dinge ruhig zusehen, sich an die empfangenen wenigen Kenntnisse halten, und diese als die einzig sichern und allein wissenswerthen annehmen. So wird seine Erkenntniß von den Religionswahrheiten

ten an Umfang, Vollständigkeit, Genauigkeit und Ordnung die seines Gemeindekindes oft nur in so weit übertreffen — wenn man das anders übertreffen nennen darf — daß er mehr Geschwätz darüber machen kann, oft aber derselben kaum gleichkommen.

Statt nun darauf zu dringen, alles was spekulativ und daher unfruchtbar ist, im Vortrag an die Gemeinde nur höchst selten, oder besser gar nicht zu berühren, da es ohnehin zur Kenntniß des eigentlichen und gelehrten Theologen gehört, so sagt man ihm lieber: du mußt gar keine gelehrte Kenntniß haben; statt ihn aufmerksam darauf zu machen, daß er Dogmatik, Geschichte der Kirchen und ihrer Partheien, und Erklärungen der Schriftstellen, seinen Zuhörern nicht so wieder auftischen dürfe, wie sie ihm sein Professor vorgesezt hat, so läßt man ihm lieber merken, er brauche das sammt und sonders nicht. — In der That nein, die Zeiten sind noch nicht da, wo wir alle Dogmatiken, Kirchengeschichten und Exegesen (und etwa auch ihre Verfasser obenein?) auf einen moralischen Scheiterhaufen zusammentragen, und mit lautem dulci iubilo in hohe Flammen könnten auflodern lassen, und es ist zu wünschen und mit allem Ernst zu verhüten, daß sie nie kommen mögen. Was sollen auch diese Wissenschaften dafür können, daß sie einst, wie noch izt, voll unverständigen Menschen in der verzerrtesten Karrikatur auf die Kanzel gebracht sind? — Wahre Gelehrsamkeit, wird auch für die Prediger ihre große Brauchbarkeit und ihren unverkennbaren Werth behalten, so lange sie es für kein Glück zu halten haben, in die unseeligen Zeiten einer vollkommenen Barbarei zurückzugehen. Ohnedem, gewisse Kenntnisse

nisse absondern, außer welchen der Prediger nichts zu wissen brauche, das heißt offenbar alle Köpfe unter einen Hut passen. Besser ists die Hüte nach den Köpfen formen. Warum demjenigen wenig Kenntnisse, der viel Fähigkeiten hat?

Indessen, es läßt sich vermuthen, daß man sagen wird, es sei so streng nicht zu nehmen, wenn der Prediger von vieler gelehrter und theologischer Kenntniß losgesprochen wird; aber das sollte man grade zuerst bestimmen, wie weit er von derselben zu entbinden sei. So muß man auch nicht übersehen, daß es viele Schwindelgeister giebt, die sich dem Predigtamt, oder vielmehr das Predigtamt sich, bestimmt haben, und sich leicht dahin überreden, als wären alle gründliche und schätzbare Kenntnisse wie Nußschaalen zu verachten. Diesen Verlust an gelehrter Erkenntniß meinen sie überschwenglich durch ein wenig oberflächliche und seichte Erkenntniß der Natur zu vergüten, obgleich, so wie sie die Natur studiren, nichts dadurch ins Gleichgewicht gebracht wird. In der That, sie würden gar nichts lernen als was ihnen beliebte — und man kann denken wie wenig sie belieben möchten — wo nicht die Furcht vor dem oder jenem Examinator, der sich an all das Geschwätz von Nichtbrauchen vieler Kenntnisse nun einmal nicht kehren will, ihren Fleiß ein wenig in Athem erhielte, damit sie doch etwas auf seine unnützen Fragen antworten können. Aber was läßt sich da von diesen windvollen Köpfen erwarten, wenn sie, vorbeigeschifft an den gefährlichen Klippen des Examens, wohlbehalten und glücklich im sichern Port der Pfarre eingelaufen sind? Mit der beendigten Prüfung, ist auch zugleich aller Wachsthum in guten und nützlichen Kenntnissen, und das Bestreben

streben nach Erweiterung derselben beendigt, nur die Beweglichkeit der Zunge nimmt zu, wenn anders einige Anlagen dazu vorhanden sind, und so ist in wenigen Jahren der gedankenloseste und seichteste Schwätzer vollendet. Und doch kann er in unserm Zeitalter, wo so viele sonst als wahr und göttlich geglaubte Lehren der Religion, von ihrem Werth verlieren, ganz und gar weggeworfen oder doch höchst zweifelhaft gemacht, und, obwohl seltener, andere an die Stelle der herausgehobenen gesezt werden, oder aber manche, sonst für sehr unbeträchtlich gehaltene, in ihren vollen Werth einrücken, — wo der Kampf mehrerer Partheien über Wahrheit des Christenthums, über Vorstellungsarten dieser Wahrheiten, wie über das was durchaus falsch ist, oft so heftig erneuert wird — vorzüglich unter diesen Umständen, kann er der Pflicht aufs gewissenhafteste und genaueste zu untersuchen nie überhoben sein. Denn er, der Lehrer dieser Religion, wird um ihre Schicksale doch nicht so unbekümmert bleiben und so sorgenlos sein können, als wären sie die unbedeutendsten Dinge, die ganz außerhalb den Schranken seines Geschäfts lägen? Und wenn er hier bei dem Lärm und Geschrei, zwar nicht Parthei nehmen, aber doch prüfen und untersuchen soll, wird er dazu der gelehrten Kenntnisse entbehren, und es ihm genügen können, mit einigen wenigen, obgleich, wie er glaubt, sichern Kenntnissen ausgerüstet zu seyn? Wären auch die Lehren und Vorstellungen in der Religion, wirklich auf iene ersten, wenigen, simpeln, allgemein faßlichen, von dem Wahrheitssinn der Menschen vielleicht allgemein für Wahrheit anerkannten und vielleicht allein haltbaren Säze zurückgeführt, auf welche sie etwa zurück-

geführt

geführt werden können — aber ohne Zweifel niemals wirklich werden zurückgeführt werden — so würden diese Grundsätze doch von einem außerordentlichen Umfang und von so großer Ausdehnung sein, daß sie der sorgfältigsten Bearbeitung nicht entbehren könnten, da nemlich ihre Anwendung aufs menschliche Leben, auf Meinungen und auf Vorurtheile der Menschen unzählig mannichfaltige Abänderungen leiden müssen; und der Prediger, der nur in den ersten dürftigen Sätzen unterrichtet wäre, würde auch alsdann eben so sehr als izt, auf den richtigen Blick, auf die Einsicht in den genauen Zusammenhang der Wahrheiten, auf ihre verschiedene Anwendung Verzicht thun, und die Bildung die erweiterte Fassungskraft und Aufklärung seines Geistes entbehren müssen, die er durch vollständige und weitläuftige Erkänntniß hätte erhalten können. Denn natürlich, nicht die Kenntnisse allein, würden verloren gehen, sondern die damit unzertrennlich verbundene Uebung des Geistes. In Warheit ein unschätzbarer Verlust!

Es läßt sich zeigen, woher diese Meinung, der Prediger könne aller gelehrten Erkenntniß entbehren, ihren Ursprung genommen hat. Ohne Zweifel aus Uebertreibung gewisser Umstände. Da man unmöglich ewig unbemerkt lassen kann, wie viel Dinge als Hauptsachen von dem Prediger gefordert werden, die zu dem gehören, was man eigentlich Gelehrsamkeit nennt, und vielleicht zu einer sehr unfruchtbaren Gelehrsamkeit, die ihm in seinem Amt unmittelbar wenig förderlich sein können, und daß hingegen darüber die wichtigsten und nothwendigsten Kenntnisse und Fertigkeiten ganz vernachläßigt und übersehen werden: so will man sogleich alle gelehrte Erkenntniß im wärmsten

Eifer verbannen, da es doch vielleicht an der Erinnerung, Hauptsache nicht als Nebenwerk anzusehen, und Nebenwerk nicht als Hauptsache, allein schon hinlänglich sein dürfte. — Eine Uebertreibung zu verhüten hat man die andere gemacht! — Im Grunde ist auch dieser Schwarm schon mehrmalen dagewesen und wiederholt worden, und gegenwärtig nur ein wenig modern ausstaffirt. Was einige mystische, oder aber halb schwärmerische und gutmüthige und halb verständige Männer, ein Karlstadt, ein Paracelsus, ein Agricola, ein Weigel und auch ganze Partheien sahen und übertrieben — den Misbrauch tiefsinniger und unfruchtbarer Spekulationen, darob sie alle wahre Gelehrsamkeit verdammten und als das untrügliche Zeichen der Geistesarmuth ansahen, das sieht und übertreibt man izt aufs neue: und was iene etwa inneres Licht, inneres Wort, den Christus in uns, den Geist Gottes u. s. w. nannten, das heißt izt gesunder Menschenverstand, reine Vernunft, auch Genie, Kopf, Talent u. s. w. Die Hauptsache fast die nemliche, nur die Vorstellungen ein wenig geändert.

Auf einer andern Seite ist das unglückliche Vorurtheil ausgebreitet und wirksam genug, daß man wenig Kenntnisse und Geschicke brauche um Prediger zu sein, die meisten allenfalls um es zu werden. Wer das mit der Dreistigkeit sagen kann, mit der es so oft gesagt und wiederholt ist, muß wenig Belehrung von den Geschäften dieses Amts, von dem vollen Umfang seiner Pflichten und von der Beschaffenheit desselben, und mithin auch von der Wichtigkeit und dem Werthe desselben, eben so wenig richtige Vorstellung haben. Darin liegt auch der Grund, warum ieder unwissende

und

und ungeschliffene Mensch sich doch für klug genug hält, Predigten zu machen, oder aufs wenigste zu halten und Prediger zu werden. Erasmus bemerkt das schon. „Man läßt," sagt er, „man „läßt es iedem iungen, unwissenden und wenig „gewiegten Bengel zu, Kanzelvorträge zu hal„ten; bisweilen drängen sich dieselben auch zu „diesem Geschäft. Grade als ob nichts leichter „wäre, als Schriftwahrheiten dem Volk vor„zutragen, und in dieser Absicht überflüßig hin„reichend, mit unverschämter Frechheit etwas „herzusaalbadern. Dies Unheil entsteht da„her, daß man weder den Werth des Kanzel„redners, noch die Schwierigkeiten die er zu „übersteigen hat, noch den Nutzen den er stif„ten kann, wenn er nemlich seinem Geschäft ein „Genüge leisten will, hinlänglich erwägt." 11)

Vielleicht würde ein und das andere Uebel, welches den Prediger für sein Amt unthätig macht, gar nicht, oder doch nicht mit so vieler Kraft wirksam

---

11) Er hatte vorher gesagt: „Ad externam concio-
„nem faciendam de reipublicae negotiis, nemo
„se temere ingerit, nec quiuis in suggestum
„admittitur" — und nun fährt er fort: „verum
„ad conciones sacras admittuntur, interdum eti-
„am assiliunt, quilibet adolescentes leues, in-
„docti, quasi nihil sit facilius quam ad populum
„exponere diuinam scripturam et abunde sufficiat
„perfricuisse faciem et absterso pudore linguam
„voluere. Hoc malum ex eo fonte manat, quod
„non perpenditur quanta ecclesiastici conciona-
„toris tum dignitas, tum difficultas, tum vtili-
„tas, si recte suo fungitur officio."

Erasmus in Ecclesiast. p. 9.

sam sein, hielte nur ieder Prediger sein Amt mit lebhafter und stets gegenwärtiger Ueberzeugung für das, was es ist, für die wohlthätigste und heilsamste Anstalt um am Wohl der Menschheit durch Belehrung in den wichtigsten Wahrheiten zu wirken. Aber leider ist bei vielen der Begriff unvertilgbar, daß grade die Außenseite dieses Amts, Trauen, Taufen, Abendmahlreichen und Absolviren, den wichtigsten Theil desselben ausmache. Hierin setzen sie denn die Haushaltung über Gottes Geheimnisse, und darüber geht bei trägen Gemüthern oft der ganze größte Nutzen des Amts verloren. Gewiß würde mancher Prediger für den Nutzen seines Amts brauchbarer sein, hätte er sich richtige Vorstellungen von dem Zweck, richtige Kenntniß von den wichtigsten Geschäften desselben und Sinn für das Verdienst nützlich zu werden, frühzeitig genug erworben. Dadurch würde er, — das wenigste was hier geschehen könnte — doch für das lezte gänzliche Hinsinken in Unthätigkeit bewahrt werden. Höchst gerecht ist der Wunsch unsers treflichen Spaldings, ieder Prediger möchte eine recht große Meinung von der Wichtigkeit seines Geschäfts haben, nur daß diese Meinung auf Wahrheit und befriedigende Gründe gebaut wäre. Der Prediger ist für sein Amt todt, dem diese Meinung fehlt. Was darf man daher wohl von demienigen erwarten, der sich keinen, gar keinen wichtigen Zweck für sein Amt denken kann, weil er durch die Lektüre gewisser Schriften oder auf andern Wegen sich eine so hohe Aufklärung verschaft hat, daß er seine Predigerstelle und sein Amt, für nichts mehr oder weniger hält, als für ein Blendwerk das der Pöbel brauche, und das ihm selbst die Gelegenheit verschaffe sich gütlich zu
thun,

thun, obschon die fromme Einfalt der Vorfahren es vor Jahrhunderten aus ganz andern Gründen stiftete und mit Einkünften versahe. Es braucht keines Erstaunens hierüber. Die Figuren sind schon Alltagsgesichter geworden, bei denen das Uebermaas vom unreinen Oel in der Lampe der Aufklärung eine so gewaltig rauchende und heftig häßlich riechende Flamme verursachte!

* * *

Vielleicht mögen es viele meiner Amtsbrüder, aus Gutmüthigkeit, oder wegen der Würde ihres Standes, für unrecht, wo nicht für unverantwortlich halten, die Fehler desselben so frei ins helle Licht der Publicität hineinzustellen. Aber warum sollt' es rathsamer sein, eine Decke darüber zu werfen? Wollten auch wir, aus Schonung, den Schein annehmen, als sähen wir nichts, so giebts doch immer Augen genug die nicht blind sind, und oft um so mehr zu sehen vorgeben oder auch wirklich zu sehen meinen, ie mehr wir zudecken und verheimlichen wollen. Ein freies Geständniß, kann dem Stande so nachtheilig nicht werden, wohl aber auf manche Weise vortheilhaft. Wenigstens ist es sehr gut das Schlechte bald zu kennen um sich dafür zu bewahren, und so gar bekannt zu machen um nicht damit vermengt zu werden. Und warum soll der rechtschaffene und gewissenhafte Prediger sich dessen schämen, daß er zu einem Stande gehört, der troz seiner gepriesenen Heiligkeit, dennoch seine unwürdigen und schlechten Mitglieder hat. Jeder Stand muß seinen Pöbel unter sich dulden und wir den unsrigen. Die Rechtsgelehrsamkeit hat ihre Rabulisten, die Arzeneizeneikunde ihre Quacksalber und Marktschreier, und das Predigtamt — seine Pfaffen. Sollte der Unpartheiische und Verständige darum den Werth des Standes und des Amts geringer schätzen als er ist? — Und für den Unverständigen? — Gewiß wenn den einmal die Laune anwandelt lärm zu blasen, so wird man für sein Maul in allen fünf Welttheilen vergebens einen Stöpsel suchen. Vielleicht wäre des Geschreies über uns weniger, wenn wir selbst ein wenig mehr und schärfer die Fehler unsers Standes ins Auge gefaßt und gerügt hätten, wenigstens würde es alsdenn, höchst wahrscheinlich, so viel Aufsehens und Hallo's nicht gemacht haben. Bekannt müssen diese Fehler werden, damit zur Abstellung seine Hand bieten kann, wer abzustellen Lust und Kraft hat. Ist indessen iemand der Meinung, daß diese Fehler gar nicht, oder doch nur in einem sehr unbedeutenden Maaße vorhanden wären, oder aber daß darin nichts geändert werden könne, mit dem kann man auf keine Weise rechten.

Dritter Abschnitt.

Ueber Lage und Umstände des Predigers.

Enthielt der vorhergehende Abschnitt, gewissermaßen mehr Anklage und Beschuldigungen des Predigerstandes, oder vielmehr, vieler Prediger, so wird hingegen der gegenwärtige gleichsam wieder als eine Apologie mancher Fehler derselben, und der fast herrschend gewordenen Unwissenheit anzusehen sein, und wird aufs wenigste manche Umstände enthalten, die als Gründe zur Nachsicht gegen diese Fehler betrachtet werden können. Beides ist billig, das Tadelnswerthe nicht verschweigen, aber auch nicht übersehen, was zur Entschuldigung dienen kann, wenn es auch nicht eigentlich als Rechtfertigung angesehen werden darf.

Geringer Ertrag der Predigerstellen.

Wenn man die Lage des Predigers, im Allgemeinen genommen, recht kennt, so wird man sehen, es vereinigt sich in ihr sehr vieles dahin, daß es dem Prediger fast unmöglich gemacht wird, sein Amt so zu versehen, wie es versehen werden müßte, wenn es den erwarteten Nutzen stiften sollte. Gewöhnlich wird man seine Lage so finden, daß ihm vermittelst derselben die Heiterkeit des Geistes und die Willigkeit zu seinen Arbeiten geraubt wird,

wird, ohne welche er nicht im Stande ist viel Gutes zu stiften. Man hat es dem Prediger sehr oft zum Vorwurf gemacht, daß er nur selten für den Wachsthum seiner Kenntnisse besorgt sei, wenn er einmal im Amt sitze, und man hat, da man nicht leugnen konnte, daß dieser Vorwurf viel Wahres enthalte, man hat aus demselben die gehäßigsten Folgerungen, für die ganze Denkart, für die Thätigkeit und Wisbegierde des ganzen Standes gezogen, ohne daran zu denken, daß man unbillig gewesen sein könnte. Und doch ist man es gewesen. — Wer fortstudiren soll, dem dürfen die zu diesem Behuf erforderlichen Quellen und Hülfsmittel nicht fehlen, und der muß aufs wenigste so gut gesezt sein, daß ihn Bekümmerniß über den Mangel der allerdringendsten Bedürfnisse nicht durchaus niederdrücken kann. So gut ist aber der beiweiten größere Theil unserer Prediger nicht gesezt. Wer iezt noch über fette Pfründen und über Fett des Landes aussaugen spöttelt, der kann Recht haben, wenn er blos die wenigen ansehnlich dotirten Stellen meint, die sich hier und da finden und deren Einkünfte oft von faulen und unwissenden Menschen genossen werden: aber der ist gewiß mit der Lage der Prediger sehr unbekannt, oder hat sich vorgesezt unbillig und bitter zu sein, der diesem seinem Spott eine Ausdehnung über den ganzen Stand geben will. Wären aber auch in der That die meisten Stellen reichlich mit Einkünften versehen, so läge darin gewiß kein Anlaß zum Spott, wenn nur wirklich geschickte und arbeitsame Männer diese Stellen besäßen; man müßte denn den Prediger als ein Wesen betrachten, das zur Armuth und Dürftigkeit verpflichtet wäre, ohnerachtet derselbe das Gelübde dazu niemals übernommen

nommen hat, und bei dem keine Sünde unverzeihlicher wäre, als die Sünde gegen die Tafel der Herrn in farbigten Kleidern, etwas mehr als trocknes Brod und mageres Gemüse auf dem Tische zu haben. Aber in der That ist die Zahl gut dotirter Stellen in den meisten Gegenden sehr unbeträchtlich und geringe. Die wenigen einträglichen Stellen, die hier und da zerstreuet sind, werden nur gewöhnlich allzusehr und fast allein bemerkt, und man scheint ganz drüber zu vergessen, daß die Zahl der mittelmäßigen und ganz schlechten sich bei weitem höher belaufe. Zugleich ist es aber auch Ton geworden, alles was der Prediger mehr hat, als er bedarf um sich des Hungers zu erwehren, für eine besonders große Wohlthat anzusehen, die ihm zu Theil wird. Daher der große Lärm über die fetten Pfründen! Vor der Reformation mochten die Stellen, überhaupt genommen, sehr einträglich sein, und was allenfalls an feststehender Besoldung fehlte, das ersezte die Wohlthätigkeit, oder wenn man lieber will, der Aberglaube der Leute oft desto reichlicher. Aber gleich bei der Reformation, da eben mit dieser manche Endzwekke wegfielen, um derentwillen mehrere Stiftungen gemacht waren, hatten die Obrigkeiten und Patronatsherrschaften, die noch der alten Kirche treu blieben, allen erwünschten Vorwand, nicht nur die Gefälle den Kirchen und Pfarren nicht mehr zu bezahlen, sondern hingegen sogar zuzugreifen und von den geistlichen Gütern an sich zu reissen, was sie von denselben kriegen konnten — Secularisationen im Kleinen, die unendlichen Schaden gethan haben. Luther hätte wenigstens für Sachsen damals viel thun können, wenn er nicht anfangs dem Dinge seinen Lauf und den Junkern und Ge-

richts-

richtsobrigkeiten freie Hand gelassen hätte — und freie Hand hätte lassen müssen, um nicht unbilligen und für seine Reformation höchst nachtheiligen Verdacht zu erwecken. Seit dieser Zeit huben aber auch die Klagen über die Dürftigkeit der Stellen an, und diese Klagen sind mit jedem Jahrzehend beinahe immer stärker und lauter geworden, und sind großentheils warlich nicht ungegründet. Es giebt wahrhaftig der Stellen nicht wenige, wo der Prediger der Familie hat, zum Leben und Sattwerden zu wenig, obgleich zum Verhungern zu viel Einkommens besizt, und daher trift man so manchen Prediger, der es wagt, Ehrlichkeit, guten Namen und Ruhe des Lebens gegen Schulden umzusetzen. Andere Stellen würden um kein Haar besser sein, wenn sie in unsern Zeiten dotirt werden sollten — Der Mann nun der beständig freien und heitern Geist haben sollte um sich seinem Nachdenken und der Beschäftigung mit den wichtigsten Wahrheiten ruhig überlassen zu können, muß natürlich durch den lastbaren Druck der Sorgen, wie er mit seiner Familie durchkommen, und doch ohne Erniedrigung und ohne Entehrung seines Standes durchkommen will, dennoch, auch bei dem besten Willen äußerst niedergehalten werden, und geht nach und nach für sein Amt verloren. Auch muß er immer eher für ein anständiges Kleid sorgen als für ein nützliches und lehrreiches Buch, für dessen Ankauf er nur sehr selten einmal etwas übrig behält. Es können auch ehedem manche Stellen so gut gewesen sein, daß sie ihren Inhaber anständig und hinlänglich unterhielten, und können dennoch gegenwärtig bei ganz gleicher Einnahme und bei noch genauerer Haushaltung ihres Besitzers dennoch denselben darben lassen. Dieser Fall findet sich

sich beinahe immer bei denienigen Stellen, deren Haupteinnahmen in baarem Gelde bestehen. Bei der ungeheuren Steigerung des Werths der Lebensbedürfnisse und der Waarenpreise ists nicht anders möglich, als daß die Einnahme von Jahr zu Jahr immer weniger zureiche, und wenn, wie es doch weit mehr als blos wahrscheinlich ist, dieses Steigen im Preise der nothwendigsten Dinge bleibt, so wird im Grunde der Prediger von Zeit zu Zeit, bei gleicher Einnahme allgemach doch immer ärmer. Indessen bleibt der ehemalige große Ruf von den guten Einkünften dieser und iener Stelle, und niemand denkt daran die Stelle zu verbessern. Den Kummer des Predigers, seine nagenden häuslichen Sorgen kennt außer seiner Familie nur sein vertrauter Freund. Warum sollte er auch sich bis zu Klagen und Ansuchen erniedrigen, da er mit Gewißheit im voraus sehen kann, daß ihm zu helfen, doch niemand Hand anlegen werde, und folglich — hat er eine gute Stelle. Besonders häufig dürfte dieser Fall bei größern Stadtgemeinden sein, wenn der ansehnlichste Theil der Einnahme zufällig ist und aus den sogenannten Accidentien besteht. Diese sind alle in solchen Zeiten festgesezt worden, wo alle Lebensbedürfnisse, um den zwanzigsten Theil ihres izigen Preises zu haben, und die Bedürfnisse selbst bei weitem nicht so angehäuft waren als izo. Hingegen sind mit der Zunahme der Bedürfnisse und ihrer Preise, die Accidentien entweder gar nicht, oder doch lange nicht in dem erforderlichen Verhältnisse erhöht worden, und also besizt der Prediger im Grunde doch nicht so viel als seine Vorfahren besaßen. Sogar erlauben ihm diese ungewissen Einnahmen nicht einmal, indem sie bald steigen und bald fallen, einen festbestimmten

Etat

Etat für sein Hauswesen zu formiren — ein Umstand aus welchem mehrere sehr große Unbequemlichkeiten entstehen müssen. Man rechne auch hierher, daß die wirklichen oder die vorgeblichen Armen seiner Gemeinde überall von ihm Erlassung der Gebühren fordern, und wo er sich nicht will gehäßig machen, so kann er nicht anders, als er erläßt sie, und darbt lieber selbst. Denn nur einmal darf er einem Schlemmer oder Gassentreter der sich dürftig stellt, die Erlassung der Tauf- oder Todtengebühren abgeschlagen haben, so schreit die ganze Gemeinde unisono über den geizigen nimmersatten Pfaffen, und alles besinnt sich mit einer bewundernswürdigen Geläufigkeit des Gedächtnisses auf alle die saubern Beschreibungen von weiten Aermeln und großen Taschen. Ueberdem ist der Prediger doch noch immer, troz der mit Recht und mit Unrecht so hochgepriesenen Armenanstalten und der dazu gehörigen Polizeieinrichtungen, den ungestümen Anfällen von Bettlern und Landstreichern aller Art, mehr ausgesezt, als ieder andere Stand. Die Ursachen sind leicht begreiflich. Sie glauben von dem Geistlichen — grade da wo am wenigsten zu haben ist, die reichlichsten Gaben mit einem gewissen Recht erwarten zu dürfen, und lassen sich eben daher warlich nicht immer mit kleiner Münze befriedigen. Hingegen er selbst darf auf keine Unterstüzung rechnen. — Die Zeiten sind längst vorbei, wo dem Herrn Pfarrer Küch und Keller vollgetragen wurden. Seitdem man gelernt hat, daß in seiner Hand die Schlüssel zu den Pforten des Himmels nicht sind, so hält man, ihm auch nur Gefälligkeiten zu erzeigen, für sehr überflüßig. Auch ist sein Einfluß in weltliche Händel — und das freilich mit allem Recht — zu gering,

als

als daß man ihn hier, wie das etwa ehedem der Fall war, sollte nöthig haben. Selbst sein Schmälen hat man nicht Ursach zu fürchten, seitdem eben keine Strafpredigten mehr gehalten werden — Warum ihn demnach unterstüzen?

Schon hieraus wird man beurtheilen können, wie viel wohl von dem gepriesenen Reichthum der Pfarrstellen abgehen würde, wenn sie richtig geschäzt werden sollten, und zugleich leicht abnehmen, wie oft die bitterste Armuth, wenn man auch nicht Dürftigkeit sagen will, auf den Pfarren ihren Siz habe. Es giebt Stellen deren höchster Ertrag in 80 Thalern besteht. Freilich sind deren zum Glück nicht viel zu finden, aber man nehme die Stellen die etwa 200 Thaler bringen und deren es schon sehr viele giebt, man nehme sogar die von 300 Thalern, die in vielen Gegenden für einträglich gehalten werden, und mache nun die Berechnung von dem was ein Mann braucht der Weib und Familie, vielleicht auch noch dürftige Anverwandten zu ernähren hat, und überdem von seinem Stand zu mancherlei Arten des Aufwands genöthigt wird. Hat einen solchen die Vorsehung nicht mit eigenem Vermögen, wohl aber mit Kindern gesegnet, so kanns nicht anders kommen, als daß er erst für ieden neuen Rock den die Frau und für iedes Röckchen welches das kleine Mädchen nöthig hat, das erforderliche Geld zusammen sorgen, und, bei Pfennigen vielleicht, zusammensparen muß.

Wenn nun so viele und vielleicht die meisten Pfarrstellen, so wenig einträglich sind, so ist leicht abzusehen, daß hierin für die Nuzbarkeit des Amts nicht unwichtige Hindernisse liegen müssen. Denn welche Geistesheiterkeit, welche Amtsthätigkeit und welches

welches Interesse für sein Geschäft, kann der Mann haben, der des ängstlichsten Besorgtseins für alle seine Bedürfnisse nie entledigt wird, und wie ists möglich, daß er mit einem von Gram und Trübsinn gepreßten Herzen, die stille Ruhe der Seele besitzen kann, die das Nachdenken über seine Wahrheiten und der Zuwachs seiner Kenntnisse erforderlich macht? Mancher geschickte, rechtschaffene, und für sein Amt sehr thätige Mann, ist durch solche Lagen in eine starre Betäubung gebracht, aus welcher ihn zulezt kein Mittel mehr erwecken wird, wenn sie lange genug gedauert hat, da er gewiß bei veränderten und glücklichern Umständen für sein Amt alles würde geleistet haben, was man nur zu erwarten berechtigt sein konnte. Vielleicht that er wirklich im Anfang alles, was er mußte um sich für sein Geschäft brauchbar zu machen, aber freilich sind Nahrungssorgen und das schwere Herz dabei seiner zulezt mächtig geworden. Der Aufwand in Kleidung und Unterhalt ließ für manches ihm brauchbare und nothwendige Hülfsmittel nichts übrig, und allerdings muß er die Blöße seines Körpers eher zu verhüllen suchen, als die seines Geistes, denn jene sieht sein einfältigstes Pfarrkind und hält sie für schimpflich, wenn sich hingegen auf diese, auch sein klügstes oft nicht im mindesten versteht. Es ist wahr, mit der Länge der Zeit lernt der Prediger seiner Sorgen gewohnt sein, aber er hat zugleich auch sein Amt, seine Pflichten und seine Kenntnisse vernachläßigen gelernt, ohne daß darum in seinen Umständen, wegen der gewonnenen Zeit, etwas wäre verbessert worden.

Es ist indessen nicht das einzige Uebel aus dem geringen Einkommen des Predigers, daß ihm seine

Nah=

Nahrungssorgen für seine Thätigkeit und für seine Geschäfte Hindernisse werden, sondern seine Dürftigkeit wird auch oft noch auf entferntere Weise für sein Amt sehr nachtheilig. Der arme Prediger, der für sich und die Seinigen doch nun Brod und Kleidung schaffen muß, wie leicht wird er sich zu Kriechen und Schmeicheln und vielleicht zu noch entehrendern Mitteln erniedrigen, um ein kleines Geschenk zu erbetteln, einen Groschen über die Gebühren zu erhalten, oder dem Beichtstuhl des Kollegen einen reichen Sünder wegzuschnappen. Er wird sicher der unterthänige Diener von der hohen Gunst seines Herrn Bürgermeisters oder Stadtschreibers, oder wohl gar der dankbare Sklave von der Gutthätigkeit seines Richters und Schöppens, und von den Bratwürsten und Butterwecken seiner Bauern. Man weiß ia wie die Menschen sind. Für iede Gunst eine Gegengunst oder — eine Demüthigung. So schlecht, warlich, sollte kein Prediger gesezt sein, daß er Ursach hätte, die Wohlthätigkeit seiner Gemeinde zu seiner Unterstützung auf irgend eine Art zu suchen. Selbst der Unverstand — und dieses Unverstandes findet man überall sehr viel — der seinem Prediger nichts giebt, glaubt doch, wenn er arm ist, ihm keine Achtung schuldig zu sein, denn der Unterschied zwischen Amt und Rock ist vor seinen Augen verborgen; ohne Achtung aber, wie viel Gutes weniger wird der Prediger stiften!

Wer Lust hat, der kann die Erfahrung überall und leicht machen, daß in den gemeinsten Fällen, der wohlhabende Prediger, weit mehr geachtet wird, als der arme, daß selbst aus Scheu vor ihm manches Böse unterbleibt, da man sogar unter den Augen des armen sich seiner Roheit überläßt. Jener

ner kann auch dadurch Liebe, Zutrauen und Ansehen vermehren, wenn er von seinem Ueberfluß Wohlthaten austheilt, die seinen Vorträgen in vieler Hinsicht, oft ein wahrhaftig nicht geringes Gewicht beilegen, da hingegen der Pöbel aller Art, wenn der vielleicht würdigere und geschicktere, aber leider ärmere Prediger seinen Vortrag hält, den Prediger vergißt, und nur an den armen Mann denkt, und sich wundert, daß so ein hungriger Mensch noch viel sagen will. Hängt der große Haufe überall vom Aeußerlichen ab, so macht er auch hier gewiß keine Ausnahme.

Hat der Prediger bei seinen allzu wenigen Einkünften, grade keine Anlage zum Kriechen, so legt er sich auf andere Dinge; die ihm wenigstens Etwas einbringen; er übernimmt Besorgungen für Küch und Keller der Wohlhabenden, ein kleines Prozentchen zu verdienen, wo er nicht gar — eine Sitte die schon alt ist — mit manchen Dingen einen ordentlichen Handel treibt, oder er macht auch wohl, wenn er leichtes Blut genug hat um sich seiner Sorgen nicht allzusehr anzunehmen oder derselben schon gewohnt ist, in irgend einem vornehmen Hause, wo etwa eine gute Tafel gehalten wird, den närrischen Kerl — wie man ihn aus gütigster Herablassung zu nennen beliebt — und für dieses Verdienst läßt man ihm hin und wieder eine kleine Unterstützung angedeihen; oder er führt die Prozesse seiner Gemeinde, oder aber er findet sonst einen von den hundert oder tausend Auswegen, die ihm sein Geschick offen gelassen hat — In der That Dinge, zu welchen sich der Mann von seinem Ehrgefühl auch im äußersten Nothfall nicht verstehen wird, weil er sich nie dazu verstehen kann sich selbst zu erniedrigen; nur sind leider nicht alle Prediger

diger aus leicht anzugebenden Gründen, Männer von so feinem und von so starkem Ehrgefühl.

Ist der Prediger nun in einer so schlimmen Lage, so kann bei ihm nichts anders entstehen, als Unlust zu den Geschäften des Amts und mithin Nachläßigkeit in Betreibung derselben, hieraus aber mit der Zeit Unwissenheit und vielleicht auch Unerfahrenheit in Dingen, die man von ihm zunächst erwartet. Nicht befremdend, wenn er alsdenn eben so sehr verachtet wird, als er sich wirklich verächtlich gemacht hat, und wenn man das seiner Trägheit und seinem Mangel an Ehrgefühl als den ersten Ursachen zuschreibt, was doch die Schuld seiner unglücklichen Lage war. Man fängt oft an ihn so sehr zu verachten, daß man seine Vorträge nur mit Widerwillen hört, und dann kann er freilich wenig mehr durch seine Vorträge wirken.

Ackerbau.

Ein anderes beträchtliches Hinderniß für die Nutzbarkeit der Kanzelvorträge und des Predigtamts, liegt, wie mich dünkt, in dem Ackerbau, welchen der Prediger in kleinen Städten und auf dem Lande gewöhnlich treibt. Fast ohne Ausnahme muß er von seinen Feldern, den bei weitem ansehnlichsten Theil seiner Einkünfte erheben, und daher auf diesen Punkt vorzüglich sein Augenmerk richten, wenn er nicht beträchtlichen Schaden leiden will. In diesem Umstand scheint allerdings einer der ersten Gründe zu suchen zu sein, warum sich insgemein der Landgeistliche, in seinen Kenntnissen so wenig vortheilhaft auszeichnet, und warum man beinahe immer findet, daß derselbe, ie älter er auf dem Lande geworden ist, desto unwissender ist, da es doch der Analogie nach grade umgekehrt sein sollte, — und daß er sein Amt desto nachläßiger und ungeschickter handhabe, da er es doch besser, leichter und mit mehr Nutzen versehen sollte.

Man weiß daß die Landwirthschaft und der Feldbau eine beinahe ununterbrochene Aufmerksamkeit und Thätigkeit erfordert, wenn sie gehörig sollen betrieben werden, und wenn man es auch nicht wüßte, so begreift man doch leicht, daß niemand zwei Hauptgeschäfte zugleich, gleich glücklich und gut betreiben könne. Was man an Zeit für das eine gebraucht, das wird dem andern entzogen, und wenn man durch das eine Geschäft ermüdet ist, so hat man für das andere selten noch Disposition und Kräfte übrig. Zwar scheint für den Landprediger die Einrichtung sehr vortheilhaft, seine Haupteinnahme von dem Ackerbau zu erheben, denn es fallen auf diese Weise die Unbequemlichkeiten ganz weg, die vorhin von den Besoldungen in baarem Gelde angemerkt sind; seine Einnahmen steigen mit den andern Waarenpreisen gleich zunächst, da er sie aus dem Verkauf des Getreides erhält, und sind die Lebensbedürfnisse in zwanzig oder dreißig Jahren um ein oder zwei Viertheile aufgeschlagen, so ist der Preis des Getreides damit gewiß in dem richtigsten Verhältniß gestiegen. Allein theils ist es doch wahrhaftig unbillig, daß der Prediger auf dem Lande, auf diese Weise seinen Gehalt gewissermaaßen zweimal verdienen soll, als Ackerknecht einmal, und einmal als Prediger, und daß, wie viel er Einkünfte haben soll, gar nicht auf den Fleiß ankommt, welchen er auf sein Amt wendet, sondern auf die Mühe und Geschicklichkeit, mit welcher er sein Feld bearbeitet, dasselbe bedüngen, pflügen und zurichten läßt. Noch mehr — es ist schlimm,

schlimm, daß es so gar umgekehrt ist. — Je mehr er sein Amt mit Gewissenhaftigkeit zu versehen bemühet ist, und je mehr er sich daher mit denienigen Gegenständen beschäftigt, die zu besserer Nutzbarkeit seiner Vorträge beitragen, desto weniger darf er von seinem Acker erwarten, denn er kann desto weniger Fleiß und Zeit darauf wenden. Sein Amt hindert den Ackerbau, wie der Ackerbau sein Amt. Theils aber kann der Landgeistliche doch nie so gut seine Felder bearbeiten, als sein Bauer. Ihm fehlt dieienige Erfahrung, welche derienige hat, der von Jugend an in dem Feldbau, als in seinem einzigen und eigenthümlichen Geschäfte lebte, und wenn in der Folge auch der Mangel an Erfahrung durch den geübteren Verstand ersezt wird, so wird er doch im Anfang seine Neuheit in der Oekonomie oft theuer bezahlen müssen, und den gehabten Schaden vielleicht sobald nicht wieder verwinden. Neuere Versuche, in so fern es noch bloße Versuche sind, nachzumachen, darf ihm so gradehin nicht gerathen werden, da nicht immer der Erfolg mit Gewißheit, oft nicht einmal mit Wahrscheinlichkeit angegeben werden kann, auf den er doch vorzüglich zu sehen hat, wenn er nicht in Gefahr sein will, einen größern oder geringern Verlust an seinen Einkünften zu erleiden. Auch Proben im Kleinen, können, wenn sie oft wiederholt werden, sehr kostspielig sein. Ueberdem, jemehr er Versuche macht, desto mehr muß er aus seinem Feldbau ein eigenes Studium machen, das heißt, grade so viel eher das hintansetzen, was ganz nahe in sein Amt einschlägt.

Wäre aber auch alles dieses nicht, dennoch kann und darf er auch seinem Ackerbau auf keine

Weise sich ganz widmen, denn sein Amt hindert ihn daran. Es fallen etwa zur Zeit der Aussaat oder der Erndte, Bustage, Feste, Beichte, Leichenpredigten, oder Hochzeiten und anderwärtige Verrichtungen — oder es kommen Besuche welchen er nicht ausweichen kann, und folglich muß er seine Ackerarbeiten ganz dem Knechte überlassen, dessen Nachläßigkeit und Veruntreuung ihm oft auf mehrere Jahre unersetzlichen Schaden bringen kann, zumal im Anfang und ehe er genauer der Wirthschaft kundig ist, wo er also blos von dem klugen oder unklugen Rath seines Gesindes und der Bauern abhängt, mit welchen ihn der Zufall zuerst bekannt werden ließ. Selbst mit angreifen, verstattet ihm sein Stand nicht, auch würde sein Ansehn bei seiner Gemeinde darunter leiden, und so viel werfen seine Hufen nicht ab, daß er etwa einen eigenen Hofmeister oder Aufseher darauf halten könnte — am Ende, so darf er auch nur einige Stücke Vieh durch die Nachläßigkeit seines Gesindes verlieren, so kann er lange Zeit einen solchen Verlust empfindlich fühlen, zumal wenn er gutes und schönes Vieh hatte. Auf jede Weise scheint demnach der Landgeistliche bei seinem Ackerbau nicht so viel gewinnen zu können, als sein Bauer, oder der Pächter dessen einziges Geschäft es ist, und der jede Kleinigkeit selbst besorgen oder mit besorgen helfen kann. Gewinnt er indessen, so läßt er sich oft so weit verleiten, daß er für die Erweiterung seiner Kenntnisse auch nicht das mindeste thut, was er anders vermeiden kann, und verliert er, hat er Wetterschaden, Ueberschwemmungen u. s. w. so wird er auf viele Jahre in sehr drückende Umstände versezt, deren Verbesserung ihn warlich mehr beschäftigen wird, als sein Amt

und

und die Geschäfte und Arbeiten die daſſelbe zunächſt erforderlich macht.

Da der Prediger ohnehin ſehr ſelten nur, den höchſten Ertrag ſeiner Felder erhalten kann, ſo wärs vielleicht für ihn am rathſamſten, dieſelben zu verpachten. Natürlich, daß er dabei etwas verlieren kann; jedoch wird in den meiſten Fällen noch eben ſo viel herauskommen, als er aus eigener Bearbeitung ſeiner Aecker würde erhalten haben. Aber gewönne er auch nur Zeit und Ruhe für ſeine eigenthümlichern und vornehmſten Geſchäfte, ſo wird ihn dieſer Gewinn, ſeinen Verluſt bei einer Verpachtung erträglich finden laſſen, wenn er anders ein Mann iſt, der Sinn hat für das Verdienſt nützlich zu werden, und für den Vortheil ſeinen Geiſt bereichern zu können. Der Prediger freilich, der keinen Pächter finden, oder deſſen Acker ſo wenig und ſchlecht iſt, daß er auch den kleinſten Gewinn nicht laſſen kann, der iſt zu bedauern. Wo aber Stellen mit ſo vielen Hufen verſehen ſind, daß der Prediger auch bei einer mittelmäßig vortheilhaften Verpachtung, dennoch noch hinlänglich für ſeine Bedürfniſſe und für ſeine Bequemlichkeit hat, und doch auf Unkoſten ſeines Amts ſeinen Acker baut, von dem Mann weiß ich nicht, wofür man ihn halten ſoll, wenn man ihn nicht für eigennützig oder für ſehr unluſtig zu ſeinen eigenen Geſchäften, halten darf. Hat er aber ſeinen Acker verpachtet, und thut doch nichts für ſein Amt — ein Fall der ſich oft da findet, wenn jemand ſeinen Acker verpachtet, nachdem er ihn eine geraume Zeit ſelbſt bearbeitet hatte — ſo gehört er unter die Kreter und faulen Bäuche, und — beſondere Umſtände abgerechnet, iſt er nicht werth Prediger zu ſein.

Der Nachtheil welcher vom Ackerbau des Predigers auf sein Amt und auf seine Kenntnisse zurückfällt, ist sichtbar genug. Er kommt am Ende in mannichfaltigem Betracht, seinem Bauer sehr nahe. Der Ausnahmen dürfte es hier so viel nicht geben. Es fehlt ihm an Zeit, und bald auch an Lust für sein Geschäft und für den Zuwachs seines Wissens thätig zu sein. Seine Sitten, seine Sprache und sein ganzes Benehmen verrathen den Mann vom Lande, an dem niemand etwas achtungswerth finden würde, wenn nicht noch einige sein Amt achtungswerth fänden. Haben in Gesellschaften seine Unterhaltungen nicht Bezug auf Wind, Wetter, auf Ertrag der Felder, und auf Marktpreise des Getreides, so ist er stumm, wie der Pfeiler in seiner Kirche, und wo er sich irgend in gelehrte und wissenschaftliche Unterredungen einläßt, so findet man ihn zum Bemitleiden unwissend und albern; denn jederzeit ist ihm sein neuerkaufter Pflug viel wichtiger und lieber, als ein Buch von der lezten Messe, aus welchem man unendlich viel Gutes lernen kann. Zulezt verlernt er es ganz, was sein Amt, und was er eigentlich für sein Amt soll. Er spricht des Sonntags — blos darum weil einmal muß gesprochen werden; er predigt was ihm sein Herz sagt, und man kann denken welche erbauliche und wichtige Sachen ihm das sagen möge. — Es ist unnöthig den nachtheiligen Einfluß des Ackerbaues auf den Prediger und sein Amt weiter ins Licht zu setzen. Niemand kann zwei Geschäfte von Wichtigkeit treiben, daß nicht das eine oder das andere darunter leiden sollte, und in den meisten Fällen giebt es die Erfahrung, daß beide verdorben werden.

Je-

Je fühlbarer nun der Kontrast ist, der in den Begriffen liegt, Prediger sein und Ackerbau treiben: desto sonderbarer nimmt es sich aus, wenn man izt — aus Mode ohne Zweifel, denn es sind der Moden in Meinungen so viele wo nicht mehrere, als der Moden in Kleidungen und im Hausgeräthe — dem Landprediger zu einer Gewissenssache machen will, seiner lieben Gemeinde in diesem Stück mit gutem Beispiel erbaulich zu werden und seinen Acker selbst zu bearbeiten. Wahr ists, will und muß der Prediger einmal seinen Acker selbst bebauen, so wäre allerdings zu wünschen, daß er es mit einer bessern Art verrichtete, als die gewöhnliche ist, damit er doch wenigstens für die Kasse seiner Pfarrkinder nützlich würde, wenn ers nicht für Verstand und Herz seiner Kirchfahrt werden könnte oder wollte; und denn auch, um sich hierdurch doch noch auf einige Weise von dem unwissenden Haufen vortheilhaft zu unterscheiden. Dabei bleibt man aber nicht stehen. Viele unserer neueren Oekonomen, welchen man hierin sehr ehrerbietig nachspricht, machen es dem Prediger zur höchsten Pflicht, nicht sowohl seinen Acker zu bauen, als vielmehr, denselben auf ihre Weise und nach ihren Vorschlägen zu behandeln, damit der störrige Bauer, wenn er den ehrwürdigen Herrn voran gehen sieht, sich leichter durch dessen Beispiel von seiner alten Weise abbringen lasse. Wie stark oder schwer dieser Grund sei, wird nicht schwer sein zu entscheiden. Freilich wird der Prediger durch sein Beispiel hierin seinem Bauer nützlich — oder vielmehr er kann es werden — denn so lange wird ers wirklich nicht, als die Ausführung sehr vieler neuerer Vorschläge zu besserer Benutzung der Felder, durch alte Gerechtigkeiten und

Herkommen gehindert wird, die der Prediger durch sein Beispiel nicht abschaffen kann, und für deren Abstellung die Herrn Oekonomen zuerst thätig wirken sollten, bevor sie so eifrig aufs Gewissen der Landprediger lostreiben — aber auf diese Art nützlich werden, dürfte wirklich eher dem Junker im Dorfe oder dem Pächter des Ritterguts zustehen, als dem Prediger; wenigstens wird man dieselbe nimmermehr im Zwecke des Predigtamts so leicht hineinbringen, als man sie in die Pflichten des Predigers glaubt gebracht zu haben. Aus eben dem Grunde aus welchem man ihn zur Betreibung des Ackerbaues verpflichtet halten will, würde man denselben auch zur Ausführung iedes andern Einfalls verpflichten können, wenn nur der Bauer dadurch gewönne. Die Prediger in Städten mögen bei Zeiten vorbeugen — man wird auch bald etwas auffinden, wodurch sie den Einkünften ihrer Bürger einen Zuwachs verschaffen können, und sie mögen sich um so mehr hüten, ie mehr die Beschäftigungen in Städten so verschiedener Art sind. Ein anderer artiger Grund, und wirklich belustigend ist noch der: Der Landprediger müsse schon um deswillen den Ackerbau betreiben, damit er seine Erndtedankpredigt mit desto mehr Theilnahme und Nachdruck halten könne, er sei ia, wenn er selbst kein Feld bebaue, bei dem allgemeinen Verlust oder Gewinn, „so kalt und starr, „es sei so gar kein Leben, so keine Herzlichkeit und „Wärme in seinem Vortrag." Es ist wirklich zweifelhaft, wie man mit solchen Wichtigkeiten umzugehen habe; ob man sie beantworten oder belachen soll.

Nicht genug daß der Geistliche, wenigstens der Landgeistliche ex officio den Ackerbau treiben soll,

soll, man geht noch weiter, und macht ihm die Zumuthung, daß er auch der Arzt seines Dorfs sein soll. Diese Beschäftigung, wenn eine von beiden statt finden kann, dürfte immer die anständigere und leichter auszuführen sein. Man kann allerdings nicht leugnen, daß der Prediger, wenn er nebenher das Studium einfacher Arzeneimittel ein wenig treiben wollte, dadurch, seinem Amt unbeschadet, manches Gute stiften, die Kräutermänner, Saft- und Balsamträger, die oft so sehr der Gesundheit des Landmannes gefährlich werden, außer Kredit bringen und hingegen den seinigen bevestigen könne. Diese Beschäftigung hat überdem das Bequeme, daß nach Belieben damit angefangen oder geendiget werden kann, welches beim Ackerbau der Fall niemals ist. — Indessen, auch damit ists noch nicht genug den Landprediger zu behelligen. Er soll auch Maulbeerbäume pflanzen, Wege bessern, das Vieh arzeneien, und wer weiß, was noch alles sonst. Frägt sich nun, welches von dem allen das Vorgehen haben soll?

Man sieht den Ton der Zeit aus diesen Umständen. Es giebt der Leute viel, die es gar nicht begreifen können, daß der Prediger auch dann noch beschäftigt sein könne, wenn er auch nicht grade den Wirthschaftshofmeister, den Quacksalber, den Vieharzt oder des Etwas macht. Die Unthätigkeit und die ewige Ruhe in welcher so viele Prediger leben, mag ihnen wohl auf diese Meinung ge-

hätte. Uebrigens bedenke man, daß, da die Zeiten der Polyhistorei aus sind, der Prediger durch so viele Dinge zu einem Tausendkünstler gemacht wird, der eben darum nichts versteht, weil er alles verstehen soll. Wenn der Prediger auf dem Lande wirklich zu wenig beschäftigt wäre, wie man glaubt, warum will man ihm denn so fremdartige Dinge aufbürden, und warum nicht lieber Geschäfte, die mit seinem Hauptgegenstand in näherer Beziehung stehen. Könnte man ihm doch, statt aller dieser heterogenen Geschäfte, lieber einige Stunden des Schulunterrichts, und hin und wieder vorzüglich in manchen kleinen Städten, vielleicht gar die gesammten Schularbeiten übergeben — eine Sache die mit einigen Veränderungen seiner bisherigen Lage allerdings thunlich, und, wie iederman sieht, dem gemeinen Wohl außerordentlich vortheilhaft sein würde 12).

Vor-

---

12) In der That, auf diese Weise könnte man die Predigerstellen und das Schulwesen, wenn auch nicht durchaus, doch an vielen Orten, und beides vielleicht glücklicher, als durch verschiedene andere Vorschläge verbessern, wenn man es zuvor erst dahin hätte, daß der Prediger seines Ackerbaues frei wäre. Der bisherige Gehalt der Schulstelle, und was die bisherige Reparatur der Wohnung des Schulmeisters und seiner Wirthschaftsgebäude, auch was die Baulichkeiten an den Wirthschaftsgebäuden der Pfarre, die mit dem Ackerbau zugleich wegfielen, an Kostenaufwand erfordert hätten, würde an denienigen Orten wo der Prediger die Schule versehen müßte, zur Verbesserung der Pfarrstelle angewendet. Wie sehr und wie leicht dadurch dem Schulwesen an vielen Orten aufgeholfen werden könnte, fällt von selbst in die Augen.

Vorschlag zur Verbesserung schlecht dotirter Pfarrstellen und zur Erledigung der Prediger vom Ackerbau.

Gewönne das Predigamt und sein Nutzen dabei, daß sich der Prediger mit Sorgenfreiheit und ganz allein demselben und den dazu gehörigen Arbeiten widmen könnte, würde er dadurch in Stand gesezt mit seinen Kenntnissen nicht blos bei dem stehen bleiben zu müssen, was die Hefte von der Akademie her enthalten, weil er sich die nothwendigsten Hülfsmittel selbst anschaffen und Zeit und Geistesaufgelegtheit zu ihrer Benutzung haben könnte, wäre es alsdann ihm nicht unmöglich mit dem Gang der

gen. Wenigstens scheint doch dadurch mehr ausgerichtet werden zu können, als durch alle unsere Schulmeisterseminarien nur immer geschehen kann, welchen wir übrigens ihren großen Werth gern lassen. So lange man aber der guten Hofnung lebt, daß Bedienten und andere große Bengel, wenn sie nur ein Paar Jahre zugestuzt sind, rechte taugliche Schulmeister abgeben müssen, dürfte wohl zur Verbesserung des Schulunterrichts, obgleich zwar immer etwas, aber lange nicht so viel geschehen, als die Nothdurft erfordert, und unsere Landleute um sehr wenig verständiger und besser werden. Vielen Predigern würde freilich ein solcher Vorschlag sehr ungelegen kommen, wenn er ausgeführt werden sollte. Vielleicht hielten sie es gar ihrer Würde nachtheilig sich mit Bauerungen abzugeben, so ehrenvoll es auch ist wohlthätig für die Menschen auf diese Weise zu werden und gewiß mehr Gutes dadurch zu stiften als durch alle Predigten. So würde auch hierzu gewiß mehr Geschicke erfordert, als dasjenige ist, mit welchem auf lateinischen Schulen dem Schüler Vocabeln eingebläuet werden, der Zeiten gleichen Schritt zu halten, und sicherer zu hoffen, daß er in ieder Hinsicht achtungswerther und nuzbarer sein würde; so hieß es ein Haupthinderniß vom Nuzen des Predigtamts bei der Wurzel abschneiden, wenn die Besoldungen der Prediger erhöht und sie selbst vom Ackerbau befreiet werden könnten. Bei beiden dürften die Schwierigkeiten so gar groß nicht sein, wenn es nur erst einmal bei Fürsten und Landeskollegien zum Ernst käme. Wenn so oft weit zusammengesezteren und verwickelteren Schwierigkeiten abgeholfen wird, so würde ja auch diese nicht unauflöslich sein. Es hat auch noch nicht, Dank sei der Vorsicht, an Fürsten gefehlt, die sehr darauf hinausgewesen sind, den Gehalt der Prediger aus eigener Chatoulle zu vermehren und dieselben vom Ackerbau zu entledigen. Ists dem Staate nüzlich Prediger zu haben — denn wenn es das nicht ist, warum stellt man sie denn an? so ists auch billig

---

den, und dem zehnjährigen Knaben das Verständniß alter Schriftsteller eröfnet wird, die er dennoch weder verstehen, noch auch recht fürs Leben brauchen kann. Die anderweitigen Verrichtungen die dem Schulmeister als Küster obliegen, würde ieder Bauer in der Gemeinde, versehen können. Auch würde schon das sehr vortheilhaft sein, wenn ieder Prediger nur eine oder ein Paar Stunden des Schulunterrichts übernähme. — Was übrigens die Ausführung eines solchen Vorschlags betrift, so hat er freilich seine Stelle bei so vielen andern gutgemeinten Vorschlägen, die ebenfalls auf Ausführung vergebens warten. In der Ausführung selbst, litte er noch manche Abänderung zum Vortheil des Predigers, die der Hauptsache und dem bezielten Nuzen doch nichts benehmen würden.

billig daß der Staat für ihr hinreichendes Auskommen Sorge trage, und erforderlichen Falls selbst Zuschuß gebe. Dabei wird niemand verlieren, wenn man nur mit gutem Grunde darauf rechnen kann, daß alsdenn mehr gute Menschen und mehr rechtschaffene und nüzliche Bürger und Landleute dem Staate und dem Fürsten gebildet werden. Jedoch, es wären auch wohl Anstalten zu treffen, vermittelst deren viele Stellen verbessert werden könnten, ohne dabei die Chatoulle des Fürsten oder die Staatseinkünfte zu behelligen, und selbst ohne den Gemeinden allzuschwere Lasten aufzubürden, welchen die Pflicht zunächst obliegt, dem Prediger hinreichenden Unterhalt zu geben.

Manche Pfarrstellen, sind offenbar so reichlich mit Einkünften versehen, daß sie abgeben, und beträchtlich abgeben könnten, und doch noch ihrem Inhaber für seine Bedürfnisse und für seine Bequemlichkeit hinreichend übrig ließen. Es wäre so unrecht und so sonderbar nicht, wenn hierauf der Entwurf gebauet würde, die schlechtern Stellen zu verbessern, indem auf diese guten Stellen eine bestimmte Abgabe gelegt würde. Fände man es, gewisser besonderer Verhältnisse wegen unbillig — im Ganzen genommen scheint es nicht so, zumal wenn die Inhaber Kreter und faule Bäuche und ohne Familie wären — die iezigen Besitzer der guten Stellen mit einer solchen Abgabe zu beschweren, so möchten dieselben immerhin ihres Einkommens ruhig genießen, aber bei der neuen Wiederbesezung der Stellen, müßte sogleich zur Ausführung geschritten werden.. Nicht als sollten die guten Pfründen auf ewige Zeiten eines Theils ihrer Grundstücke und Einnahmen beraubt werden, sondern der neuangestellte Prediger gäbe nach

nach Verhältniß seiner Einkünfte, auf gewisse Jahre etwas ab, und gelangte alsdenn zur vollen Einnahme. Jede Stelle die nicht unter 400 Thaler jährlichen Ertrags hätte, könnte nun nach Proportion, ein Drittheil, ein Viertheil oder noch weniger von ihrem Ertrag auf vier bis sechs Jahr abgeben. Aus diesem Einkommen würde eine allgemeine Predigerkasse angelegt — versteht sich daß die Direktoren ein wenig rechtschaffen damit umgehen müßten — aus welcher nächst den dürftigen auch die allzusehr mittelmäßigen Stellen verbessert würden. So könnte eine Stelle von tausend Thalern, — denn es giebt deren, die so viel und so gar einige die noch mehr Einnahmen haben — binnen sechs Jahren leicht 2400 Thaler in die Kasse geben, und von diesem Kapital, wenn es gut angelegt würde, könnten zwei Stellen, jede zu einem jährlichen Ertrag von funfzig Thalern, verbessert werden. — Hierzu würde sich jeder gern verstehen, der nach 6 Jahren die volle Einnahme erhalten sollte. Jedoch müßten diese Kapitale durchaus an den Ankauf sicherer Grundstücke verwandt werden, die alsdann ausgeliehen werden könnten; denn in baarem Gelde ausgeliehen, würden nicht nur die Procente geringer, sondern auch mit dem Kapital selbst, unsicherer sein: Beides aber müßte schon deswegen verhütet werden, damit besseren Stellen nicht ewig neue Abgaben geben dürften, indem den schlechtern nie gehörig geholfen wäre. Manche Irregularitäten die bei diesem Vorschlag, wegen Konkurrenz der Patronatsherrschaften, wegen frühem Absterben eines Predigers oder wegen Versetzung an andere Orte, sich finden könnten, würden sich schon im voraus bei der Anlage einer solchen Kasse glücklich und leicht ausgleichen lassen.

Wet

Wer Hofnung hat zu einer guten Stelle, wird diesen Vorschlag so unbillig finden, als ihn derjenige billig finden wird, welcher eine schlechte Stelle hat. Inzwischen ist, wo ich nicht irre, schon in irgend einem Lande außer Deutschland, eine solche Einrichtung wirklich vorhanden.

Es würden sich auch noch manche andere Einrichtungen finden lassen, die im Ganzen beträchtlich vortheilhaft, und im Einzelnen für niemand drückend sein dürften. So würde niemand beim ersten Antritt des Amts, oder bei vortheilhafter Veränderung desselben, sich weigern, einige Thaler in die allgemeine Kaße einzulegen; so könnten auch überflüßig reiche Kirchen z. B. solche die so gar die Zinsen ihrer Kapitale nicht mit guter Manier verbrauchen können und daher die unnöthigsten und kostbarsten Bäue anfangen und ungeheure Summen auf Gemählde verwenden, wie es wirklich deren einige giebt, sehr beträchtliche Beiträge geben; so könnten die Pfarrvakanzen, nach Verfluß der sogenannten Gnadenzeit für die Witwe, hier benuzt werden. Durch dieses Mittel scheint in einem Raum von etwa funfzig Jahren sehr viel geschehen zu können, wenn anders nicht allzuviel armseelige Stellen in einem Lande wären. Hätte man solcher Mittel noch mehrere, so würde es um so viel beßer sein, und dieses angegebene dennoch neben iedem andern bestehen können.

Diese Verbeßerungen der Stellen, dürften aber nicht, aus einem in der Folge anzugebenden Grunde so weit fortgesezt werden, daß die schlechtesten den besten am Ende gleich ständen, sondern wenn sie nur, nach izigen Verhältnißen den Werth von etwa vierhundert Thalern an Einkünsten hätten, so würde es für Befriedigung der Bedürfnisse

F

hinreichend sein. Ich sage, den Werth von vierhundert Thalern; denn vierhundert Thaler selbst
würden in wenig Jahren, nicht mehr in demselben
Verhältnisse mit andern Dingen stehen als gegenwärtig.

Zuvörderst sollte man hier auf Verbesserung
der Stellen in kleinen Landstädten und auf dem
Lande Bedacht nehmen, denn der Prediger in gröf-
sern Städten, wenn er Talent und Kenntnisse hat,
wird sich, auch selbst für seinen größern Aufwand,
leicht manche neue Quellen eröfnen können, da die
Mittel dazu in Städten so mannichfaltig sind; da-
hingegen der Landprediger mit den schätzbarsten
Kenntnissen und dem größten Talent den unermüd-
samsten Fleiß verbinden kann, ohne im Stande zu
sein, seine Umstände damit zu verbessern.

Auf gleiche Weise würden die Schwierigkeiten,
die sich alsdann finden möchten, wenn der Prediger des Ackerbaues entlediget werden sollte, ebenfalls unübersteiglich sein, wenn nur von Obrigkeiten Anstalten getroffen würden, die liegenden
Grundstücke der Pfarre, Gärten etwa allein ausgenommen, auf eine Art von Erbzinsen vortheilhaft auszuleihen. Der Landmann der sich vom
Ackerbau ernähren muß, würde sich in den meisten
Gegenden dahin bringen lassen, diese Grundstücke
anzunehmen, zumal wenn er nach Beschaffenheit
der Umstände und der Wohlhabenheit der Bauern
oder der Bürger in kleinen Städten, in größern
oder kleinern Stücken ausgethan würde. Einiges
würde der Prediger dabei allerdings verlieren, aber
da er selbst in den meisten Fällen weder durch eigene Bebauung seiner Felder, noch auch durch Verpachtung, den wahren Ertrag derselben erhält, so
würde er diesen Verlust leicht übersehen können,

zumal

zumal da er durch zweckmäßige Anstalten der Obrigkeiten noch erträglicher gemacht werden könnte. Dadurch erhielt er nun Muße für sein Amt und Freiheit von sehr vielen ihm nothwendig sehr unangenehmen und verdrüßlichen Sorgen, brauchte um Wind, Regen und Sonnenschein nicht unruhig zu sein, und es ergäbe sich der große Vortheil, daß der Nachfolger nicht Ursach hätte zu sorgen, den durch die Nachläßigkeit seines Vorfahren oft ganz unbrauchbar gemachten Acker mit so großer Mühe als Kosten zu verbessern, welcher Fall bei dermaliger Lage häufig vorkommt. So viel Hindernisse eine solche Einrichtung auch in manchen Gegenden finden würde, so würde sie sich doch mit Hülfe des Landesherrn und der Gerichtsherrschaften überall, und warlich nicht zum Schaden des Landmanns, machen lassen.

Es versteht sich, daß der Bauer oder die Gemeinde, die die Pfarrgrundstücke in Erbpacht hat, den Erbzins davon aus schon angegebenen Ursachen nicht in baarem Gelde, sondern in den auf dem Felde erbaueten Getreidearten, und zwar aus guten Gründen zu verschiedenen Zeiten, geben müßten. Dem Bauer würde dies lieber sein als baares Geld und für den Prediger wäre es am sichersten. Wollte man dem leztern noch mehr Erleichterung geben und ihn des Verkaufs des erhobenen Getreides überheben, so dürfte man ihn nur berechtigen statt des wirklichen Getreides, den jedesmaligen nach dem laufenden Marktpreise zu bestimmenden Werth des Getreides zu fordern.

Es ist zu glauben, daß durch die Abstellung dieser beiden Punkte, nemlich der Dürftigkeit verschiedener Predigerstellen und des Ackerbaues, unendlich viel für das Predigtamt selbst gewonnen werden könnte, wenn man nur zuvörderst das Einschleichen fauler, ungesitteter und unwissender Menschen in Pfarrämter verhindern wollte. Man muß gestehen, daß nur beides zusammengenommen einen sichtbaren großen und guten Erfolg hoffen läßt, obgleich iedes allein genommen nicht ohne mancherlei Nutzen sein würde. Wer übrigens diese Vorschläge pia desideria nennen will, dem wollen wir nicht leugnen, daß er sie bei ihrem wahren Namen genannt habe.

Mangel an Aufmunterung.

Fehlt es dem Prediger für seinen Fleiß und für sein Geschäft an Aufmunterung, so liegt auch wieder darin kein unbeträchtliches Hinderniß von dem Nutzen des Predigtamts. Und wirklich fehlts insgemein daran sehr. Die Vorgesezten und Inspektoren des Predigers bekümmern sich sehr wenig, und ganze Konsistorien noch weniger darum, ob und wie derselbe den ganzen Umfang seiner Pflichten zu erfüllen suche, mit wie vieler Wärme und Eifer er sie ausübe, und ob er ernstlich darauf hinaus sei, sich immer mehr zu dem zu vervollkommnen, was seines Amts und seines Geschäfts ist; und schon dieses allein ist von mancher schlimmen Folge. So ist auch die Lage der meisten Prediger nicht von der Art, daß sich darin viel Aufmunterung fände; er mag nachläßig und träg oder unermüdet thätig in seinen Geschäften sein, so hat er gewöhnlich bei dem einen so gut wie bei dem andern seine volle Einnahme. Bei andern Ständen und Geschäften kommt viel darauf an, wie gut oder wie schlecht iemand das versteht, wozu er bestellt ist; es hängt Einnahme und Beförderung davon

davon ab, und wenn auch das nicht einmal wäre, so ist doch die Nachläßigkeit wenigstens öfterer unangenehmer Weisungen nicht entübrigt. Bei dem Prediger findet sich oft nichts von dem allen. Nimmt man den Prediger in größern Städten allenfalls aus, bei welchem der Wetteifer mit seinen Kollegen und der Wunsch bemerkt zu werden, manches Gute erzeugt, und als Aufmunterung angesehen werden kann, so wird es übrigens überall an dieser Aufmunterung fehlen. Seine Ehre leidet sogar nicht einmal, wenn er auch seinem Hauptgeschäft nicht das mindeste Genüge thut, wenn ihn anders in seinem unerleuchteten Publikum niemand zu beurtheilen versteht. Vielleicht wohl gar, wie es oft vorkommt, um desto mehr gepriesen zu werden; iemehr er mit einer edlen Unverschämtheit vom Ort der Unwidersprechlichkeit, das albernste Zeug redet, weil der Pöbel daran Wohlbehagen findet, und mithin er selbst im Besiz der schönen Einbildung ist, doch der Weiseste und der Gelehrteste seines Orts zu sein.

Hier verdiente es von Männern, die ihre Stimmen geltend zu machen wüßten, vorzüglich gerügt zu werden, daß man bei Besetzung erledigter einträglicherer Pfarrstellen, im mindesten nicht auf die Beförderung schon vorhandener geschickter und rechtschaffener Prediger sieht. Wer das große Glück hat Gnade zu finden vor den Augen der Herrn Patronen, der erhält die einträgliche Stelle, gleichviel ob geschickt oder ungeschickt. Die meisten Prediger können es mit Gewißheit voraussehen, daß sie da als Prediger sterben werden, wo sie zuerst ein Amt erhalten haben, und haben sie auch Hofnung zu einer bessern Stelle, so wissen sie ebenfalls wieder lange im voraus, daß bei ihrer

Beförderung auf ihren Fleiß und auf ihre Kenntnisse keine Hinsicht genommen werde. Man kann mit der größten Gewißheit behaupten, daß der Prediger weit thätiger, als bisher nicht geschehen ist, für sein Amt wirksam sein würde, falls nur die Pfarrstellen nach der Güte der Kenntnisse, Geschicklichkeit und des Fleißes der Prediger ausgetheilt würden. Ohne Hofnung einer Verbesserung wird auch der rechtschaffenste und feurig thätige Mann bei seinem wenigen Gehalt endlich muthlos, und hingegen der schlechteste Mensch hat bei aller seiner Unwissenheit und Faulheit nichts zu fürchten, er behält die gute Stelle lebenslang, die er einmal besizt. Jener, wenn ihm die Hofnung einer Verbesserung bliebe, würde unter den beschwerlichsten Umständen unermüdet und für sein Amt rastlos thätig sein, und alle Hindernisse übersteigen, denn er hätte Hofnung zur Errettung: und dieser, wenn er in Gefahr leben müßte nach Verdienst und Würden in eine schlechtere Stelle gesezt zu werden, so würde die Furcht ihn ein wenig in Athem erhalten. Billig aber sollte es so sein, daß der unwissende und nachläßige Prediger zur gerechten Ahndung, in eine schlechtere Stelle versezt würde, iedoch mit möglichster Schonung seines Ansehns, und durch Versetzung in eine entferntere Gegend, wo er unbekannt wäre. Vielleicht würde eine so betrübte Aufmunterung um so seltener nöthig werden, iemehr im entstehenden Fall mit äußerster Strenge auf dieselbe gehalten würde. Man wende nicht ein, daß zugleich auch die Familie eines solchen Elenden, und zwar unverschuldet mitleiden müsse, denn der gute und geschickte Prediger hat auch Familie. Vorzügliche Stellen demnach für vorzügliche Verdienste, mittelmäßige für mittelmäßige

mäßige Verdienste, und die ganz schlechten für die Hefen des Standes.

Bis iezt ist noch nirgends etwas geschehen die Verdienste geschickter und thätiger Prediger zu belohnen und ihren Fleiß zu ermuntern. Darum entschlummern so manche Prediger, und viele, die nicht aus Neigung das Predigtamt gewählt haben, machen Dinge zu ihren Lieblingsbeschäftigungen, die mit ihrem Amt in gar keinem, oder doch nur in dem unmerklichsten Zusammenhange stehen. Daher dürfte es wohl kein allzugünstiges Vorurtheil sein, daß sich unter den Predigern so mancher bemerkenswerthe Oekonom, so mancher Kenner des Gartenwesens, große Blumisten, geschickte Drechsler, Tischler und dergleichen finden. Wären sie mehr für ihr Amt ermuntert worden, so würde ihre Lieblingsneigung um so weniger aufgekommen sein. Die sogenannten Konduitenlisten, die in einigen Ländern alle halbe Jahr gefertigt — d. i. aufs neue wieder abgeschrieben werden müssen, dürfen hier gar nicht einmal angeführt werden, da sie nicht den mindesten Nutzen haben, und auch nicht haben können, so lange nicht alle Inspektore Männer sind, welchen es nicht an großer Menschenkenntniß fehlt, und so lange sie nicht mehr Gelegenheit haben die Prediger ihres Sprengels und seine Lagen kennen zu lernen. Es ist zu wünschen, daß diese Listen, die seit einiger Zeit auch in verschiedenen Gegenden von Sachsen eingeführt sind, ernsthaftere Wirkungen haben mögen, als die, einige Federn mehr zu beschäftigen. So sind auch bekanntlich die an vielen Orten üblichen Circularpredigten eben so ohne Nutzen gewesen, als die Konferenzen und Synoden an andern Orten. Wirklich nutzbarer und zweckmäßiger in gewissem Betracht, ist der

der Befehl der alten sächsischen Kirchenordnung an die Superintendenten, ihren Predigern von Zeit zu Zeit einige Stücke zur Ausarbeitung aufzugeben; und die an einigen Orten gemachte Einrichtung, die Predigtdispositionen an die Ephorien oder Inspektionen einzusenden. Beides ist indessen nie gehalten worden.

Ist es dem Prediger auf irgend eine Art beinahe unmöglich gemacht seine Lage zu verbessern, so fällt zugleich die wichtigste Aufmunterung für ihn hinweg. Daher dürfte es nicht wohlgethan sein, wenn Prediger, wie man doch so häufig vorgeschlagen hat, und wie es auch wirklich in einigen Gegenden ausgeführt ist, auf gleichen Gehalt gesezt würden. So erfreulich das auch für den unnüzen Menschen ist, so kränkend muß es für den verdienstvollen Mann sein.

Daß unser Publikum, zumal bei dem izt herrschendwerdenden Geist, irgend etwas zur Aufmunterung seiner Prediger thun werde, ist nicht zu hoffen, und noch weniger zu wünschen. Es mag seine Freigebigkeit immerhin, nur für Kastraten und Aktricen haben. In einigen Städten allenfalls, die eben deswegen im Ruf sind, daß noch Religion in ihnen wohne, erhält der Prediger von den Angesehenern der Gemeinde zum Neujahr ein Pfund Tabak oder ein Paar Pfund Kaffee zum Merkzeichen hoher Gunst und Beifalls, aber dafür hat er auch die hohe Gönnerinnen des Pfefferkrämers oder des Kauf= und Handelsherrn schuldigst zu respektiren. Der Staat aber thut für die Aufmunterung des Predigers eben so wenig. Wohl sind Prämien da, für die Urbarmachung verödeter und wüstliegender Felder, für Verbesserung des Ackerbaues, für den Anbau des Tabaks, der Maulbeerbäume,

beerbäume, und für tausend andere nützliche Dinge, aber keine einzige für den Mann, der am eifrigsten die Menschen gut sein lehrt, der die Unwissenheit aufhellt, den Aberglauben bändigt, und seine Kräfte für sein Amt aufopfert. Hat er aber viel Maulbeerbäume angepflanzt, damit mehr Cocons erzielt werden können, so hat er eine Prämie zu erwarten — grad als ob dem Staate mehr an einem guten Cocon als an einem guten Menschen gelegen sein könne. Indessen es ist nicht einmal nöthig, daß baare klingende Münze, die Aufmunterung des Predigers ausmache; es giebt tausend anständigere und ehrenvollere Wege, ihm dieselbe zu geben, die Schläfrigkeit zu ermuntern und das Talent aufzuwecken. Vor allen Dingen aber muß der geschickte und der fleißige Mann nicht ohne Hofnung sein, seine schlechte Lage verbessert zu sehen, denn der Mensch lebt seiner Natur nach, in seinen Vortheilen, und leider muß er es auch. Wie leicht kann man ihm diese Hofnung geben: denn wenn unsere einträglichen Pfarren nicht für verdienstvolle Pfarrer sein sollen, für wen sind sie denn? —

Ansehn des Predigers.

Der Geist unsers itzigen Zeitalters ist von der Beschaffenheit, daß nie mehr als eben itzt, dem Prediger ein großes Ansehen und viel Achtung zu wünschen wäre, weil er in eben dem Maaße mehr Gutes wirken könnte, in welchem er mehr davon besizt; und doch hat er, aus Ursachen die sich angeben lassen, davon vielleicht nie weniger genossen, als itzt, wo man ihn für einen im Staat sehr überflüßigen Mann hält, nur so lange allenfalls noch zu dulden, als die Zeiten der höchsten Aufklärung noch entfernt sind. So wenig nun auch der Prediger itzt in großer Achtung steht, so scheint er doch gewissen Menschen immer noch so lange zuviel derselben zu haben, als sich noch mancher unter dem Volke findet, der dem Manne doch noch einige Aufmerksamkeit beweißt, der ihn in den wichtigsten Wahrheiten unterrichtet. Das ist ein Umstand, welchen die großen Geister ihrer Aufklärung für sehr nachtheilig halten. Dies sind die großen Geister, deren erstes Kriterium die entschlossenste Verachtung alles des ist, was Religion heißt, denen es wenigstens unnatürlich ist, daß sich irgend iemand zu den Lehren Christi bekenne, welches ihnen allemal für das entscheidendste Symptom einer Albernheit im Hirn gilt. Mit dem wildesten Geschrei von hoher Erleuchtung und Aufklärung, geschöpft aus den trüben Quellen einer graßirenden Modephilosophie, stürmen sie wütig auf alle ächte Religion, und nennen es den entehrendsten Aberglauben an irgend einer Lehre des Christenthums Anhänglichkeit zu haben, oder seinen wichtigsten Grundsätzen Gerechtigkeit wiederfahren zu lassen. Wie gehäßig diesen Menschen Prediger und Predigtamt sein müsse, ist leicht abzusehen. Beides ist ia das Mittel manche Grundsätze und Lehre in Ansehen zu erhalten, die ihrem hellen Licht ägyptische Finsterniß sind. Sie empfinden sogleich Uebelkeiten und Anwandlungen Sarkasmen auszuspeien, so bald sie einer Kirche oder eines schwarzen Rocks gewahr werden, und was Millionen Menschen große, ehrwürdige und tröstliche Wahrheit ist, und aus guten Gründen ist, das ist ihnen ohne weitere Prüfung, dumm Zeug, Priestergeschwäz, Posse, ein Popanz für den Pöbel, Erfindung um Geld zu schneiden. — Freilich ist alles das schon oft da gewesen, oft gesagt und nachgesagt, aber schier noch nie mit so großem Halloh austrompetet und so triumphirend ausgeschrien worden. Vielleicht ists auch nur Modelaune — die Gewaltsmänner können ja unmöglich den gewöhnlichen Gang anderer Menschen gehen, aber doch ists nicht rathsam so ganz gelassen dem Unfug zuzusehen. Die Sucht groß und stark zu scheinen aufs wenigste, wenn man es nicht sein kann, ist zur Influenza geworden, die selbst den gemeinen Troß ergreift, und warlich ihrer Folgen wegen ist sie bedeutender als die Siegwarts- und Werthersfieber. Der erleuchtete Herr mit seiner Laterne im Hirn, sucht auch von den Strahlen seines Lichts seine Domestiken zu erleuchten, und seinem Kutscher und seinem Johann seine Weisheit zu inokuliren. Gern glaubt der arme Tropf was ihm sein vornehmer Patron mit den kräftigsten Schwüren auf seine Ehre versichert, und von Kutscher und Stallknecht kommt die Energie auf Tagelöhner und Handwerksbursche in den Pfennigsschenken und Brantweinskramladen. Es ist unsäglich, was aus den faulen Quellen einer laufenden Afteraufklärung für ächte Religion und Moralität, für Schaden entsteht, aber wer vermag sie zu stopfen? Rechnet es doch selbst mancher Prediger sich zur Ehre in den Ton der Modephilosophie mit einzustimmen, und mit einer großen Freimüthigkeit in der nächsten Gesellschaft das zu einem Gegenstand seines Witzes zu machen, was er vor wenig Stunden für ehrwürdige Wahrheit ausgab, und das ist freilich für sein Amt wie für seinen Stand auf irgend eine oder andere Weise sehr arg. Er selbst meints wohl so ernstlich nicht, sein Witz gilt nur auf ein gutes

Glas

Glas Wein, aber für den Bedienten hinter dem Stuhl, ists immer ein gefährlicher Umstand, den Herold der Irreligiosität in dem Prediger zu finden.

Kommt nun die Religion mit allen ihren Lehren in Verachtung oder in Geringschätzung, so kanns nicht fehlen, es muß ein Theil davon auf die Lehrer derselben zurückfallen. Die Religion ist oft genug um ihrer Lehrer willen verächtlich geworden, izt hingegen scheint es nicht selten grade umgekehrt zu sein. Merkt es der niedrige große Haufe, daß der vornehme große Haufe den Prediger verachtet, so kommt ihm warlich die Lust auch bei vornehm zu thun, und, ohne daß er deswegen sogleich in Starkgeisterei initiirt wäre, beweißt er dennoch dem Prediger die so eben glücklich begriffene Verachtung, und die Wahrheiten die derselbe für ihn hat, fangen ihm bald an anzuekeln, denn sie kommen ja von einem Mann, den er — verachtet.

Zwar, nicht immer dürfte diese Verachtung des Predigers aus der gänzlichen Verachtung der Religion selbst herrühren, wenn sie auch gemeiniglich Geringschätzung verrathen mag; oft ist sie nur die Folge falscher Begriffe, die man sich von dem Prediger macht, zum Theil auch wohl bon ton geworden, gegen welchen kein Verstoß vorfallen darf. Man stellt sich oft noch den Predigee an Sitten und Kenntnissen so vor wie sie etwa um die Zeit der Reformation und lange vorher waren, und man weiß kaum ihre Einfalt und ihre Fehler grotesk und ihre Gesinnungen abscheulich genug zu beschreiben. Freilich ungerecht daß

der

der ganze Stand tragen soll, was einige verbrochen haben, oder noch verbrechen, und albern, daß man sich so spät einfallen läßt, wie manches Verderbniß ehedem unter diesem Stand geherrscht habe. Wunderbar! Wie der Geistliche für seine Religion nichts that, als sie entstellen, und vielleicht geflissentlich entstellen, weil er bei Aberglauben und Unwissenheit seine größen Vortheile fand, und wie er für die Menschen seine Brüder nichts wirkte, als was zum Schaden derselben gereichte, da ward er geehrt wie ein Gott: und nun da er so fleißig mit Hand anlegt die Gewalt des Aberglaubens, der Unwissenheit und der Anhänglichkeit an veralteten und schädlichen Meinungen zu zerstören, da er allen Ernst braucht das Christenthum zu läutern, und für das Glück seiner Nebenmenschen zu wirken, wird er verachtet. Sind einzelne unter den Predigern die Verachtung verdienen, wen mag das befremden? Aber wer kann unbefremdet bleiben, wenn der ganze Stand um dieser einzelnen willen leiden muß?

Man giebt aber immer noch die Meinung nicht auf, es könnten unter den Predigern unmöglich andere Menschen gefunden werden, als Scheinheilige und Boshafte; denen doch im Grunde an Aufrechthaltung des Aberglaubens und der Unwissenheit gelegen sei; und welchen man wirklich viel Ehre anthue, wenn man sie unter sich nur dulde. Seitdem wir aus den dunkeln Zeiten heraus sind, wo der Geistliche deswegen respektabel war, weil man sich unter ihm einen Diener Gottes vorstellte, so eigentlich man konnte, und weil man fest an dem Glauben hielt, daß unendlich viel darauf ankomme, wie gut oder wie

schlecht

schlecht uns dieser Diener bei seinem Gott vertrete, daß er bei aller seiner Unwissenheit und Gewissenlosigkeit doch die wahre Kraft habe, die Sünde zu vergeben und vielleicht gar nach Willkühr zu vergeben, und daß man Gottes Augapfel antaste, wenn man ihn beleidige: so sind wir in solche helle Zeiten gekommen, welche nach Verlast dieser Gründe für die Achtung des Predigers, keine anderen mehr übrig behalten, wohl aber für seine Verachtung neue erfunden haben. Man glaubt auch immer noch mit steifer Beharrlichkeit, daß in den geistlichen Ständen mehr Fehler, mehr Sittenlosigkeit gangbar sei, als in iedem andern, ohngeachtet viel mehr zu dieser Behauptung gehört als ie ein Mensch haben kann — die Kenntniß der Moralität aller einzelnen Stände und ihrer einzelnen Mitglieder, um so keck darüber abzusprechen, und man glaubt es blos deswegen, weil in gewissen Zeitaltern manche auffallende Fehler unter den geistlichen Ständen herrschend geworden waren, ob schon die andern Stände in eben diesen Zeitaltern aufs wenigste in gleicher Verdammniß gewesen sind — ein Glaube von welchem man den Grund darin zu suchen hat, daß, wie schon oben erinnert ist, die Meinung von der Heiligkeit dieses Standes sehr groß war, und die Fehler der Geistlichen frappant gegen diese verrufene Heiligkeit abstachen. Da man nun einmal Verdacht geschöpft hat, so sezt man in die moralische Güte des Predigers ein großes Mistrauen, sucht alle seine Handlungen auszuspähen, belauscht ieden Schritt den er thut, und sieht natürlich überall was man zu sehen wünscht, lauter unverzeihliche Verbrechen, und wenn man irgend über die Absichten seiner Handlungen, so schaft man

auch

auch darauf gemerkt hat, nicht gewiß werden kann, so hält mans für das sicherste ihm die schlimmsten anzudichten, die die Beschaffenheit der Umstände verstattet — und so muß sein Ansehen immer mehr sinken. Von einer Seite will man immer noch nicht den Menschen in dem Prediger ertragen, und fordert eine Engelheiligkeit von ihm, und von einer andern Seite muthet man ihm zu, an jeder kleinern oder größern Thorheit Theil zu nehmen, und von beiden Seiten argwöhnt und verleumdet man, wenn man seine Erwartungen betrogen sieht. Unter diesen Umständen muß freilich das Ansehen des Predigers und seines Amts sinken, und damit sinkt der Nutzen seines Amts zugleich.

Vierter Abschnitt.
Ueber einige wichtige in den öffentlichen Vorträgen selbst enthaltene Hindernisse der Nutzbarkeit des Predigers.

Es ergiebt sich von selbst, daß die öffentlichen Vorträge ans Volk, deren Inhalt vorzüglich christliche oder von dem Christenthum abgeleitete Wahrheit sein soll, das eigentliche und das Hauptgeschäft des Predigtamts sind; und man kann sagen, daß das Predigtamt, als Predigtamt, hierin bestehe. Je weniger nun auf diese öffentlichen Vorträge, Sorgfalt verwendet wird, je weniger man über das, was dem Volk und wie es demselben zu seiner Vervollkommnung gesagt werden müsse, mit sich selbst berichtigt ist; je mehr man vielmehr gewisse Meinungen darinnen lehrt oder das Gegentheil derselben bestreitet, als die geläuterten Wahrheiten des Christenthums zu verständigen und aufs Leben anwendbar zu machen sucht; je öfter man gewisse Lehren des Christenthums so einseitig darstellt, daß der große Zweck desselben, Menschen zu veredlen eher dadurch aufgehalten als befördert wird; je häufiger man durchaus fremdartige und unnütze Dinge hineinzieht und dem Zuhörer erschwert das Vorgetragene faßlich und annehmlich zu finden, und je unvorsichtiger man ihm gewisse Lehren von solchen Seiten vorhält, daß sie seinen fehlerhaften und falsch gerichteten

Neigungen günstig zu sein scheinen: desto mehr und mannichfaltiger wird durch diese Vorträge der wichtigste Zweck des Predigtamts unmittelbar aufgehalten, und zu der Veredlung der Gesinnungen und Handlungen des Zuhörers nicht nur nichts beigetragen, sondern diese Veredlung stark und kräftig gehindert.

Hätten wir eine Geschichte der Kanzelvorträge, vollständig und gut gearbeitet — dem ganzen Predigtwesen etwa das, was Geschichte der Lehren, der Theologie ist — so würden wir leicht in Stand gesezt sein zu beurtheilen, wie viel iedesmal die Beschaffenheit derselben, die guten Wirkungen des Christenthums müsse gestört haben. Eine solche Geschichte würde bis kurz vor unsern Zeiten, kaum etwas anders sein, als eine traurige Rolle von tausend Fehlern des Predigers bei seinem öffentlichen Unterricht, deren Schuld theils auf ihn selbst zurückfiele, theils aber auch durch den iedesmaligen anderweitigen Zustand der Theologie und der Wissenschaften entschuldigt würde — lehrreich für ieden Prediger, unendlich nüßlich in mancherlei Hinsicht und Beziehung, und brauchbarer für ihn als manche gepriesene Homiletik.

Immer hat die Beschaffenheit der öffentlichen Vorträge ans Volk, eine sehr merkbare Aehnlichkeit mit dem iedesmaligen Zustand der Theologie, von den dunkelsten Zeiten an, bis auf unsere erleuchteten Decennien gehabt, und ie fehlerhafter diese war, desto mehr waren es iene auch. So lange konnten demnach die Kanzelvorträge ihre wahre und eigenthümliche Form und Beschaffenheit nicht erhalten, als nicht die Läuterung der Theologie erfolgt war, denn so lange waren ihre Fehler kaum bemerkt worden. Zwar sind wohl einzelne

einzelne Erinnerungen dann und wann gemacht worden; am meisten und wärmsten von den Gönnern der Mystik, aber das waren einzelne Töne, die unter dem Lärm der vollen theologischen Schnarrmusik ungehört verhallten, kaum dann und wann einmal von einem Kenner und Liebhaber bemerkt.

Wenn auch in unsern neuesten Zeiten manches abgestellt ist, und manches hingegen aufgekommen was erforderlich war; so ist deswegen noch nicht aller Erinnerung und Aufmerksamkeit auf gewisse Hauptfehler im Kanzelvortrage zu entrathen, da noch immer ein Gegenstrom da ist, dem man entgegen arbeiten oder für dem man doch warnen muß.

Polemik im Kanzelvortrag.

Die Sitte in den öffentlichen Vorträgen ans Volk, die erheblichern oder unerheblichern Meinungen der Gegenpartheien eifrig zu bekämpfen, ist bei weitem so allgemein noch nicht abgekommen, wie sie es verdient, und wenn sie auch bei vielen verständigen Predigern ihr Ansehen verloren hat, so hat sie es bei vielen andern noch behauptet, und so lange wird sie dasselbe sicher behaupten, als wahre Toleranz gegen Andersmeinende nicht allgemeiner geworden und gewisse übelverstandene und schief angewandte Grundsätze von der Seligkeit durch den Glauben, nicht in iedem Kopf besser berichtigt sind. 13)

Oft

---

13) Nicht iede bescheidene und gemäßigte Bestreitung oder Widerlegung einer Meinung, und nicht iede Wärme mit welcher gegen dieselbe gesprochen wird, ist Polemik im Vortrage, und wenn man auch den Namen beibehalten will, so wird deswegen die Sa-

Oft genug hat man für diese Sitte die Entschuldigung in der Polemik gesucht die zu Luthers Zeiten und nachher auf den Kanzeln herrschte — eine Entschuldigung die freilich nicht seichter sein könnte. Indessen, nach den damaligen Lagen der Dinge, konnte die Polemik kaum von den Kanzeln verwiesen werden. Die Gemeinden bestanden aus Leuten, die alle an den Tand der römischen Kirche von Jugend auf gewöhnt und mit lauter Anhängern derselben umgeben waren. Diese mußten entweder erst für die neuen Wahrheiten gewonnen, oder doch für dem Rückfall bewahrt werden; und sie sahen, hörten und lebten mitten unter allem dem, worüber man sich stritte, und auf keinerlei Weise ließ sich verhüten, daß nicht manche Kundschaft davon zu ihnen hätte gelangen sollen. Wäre das aber auch nicht, so sollte doch

G 2 billig

che nicht überall unrecht sein. Wenn die bestrittenen Meinungen gangbare Irrthümer des Volks, von höchst schädlichem Einfluß auf Leben und Handeln, gefährlich für Moralität und Güte des Herzens sind, oder mit größter Wahrscheinlichkeit zu befahren steht, daß sie es werden und die Ruhe und das Glück des Lebens untergraben können, wer wird dann leugnen, daß diese Polemik, allerdings zu billigen sei. Den Prediger in Bremen, der in seiner Predigt gegen Desorganisation, gegen Magnetismus und Somnambulismus und gegen alle, von den dortigen Lavaterianern so hoch gepriesene Thorheiten so warm sprach, hat kein Vernünftiger getadelt, der nicht schon vom Gegentheil Parthei genommen hätte. Denjenigen Prediger, der eben so warm vor seiner Gemeinde diejenigen Meinungen bestreiten und widerlegen würde, die eine Vorsehung leugneten oder ungewiß

billig nicht außer Acht gelassen werden, daß die Beispiele gewisser Personen und Zeitalter niemals unabänderliche Regel für mehrere noch kommende Jahrhunderte und Geschlechter werden können; nicht einmal zu erwähnen, ob nicht die damaligen Gegenstände des Streits in vielem Betracht wichtiger waren, als die meisten derjenigen, die nachher auf die Kanzel gebracht wurden. Uebrigens ist die Bemerkung leicht zu machen, daß man immer, mehr Luthers Schwächen nachgeahmt hat, als das worin er stark und groß war.

Wollte man nun auch die Polemik auf Kanzeln in dem Zeitalter zwar nicht gerechtfertigt, aber doch verzeihlich finden, in welchem der papistische Sauerteig den guten Teig versäuern konnte, was solte denn dieselbe nachmals auf der Kanzel, da schon ein ganz neues Geschlecht von Menschen lebte, die nicht die Hälfte von der Lage mehr hatten,

in

---

könnte doch bei vielen Mitgliedern derselben gangbar werden, würde keiner tadeln. Aber jede entgegenstehende Meinung einreissen wollen, wenn es hinlänglich ist unsere zu bauen, und jene stürmen, wenn man bloß diese zu vertheidigen nöthig gehabt hätte — über jede von der unsrigen abweichende Meinung, bekannt oder unbekannt, gefährlich oder unschädlich, herfahren, lärmen, pöbelhaft schimpfen, diktatorisch schrecklich verdammen, vielleicht ohne alle vorhergegangene Prüfung und Untersuchung verdammen, die Person mit der Sache niederblitzen, wer wird das nicht als wahre, ächte beißige, gallichte und gehäßige Polemik verabscheuen? Indessen nach unserer Meinung können der Fälle kommen, wo die Grenzlinien zwischen erlaubter und tadelhafter Polemik in einander fließen, und ein scharfes und geübtes Auge erfordert wird, sie aufzufinden.

in welcher ihre Vorfahren waren; was hat sie kurz vor unsern Zeiten gesollt, und noch mehr, was soll sie izt, und was soll sie vorzüglich dem Kleinstädtler und dem Bauer? Warum auf den Kanzeln die Meinungen der Arianer, Pelagianer, Socinianer, Sabellianer und noch hundert anderer auf Aner und Isten, nebst ihren Nachfolgern, und vielleicht gar mit Namen aufführen und verdammen, und alle Waffen gegen dieselben hervorsuchen, welche die streitbare Polemik an die Hand giebt? Welche seltene und sonderbare Vorstellungen muß das arme erstaunte Volk sich machen, wenn es in so ein fremdes Land geführt wird, und solche fremde Meinungen ruiniren hört, die es nie gekannt hat:

„Aber man muß ja das Volk für Irrthümern „bewahren, und ein Christ muß denn doch „eine rechte Erkenntniß seines Glaubens be„sitzen, zumal in diesen gefahrvollen Zeiten, „in welchen izt die Kirche schwebt, wo selbst „das ansteckende Gift der Neuerung und Auf„klärung schon anfängen will sich unter Hand„werker und Bauern einzuschleichen. Soll „man da nicht auf Abwendung der Gefahr „bedacht sein, und für dieselbe warnen?" —
Eine Sprache die keinem unbekannt sein kann, da sie eben so alt ist als die abweichenden Meinungen, in der christlichen Kirche. Freilich muß man das Volk für Irrthümern zu bewahren suchen, aber doch ohne Zweifel nur für solchen, in welche es wahrscheinlich verfallen kann, und von denen man nach ruhiger und gewissenhafter Prüfung überzeugt ist, daß sie Irrthümer und daß sie der Moralität gefährlich sind. Aber warum für Irrthümern warnen und bewahren wollen, die das Volk noch gar nicht kennt;

kennt; warum durch unzeitigen und übertriebenen Eifer dasselbe aus der glücklichen Unwissenheit herausreißen, in welcher es bis daher gelebt hat, und es erst dadurch auf manches aufmerksam machen, was ihm ewig verborgen geblieben wäre? Und warlich die Irrthümer, in welche gewöhnlich das Volk verfällt, betreffen die Gegenstände am wenigsten, mit denen sich unsere Polemik abgiebt. Und wenn es verwahrt werden soll, könnte das auf keine andere Weise geschehen als dadurch, daß man ihm das Gegentheil erstlich darstellt, bekannt macht, und dann niederreißt! Sollte es nicht für Irrthümern bewahrt werden können, ohne ihm die Irrthümer selbst bekannt zu machen? Kann doch der Arzt für Krankheiten präserviren ohne daß er uns den Namen der Krankheit, ihre Natur und diejenigen bekannt macht, die daran niederliegen. Auf gleiche Weise würde man das Volk am sichersten bewahren können, wenn man demselben das was es für sich wissen muß, allein und ohne alle Erwähnung und Anspielung auf Gegenmeinungen, gründlich, deutlich und überzeugend vortrüge.

Es ist offenbar, unser Kanzelvortrag hatten Zweck gute Christen zu bilden, und — gute Menschen, würd' ich sagen, wenn nicht manche Argwöhnische, sie mögen selbst kaum wissen, welche Gefahr, hinter diesem Ausdruck verborgen glaubten. Dazu muß aber in der That die Polemik wohl wenig beitragen; denn grade in denjenigen Jahrhunderten, wo man am meisten auf den Kanzeln polemisirte, waren die gemeinen Christen in ihren Kenntnissen am unwissendsten und am rohesten in ihrem Betragen. Macht die Kenntniß alles Irrwesens, aller Partheien und ihres Geistes wie ihrer Meinungen, und die Wissenschaft aller Taktik vermittelst welcher man gegen dieselben mit Vortheil manövriren kann, macht diese gute Christen, so sind wahrlich die gröbsten und beißigsten Theologen und Doktoren, die unsere Kirchen aufzuweisen haben, und in deren Charakter Bitterkeit, Haß, Verfolgungsgeist und Stolz die Hauptzüge waren, die besten unter allen Christen gewesen. Wenn aber der gemeine Christ auf keine andere Weise richtige Erkenntniß seines Christenthums besitzen — d. i., den rechten Glauben haben kann, als nur dann, wenn er die Kenntniß von allem dem besizt, was dem Christenthum und seinen Lehren von jeher wirklich entgegen war, oder wovon man sich doch einbildete es sei demselben entgegen: so ist das arme Volk zu bedauern. Zeit, Gelegenheit, Vorkenntnisse die hierzu erforderlich sind, kann es immer haben — was es durch den Unverstand und ungestümmen Eifer seines Predigers davon lernt, sind Bruchstücke, einzelne, abgebrochene, unrechtverstandene, und falschangewandte Säze, die es füglich hätte entbehren können. Und mögen auch von verschiedenen Partheien die wichtigsten Wahrheiten des Christenthums angetastet seyn, dem Volke, welches nichts davon wußte, hat das auch nicht den mindesten Nachtheil in seiner Erkenntniß und in seiner Ueberzeugung gebracht, so wie es ihm nichts geholfen hat, wenn man ihm die Nachrichten davon so voreilig herposaunte.

Was insbesondere die Gefahr unserer Zeiten betrift — hier gleichviel ob sie wahr oder nur vorgegeben ist — so ist Polemik auf der Kanzel gewiß sehr selten das glückliche Mittel dafür zu bewahren, oft aber wohl ein Mittel die Gefahr zu vergrößern. Denn alles Schreien von Gefahr und alles Stürmen, hat nur zu oft Anlaß gegeben dadurch erst Aufmerksamkeit zu erregen und die Gefahr sichtbar zu machen. Der neugierige Zuhörer der bis daher keine Gefahr gesehen hat, will doch nun auch, da so heftig Lärm geschlagen wird, gern wissen wo es brennt, und ob er schon nicht viel löschen helfen kann, so läuft er doch eiligst mit hinzu, gaft und versengt sich — das Haar aufs wenigste. Obs für ihn nicht besser gewesen wäre, vom Feuer nichts zu wissen?

Hätte der Prediger in seinen Gemeinden einen oder den andern Menschen mit gefährlichen und schädlichen Grundsätzen, so kann er ihn ia in den meisten Fällen durch Privatunterredungen zurecht bringen, und viel sicherer zu seinem Zweck gelangen. In kleinen Städten und auf dem Lande haben dergleichen Privatunterredungen gar keine Schwierigkeiten. Auf diese Art dem Irrthum begegnen, das hieße den Funken ersticken. Aber hintreten und die Gefahr den gefährlichen Menschen von der Gemeinde austrompeten, das heißt ihn anblasen, und das ist immer noch gefährlicher als ihn lange fortglimmen zu lassen, wo er durch tausend Zufälle wieder ausgelöscht werden kann, oder von selbst ausglimmt ohne um sich zu greifen. Fänden sich aber in einer Gemeinde mehrere, die abweichende Meinungen hegten, so ist theils eine abweichende Meinung darum noch immer keine irrige, und eine irrige nicht immer gefährlich und schädlich; theils aber ist auch eigentliche Kanzelpolemik wieder sehr verkehrt angebracht. Die Inhaber dieser Meinung werden durch allen Lärm nicht überzeugt, sondern gewinnen ihre Meinung desto lieber, oft wird sie ihnen dadurch erst sogar wichtig, und die andern werden auf Dinge auf aufmerksam gemacht, die sie nicht kannten; dieser und iener hat etwa Lust nähere Kundschaft einzuziehen und nicht selten wird er eben dadurch für dieselbe gewonnen. Jedoch, von diesen allen abgesehen, läßt sich auch anderweitig zur Genüge erkennen, wie überflüßig und ohne Nutzen das Streiten auf der Kanzel gegen Gegner in den meisten Fällen seyn müsse. Auf einer Seite, erwäge man, wie unbelehrt der größere Haufe in seinem Christenthum ist, auf welchen doch zunächst Hinsicht genommen werden muß; wie dürftig seine Erkenntniß, wie ungeübt sein Verstand und wie schwach seine Urtheilskraft. Auf der andern Seite sind die Streitigkeiten gemeiniglich so äusserst verwikkelt, die Unterschiede der Meinungen oft so delikat und haarfein, oft so willkührlich, so mancher Streit nur aus Misverständniß und aus Verworrenheit der Ideen, aus halbwahren und halbfalschen Begriffen entstanden, und oft gar nur bloßer Wortstreit, am Ende aber der Vortrag darüber noch verworrener als die Sache selbst. Und daraus soll das Volk sich finden! — Soll den Richter darüber machen! — Und wenn es klar ist, daß es offenbar das nicht kann, warum ihm nun umständlich den ganzen Krieg darlegen und zergliedern? Es kann ia den Krieg weder mitführen helfen, noch auch das Recht der Partheien entscheiden, und wenn es sich zu einer oder der andern Parthei schlüge, so würde es tausendmal eher aus iedem andern Grunde geschehen, als aus dem, daß es von dem Recht dieser oder iener Seite überzeugt wäre.

Aber nicht genug, daß mit den öffentlichen Widerlegungen der Irrthümer auf der Kanzel, nicht nur gewiß nicht der mindeste Nutzen gestiftet wird, so sind sie vielmehr sehr schädlich auch für die Moralität gewesen, und haben den wahren Endzweck des Predigtamtes merklich genug gehindert. Schon die Zeit, mit der man, beim Volk zumal, nie sparsam genug umgehen kann, indem sie zur Belehrung von den wichtigsten moralischen Wahrheiten gebraucht werden könnte, geht verloren, wenn sie blos dazu angewendet wird, dem Volk zu zeigen, daß Irrthümer — Irrthümer sind, und daß sie der oder iener besitze. Die nutzbarsten praktischen Lehren, die man nie dem Volke oft genug und nie genugsam von den verschiedenen Seiten darstellen kann, werden durchaus verabsäumt, da niemand in der glühenden Hitze des Streits daran denkt, und was unter allen das betrübteste ist, so wird der Geist des Rechthabenwollens und mit diesem zugleich der Geist der Unduldsamkeit, des bittersten Hasses und des Abscheues gegen Andersmeinende, aufgestört oder gar eingehaucht. Diese Folgen sind hier fast immer unausbleiblich. Man polemisirt nun einmal in der Meinung das Volk für Ketzereien zu bewahren; und um es desto gewisser für dem Gift derselben zu sichern, so stellt man dieselben so höchstgefährlich und so übertrieben abscheulich vor, als man sie selbst ansieht, oder als es der Feuereifer veranlaßt in welchen man sich einmal versetzt hat. Wird nun die Gegenmeinung so gotteslästerlich und so boshaft beschrieben, so muß freilich die Einfalt des unwissenden Zuhörers höchst erstaunt sein, über die, die solche Meinungen haben, und sie als Ungeheuer betrachten; um so eher als Ungeheuer betrachten, ie mehr man, nicht blos die Meynung selbst gefährlich vorstellt, sondern auch die Inhaber derselben mit den schwärzesten Farben schildert.

Chri=

Christus verfährt so sanft und linde mit seinen Gegnern, wenn ihr Irrthum blos Meinungen betrift, giebt auch den verstektesten Fingerzeig nicht, daß man Andersmeinenden mit Härte begegnen solle; und die, welche sich seine Diener nennen, glauben gegen ihre Gegner nie hart genug sein zu können, und finden Wohlgefallen daran dieselben recht zu Paaren zu treiben, wenigstens so lange als ihnen niemand widersprechen darf. Es ist eine der ersten Pflichten gegen den Andersmeinenden, ihn bei seinen Meinungen, ungekränkt zu lassen, wenn er nicht durch Gründe davon abzubringen und seine Meinung fürs allgemeine Wohl und für die Ruhe der Menschen nicht gefährlich ist; aber diese Pflicht war kaum dem Namen nach bekannt, so lange dieser Schlag Predigten recht im Ansehen stand.

In diesen hitzigen Streit gegen andere Meinungen, mischt sich zugleich ganz unbemerkt und im Stillen eine gute Portion Stolz, Eigendünkel und Hartnäckigkeit mit ein, die sich sehr geschickt an den Eifer für reine Lehre und für die Beförderung desselben anzuschließen weiß; und überhaupt mag nicht leicht iemand in die Hitze des Streits gerathen sein, ohne daß sich Affekten von mancherlei Art mit beygemischt hätten. Fast die ganze sogenannte Ketzergeschichte ist ein durch achtzehn Jahrhunderte aneinander gereiheter Beweiß von diesem Satze. Jemehr sich aber diese mit in den Streit einlassen, desto bitterer und heftiger wird der Gegenpart behandelt, desto gewißter ist die Begierde denselben zu kränken und weh zu thun, und auch daher wieder die sprühenden Verdammungsurtheile, das Absprechen der Seeligkeit und aller Gottesgnade, und die gräßlichsten Vorstellungen von seiner Herzensbosheit.

Kommt

Kömmt hierzu noch der Gedanke — und man weiß ia, daß er fast immer dazu kam, oft noch dazu kömmt, obgleich, wie von ieher unter tausend veränderten Gestalten — daß man nur bei seiner Meinung, als bei der einzig wahren, glücklich und Gott wohlgefällig sein könne, so wird natürlich die Bitterkeit noch heftiger und gallichter.

Bei den ungerechten und übertriebenen Vorstellungen nun, die man dem Volk so gewaltig von andern Meinungen und noch mehr von Andersmeinenden einprägt, macht es sich natürlich ein sehr großes Verdienst daraus, das Gegentheil anzufeinden, zu kränken, zu verabscheuen, und den Meinenden mit der Meinung zu hassen. Freilich läßt sich von seiner Urtheilskraft der Unterschied nicht finden, daß zwischen Meinung und Meinenden eine Kluft befestiget sey, und daß man die Meinung des Gegners für unrecht halten, und doch noch in ihm selbst den Menschen und Mitmenschen ehren könne. Er sucht vielmehr durch seinen Haß seine Anhänglichkeit und seinen Eifer für den rechten Glauben zu erkennen zu geben, und dadurch, wie man es hat hoffen lassen — den Himmel zu erwerben, dessen er sich um seiner Laster willen für unfähig fühlt. Was ihm an Rechtleben abgeht, das sucht er durch Rechtmeinen, und durch den Haß gegen alle Abweichung von demselben, wieder ins Gleichgewicht zu bringen. Lehrer und Zuhörer nennen das Eifer für Gott, für Jesum Christum, für Reinigkeit des Glaubens, und für die Ehre des Evangeliums — kein Wunder, wann sie es sich zum Verdienst rechnen, dafür zu eifern.

Würde sich der Prediger zu überzeugen suchen, daß kein Mensch über die Ueberzeugungen und

Mei-

Meinungen seines Nebenmenschen, und nur unter gewissen Bedingungen, über die Verbreitung derselben, ein Recht haben könne; würde er sich eine fruchtbare Kenntniß von der Geschichte der Meinungen, vorzüglich in Dingen der Religion erwerben; würde er öfters bedenken, wie leicht möglich der Fall sei, daß am Ende der angefochtene und bestrittene Theil im Besitz des Rechthabens und Rechtmeinens, oder — wenn man das lieber will — im Besitz der Wahrheit sein könne; daß man so oft Jahrhunderte hindurch Dinge geglaubt, gelehrt und verfochten habe, von welchen sich nachher doch zeigte, wie falsch und ungegründet, und oft, wie handgreiflich falsch sie waren, ob man gleich für dieselben Gründe und Beweise hatte und brauchte, die man für eben so unumstößlich und bündig hielt, als wir die unsrigen für unsere Meinungen, und würde er erwägen, daß wir oft die mit unsern Meinungen von Jugend auf gepflogene Vertraulichkeit, statt unumstößlich gegründeter Ueberzeugung nehmen: so würde schon dadurch die Sucht, seinen Speer am Gegenpart zu versuchen, wo nicht völlig geheilt, doch sehr geschwächt werden. Jedoch es giebt immer noch einige hitzige und hartnäckige Köpfe, bei welchen es eine sehr undankbare Mühe sein würde, sie zur Mäßigung zu bringen, da sie mit Gewalt, bei ieder größern oder kleinern Veränderung der Meinungen, außerordentlich gefährliche Zeiten für Religion und reinen Glauben sehen, iedes Neue für etwas sehr Schlimmes, sich selbst aber auf iede Weise für berufen halten, Bauern und Taglöhner für allem möglichen Gift ansteckender Irrlehren aufs kräftigste zu bewahren, und nicht nur zu bewahren, sondern bey iedem argwöhnischen Verdacht Lärm zu machen

und

und Feuer zu ſchreien, und ſogar alles aufzubieten zur Rettung herbei zu eilen. Faſt ſollte man, und das in der That ſehr ernſtlich glauben, daß für dieſe Menſchen kaum eine wirkſamere und ſicherere Kur ſein dürfte, als die ehemals bei einem gewiſſen Superintendenten zu Greifswalde in Pommern, den D. Berthold Krakewitz gebraucht wurde. 14)

Wer nur einigermaßen mit den Wendungen bekannt iſt, welche auch die Kanzelpolemik von Luthers Zeiten bis auf uns, verſchiedentlich genommen hat, der wird ſich lebhaft von dem Unheil überzeugen können, welches ſie anrichtet, ſobald ſie nur etwas zu Kräften kommt. Die giftigen Zänkereien — Streitigkeiten darf man nicht ſagen, wenn man nicht zu wenig ſagen will — welche die Partei, die ſich für ſtrenge Anhänger Luthers ausgab, mit den gelindern Schülern Melanchthons führte, und alle die Kriege in den erſten Zeiten des Lutherthums, die Oſiandriſtiſchen, Antinomiſtiſchen, Flacianiſchen, Maioriſtiſchen u. ſ. w. bis auf die Zeiten, wo man, nachdem Andreä endlich die Concordienformel zu Stande gebracht hatte, ein wenig verſchnauben konnte, erſtikken wie ein wucherndes Unkraut, alle Lehre des Chriſtenthums, um Platz für ſich ſelbſt zu haben. Dies war in unſerer Kirche die Epoche, wo man nichts als Ketzernamen, und Ketzereien und Schimpfen und Schmälen auf die Gegner im Kanzelvortrage

---

(14) Dieſer geiſtliche Herr, ſoll vorzüglich auf die Jeſuiten ſehr arg fulminirt haben. Für dieſen ſeinen Eifer ließ ihm ein kaiſerlicher Obriſt im Kriege, 1631 durch ſeine Soldaten einen Schilling (Produkt) reichen. Wenigſtens erzählt es ſo das Theatr. Europ. Tom II. p. 246.

trage hörte. Wären auch keine Bruchstücke aus den Predigten dieser Zeit übrig, die zu Belegen dienen könnten, so würde man doch aus dem ganzen übrigen Verfahren, aus der Bitterkeit die auch die sanftesten Gemüther eingenommen hatte, wie aus der Grobheit mit der man sich überall begegnete und die der damalige Ton der Zeiten wahrhaftig nicht immer entschuldigt, sattsam abnehmen, was der Inhalt der Kanzelvorträge gewesen sein möchte, und wie man seine Gegenstände behandelt habe. Beinahe wars unmöglich, daß die öffentlichen Vorträge ans Volk etwas anders sein konnten, als die Ergießungen einer blindtollen Wuth gegen Abweichungen in Meinungen, so unbedeutend auch hier und da diese Abweichungen waren. Die elendesten Dinge, die erst durch die Heftigkeit des Streits selbst den höchst möglichsten Grad von Dunkelheit und Verworrenheit erhalten hatten, machten den Hauptinhalt der Vorträge und würden dem Volk statt guter nahrhafter Speise aufgetischt, und das τοῦ αἱρετικόν evita wurde gewiß oft genug angezogen, und auf gut papistisch zu e vita umgeändert. Einige Bruchstücke werden nicht am unrechten Ort stehen.

Auf dem Colloquio zu Worms im Jahr 1557. welches bekanntlich auf Ferdinands Vorschlag, zur Wiedervereinigung der Protestanten mit der alten Kirche gehalten wurde, hatten die ienaischen und braunschweigischen deputirten Theologen sehr ernstlich auf die Verwerfung von Georg Maiors bekannten Satz gedrungen, und forderten dieselbe von den churfürstlichen Theologen zu wiederholtenmalen. Der Wittenberger Professor, D. Georg Cracow, berichtete seinem Freund diesen Umstand in einem Briefe. Maior mußte gleich drauf, da eben Jahrmarkt zu Wittenberg war, den 18ten nach

nach Trinitatis die Frühpredigt über das Evangelium Math. 22. 34. u. f. halten — ein Text der ihm für seinen Lieblingssatz sehr diente. Er nahm den Unterschied des Gesetzes und Evangeliums zum Thema, und fand in demselben reichen Anlaß auf die Jenenser, Magdeburger und Eisleber, die damals im Geruch der Orthodoxie waren, tüchtig loszuziehen, und nachdem er die Stelle: Ihr sollt nicht wähnen, daß ich gekommen bin das Gesetz und die Propheten aufzulösen, sondern zu erfüllen (Math. 5, 17.) angezogen hatte; so fuhr er fort:

„Da seht ihrs, die Lehre des Gesetzes muß „nicht aufgehoben werden, wie der Böse„wicht Anton Otto zu Nordhausen lehrt: „er wolte ein evangelischer Prediger sein, das „gehöre aufs Rathhaus. Das Gesetz muß „in der Kirchen behalten und nicht allein „gelehrt, sondern auch angefangen werden, „denn es ist eine ewige und unbewegliche „Weisheit Gottes. Mit dem Otto hal„tens Illiricus, Schnepf, Wigand, „Sarcerius und die Jenenser, deswegen „sie mich izt auf dem Colloquio unverhörter und „unbekannter Sachen verdammet haben, wider „alles natürliche Recht, und habens so gemacht, „daß es hat sollen zu keiner Einigkeit gerei„chen, bis man sie hat heißen davon bleiben. „Man sagt sie sind wieder zurük gerufen. „Ich acht wohl nicht in Gottes Namen, son„dern in aller Teufel Namen.

Dies leztere bezieht sich auf einen Umstand beim Colloquio, welcher zur Zertrennung desselben Anlaß gab. Man hatte von katholischer Seite eine Liste gefordert, in der

alle

alle Sekten namhaft gemacht würden, welche die Lutherischen von der augspurgischen Confession ausschlössen. Ein Kunstgrif der seine bezielte Wirkung hatte. Schon vorher hatten die chursächsischen Theologen, obgleich in einer andern Absicht eine Vereinigungsformel von Melanchton aufsetzen lassen, welche von den Fürstl. sächsischen Theologen nicht angenommen wurde. Diese meinten, da die Katholiken auf die Specifikation aller dissentirenden Sekten drangen, izt sei es Zeit, alles anzugeben, was bis daher in Chursachsen gegen die augspurgische Konfession geschehen sei; und da sich die andern Theologen hierin ernstlich widersezten und sie deswegen vom colloquio ausschlossen, so reiseten sie endlich ab. — Das hatten die Katholiken gewünscht; sie zerrissen das colloquium unter dem Vorwande, die Protestanten wären untereinander selbst mehr uneins, als mit ihnen, den Katholiken.

„Die zu Eisleben und Mansfeld haben „mich belogen, nicht als ehrliche Leute. „Wer unter Euch : : : : soll der kleinste genennt werden? — Es soll gar nichts sein, „soll ganz verworfen werden, Illiricus und „die andern. Ich will sie wieder verdam„men, bis sie sich bessern. — Wer aber soll „der größte sein? — Ich will Magnus, „Maior und Maximus bleiben, wider allen „Willen, und will eher den Kopf oder das „Leben drüber lassen. — So hab ich ge„lehrt, gute Werke sind nöthig dem Glauben „zur Seeligkeit, und ist so gebräuchlich ge„wesen

„wesen und gedruckt worden in Philippi teut=
„schen locis p. 32. D. Martin Luther, ob
„ers wohl wegen seiner Ursachen nicht gänz=
„lich gebilligt, hat's doch auch nicht gemis=
„billigt. Ich habe bisher andere Injurien
„genug verschluckt, aber nun sollen sie mich
„endlich böse machen, daß ich sie mit glei=
„cher Münze bezahle. Ich achte der
„Schreiber nicht, sagt ihnen, laßt sie schrei=
„ben. Wir wollen ihm wohl sein gebürlich
„Ehr thun. Dann es ist nichts bessers werth,
„denn daß man den H = = = tern dran puzt.
„Es sind auch eitel Teufels A = = = wisch, da
„der Teufel durch sie die Kirche mit verstänkt,
„denn, lieber sage mir, wer hat können einen
„Nutzen oder Trost aus ihren Schreiben neh=
„men. Wer davon urtheilen will, der lese
„nicht nur ihre Pasquillen und Läster=
„schriften, ihre lose Traktätlein, sondern
„nehme die fontes auch zu Rathe. Ich habe
„nichts anders gelehrt, denn D. Martin see=
„liger. Und damit ihrs sehet, will ich Euch
„die Erklärung dieses Evangelii, aus der
„Kirchenpostill vorlesen:"— Unter dem Le=
sen hat er immer sein Urtheil beigefügt:
„das heißt Majorismus, das ist Illirisch
„u. s. w."

Sehr wahr sezt der Erzähler dieses Bruchstücks
hinzu: „das mag damals erbaulich in den Predig=
„ten gewesen sein, wenn die armen Leute und Zu=
„hörer, anstatt des lautern Worts Gottes solche
„Zänkereien haben anhören müssen" 15) Und
doch

---

15) S. Christ. Aug. Salys Historie der augspurg.
Konfession 3 Th. 9tes Buch Kap. 1. §. 1. u. f.

doch war diese Predigt von einem Manne, der den Ruhm eines wahrhaft frommen Mannes hatte, und gewiß bei weitem nachgiebiger war als seine Gegner, und man kann daher leicht erachten, welche Sprache diese müssen geführt haben. Man glaube ia nicht, daß dieses Stück das einzige in seiner Art gewesen sei, man kann derselben mehrere finden, die vielleicht dies angeführte noch übertreffen werden, wenn es der Mühe lohnte, die zerstreueten Ueberbleibsel in verschiedenen Schriften der damaligen Zeiten zusammenzusuchen.

In dem berüchtigten Streit des Matthias Flacius — auf welchen, wie man aus dem angeführten

---

Unter der Zeit, daß Maior, und ohne Zweifel auch mehrere andere, von den Dingen die das Colloquium betrafen, so erbaulich predigten, wurden zu Worms selbst von den Katholiken eben so erbauliche Vorträge, obgleich nicht über dieselben Gegenstände gehalten. Eine Probe wird hier ihre Stelle verdienen. Polycarp Leyser in der Vorrede zu seinen zwei Predigten, die er als Hofprediger des Dresdner Hofs, in Prag gehalten hat, erzählt es mit diesen Worten: „Anno Christi 1558" (er irrt sich um ein Jahr) „da das Colloquium zu „Worms gehalten, war ein Franciskaner oder „Barfüßermönch des Orts, der war seines hell„heißen Eifers halb in Predigten sehr beschrien, „dem giengen die Protestirenden einmals zu Ge„fallen in die Predigt, daß sie ihn hörten, allein „das Gesind, wie bisweilen zu geschehen pflegt „das lief wieder hinaus, darüber erzürnet sich „der geistliche Herr, schält heftig auf die so un„ter der Predigt aus der Kirchen laufen und „übergab sie alle dem Teufel. Unterdessen steht „ein alt Weib unter der Gemein auf, die eine „andere not aus der Kirchen trieb, und ging der „Thüre zu; da wird der Mönch noch toller, er„greift die Sanduhr (dieweil er kein Buch hatte

ten Stück sehen kann, der D. Maior so erbittert war — mit Victorin Sprigel, wars so weit gekommen, daß die Bauern in den Wirthshäusern, ehe sie zusammen zechten, sich erst einander fragten: „bist du ein Substenzer oder Accidenzer, und wollte es das Unglück, daß beide entgegenstehende Partheien zusammentrafen, so wurde mit Krügen und Schemelbeinen aufs handgreiflichste und triftigste polemisirt. Man wird dies nicht anders als nur dadurch begreiflich finden, daß der
St.eit

„wie der Kappuciner *)) wirft dieselbe dem al-
„ten Weibe nach, mit bösen Worten sagende:
„du alte Wettermacherin, ich hab izt erst dar-
„auf gescholten, daß man nicht aus der Kirchen
„laufen soll, und der Teufel treibt alsobald dich,
„daß du darwider thust. Darauf ist das alte
„Weib nicht faul zu antworten und saget: du
„loser Münch, wenn dir so not zu —— were
„als mir, du bliebst nicht auf der Kanzel, son-
„dern liefest hinaus. Ich wollte daß du es in
„deiner Kappen hättest, was mich hinaus treibt,
„so köndte ich besitzen bleiben.“

*) Leztere Einschaltung zielt auf einen gewissen Umstand der Leysern betraf. Leyser hatte nemlich 1607 da der Churfürst von Sachsen den Kaiser zu Prag besuchte, zwei Predigten gehalten, die er nachmals ih Druck gab. Gegen diese Predigten habe, wie er sagt, nachmals ein Kappuciner so geplitzet und gewetterleuchtet und gedonnert, daß er zulezt aus feurigen brennenden Eifer einen Donnerkeil herausgeschmissen, und die Bücher so er bei sich auf der Kanzel gehabt, deren fünf sollen gewesen sein, herunter unter das Volk geworfen und gesagt: „da hast du es Polycarpe, liß es selbs — Ich weiß doch wohl, daß er seine Aufseher in der Kirchen hat, trags ihm einer zu daß ers lesen mag.“

Streit über das einzige, von Flacius aus übereilter Hitze im Streit herausgestoßene und blos aus Rechthaberei so starrsinnig vertheidigte Wort, so anhaltend und so bitter auf den Kanzeln war geführt, und die eine oder die andere Meinung, so heftig bestritten oder verfochten, und für Rechtgläubigkeit und Seeligkeit so nothwendig, oder so schrecklich gefährlich und Umsturz drohend vorgestellt worden, daß die Bauern sich das Verdienst nicht wollten rauben lassen, sich einer so wichtigen Sache thätig angenommen und dadurch auf eine höhere Stufe im Himmel Anspruch erhalten zu haben. Erst in der Concordienformel kam das Ende des Streits, wo es im Artikel von der Erbsünde heißt, daß man das Volk mit den Worten Substanz und Accidens verschonen solle.

Um den Geist der Predigten und Prediger, und ihre tolle Wuth in den damaligen Zeiten noch deutlicher wo möglich zu sehen, dient es sehr, zu erzählen, wie sich die niedersächsischen Prediger im Jahr nach dem wegen der Substanz der Erbsünde entstandenen Streite (1561) betrugen. Man kann darin die Grundsätze die man sich vorgeschrieben hatte, nebst allem Unheil polemischer Predigten sehen.

Auf dem Fürstentage zu Naumburg, hatten die daselbst versammelten Fürsten, einen Abschied wegen der geänderten und ungeänderten augspurgischen Confession gemacht, und an alle Städte und Stände verschickt, aber dem Ansinnen der Theologen, alle Sekten namhaft zu machen, nicht nachgegeben. Hierdurch hätte, zwar nicht Einigkeit, aber doch Friede und Ruhe wieder hergestellt werden können, aber die Zänkereien wurden durch den Gift der Theologen und Prediger nur noch ärger,

ärger. Die niedersächsischen Theologen hielten 1561 eine Versammlung zu Lüneburg, welche aus einigen Superintendenten und Predigern bestand. Diese sezten unter D. Mörlins Feder eine Schrift auf, durch welche sie alles durch den Abschied des Fürstentages bezielte Gute mit Einem Schlag zu vernichten suchten, worin sie alle Sekten namentlich verdammten, und sogar meinten, die rechte Kirche müsse bei den Niedersachsen sein, weil der Teufel nicht aufhöre mit so viel Sekten zu toben und zu wüten. 16) Damit noch nicht zufrieden, schäumten sie nunmehr ihre Wut auch auf den Kanzeln aus, tasteten Fürsten, Länder, Städte und Universitäten an, alles zum Ruhm für die Glaubensreinigkeit der niedersächsischen Gemeinden, und trieben den Unfug in ihren Predigten so arg, daß die niedersächsischen Stände gezwungen wurden, in demselben Jahre noch zu Lüneburg eine Versammlung zu halten und ein Mandat bekannt zu machen, dieses Inhalts:

„Weil bisher in Niedersachsen viele Unruhe : : :
„entstanden, und etliche (wie höflich doch die
„Fürsten waren!) Prädicanten, mit unzeitigen
„und ungebührlichen Schelten auf der Kanzel
„und Verdammung ganzer Universitäten, oder
„sonderbarer (d. i. einzelner und namhaft ge-
„machter) Personen — weitere Unruhen zwi-
„schen Standes- und Privatpersonen erweckten
„: : : aus welchen Unheil, Unruhe, Empö-
„rung, Aufstand u. s. w. : : zu besorgen : : :
„(und)

---

16) Aus lauter Freude, so ein wichtiges Werk zu Stande gebracht zu haben, ließ er diese Schrift unter die braunschweigischen symbolischen Bücher aufnehmen — er war aber — Superintendent allda.

„(und) Wann das ungebürliche Schelten und „lästern auf der Kanzel, auch Condemnirung „anderer Leute, die noch nicht gehöret, noch „iemals überwunden = = sich nicht = = geziem= „te: so geböten die Stände allen Predigern des „bishero geübten Scheltens und lästerns der „Privatpersonen oder Universitäten die keines „Irthums überzeugt = = sich gänzlich (zu) ent= „halten, = = bei Verweisung und = = anderer „gebürlichen Leibesstrafen u. s. w." Sie untersagten auch alle Famos=libellen, und ohne Censur Bücher in oder außerhalb des Kreises drucken zu lassen. Weit entfernt, daß diese Ver= ordnung die Prediger hätte zur Ruhe bringen sol= len, störte dieselbe ihren tollen Eifer noch mehr auf. Die Mecklenburger insonderheit, vertheidig= ten ihr Recht zu poltern und zu verdammen — ihr Strafamt nannten sie es; — man müsse alle Ketzer strafen, sagten sie (d. i. ausschelten, gehäßig machen, und wo nicht die Fürsten darauf hören, doch den Pöbel aufreizen. Deutlicher konnt' es unmöglich gesagt werden) einen so gut wie die andern — die Obrigkeit müsse die Prediger zu Rathe nehmen und ohne derselben Wissen nicht gleich mit Mandaten da hinterherfah= ren, sondern = = die reine Lehre (das gewöhnli= che Stichblatt!) beschützen u. s. w. D. Mörlin zu Braunschweig schrieb an den Hildesheimer Su= perintendenten Barthel Wolshard, dieses Mandats wegen: „stat sententia: Ehe ich der Obrigkeit die= „se Rauberei will gestatten, daß sie meines „Herrn Jesu Christi gar theuer erworbenes „Strafamt reformiren und münstern soll, „non tantum exilia feram, sed si possibile ci= „set, deo iuuante, centum mortis species su= „stinebo,

"stneba. laß mir das eine greuliche haeresin
"sein, submittere spiritualia Politico, dare
"Caesari quae sunt Dei - - - Da wehre dem
"Teufel (d. i. der Obrigkeit) wer eine Ader re=
"gen kann." Er rieth auch in einem andern
Brief diesem Superintendenten, ja nicht zu gestat=
ten, daß der hildesheimische Magistrat, das lüne=
burgische Mandat öffentlich anschlüge. Da nun die
Niedersachsen nicht mehr drucken laſſen durften
was ihnen beliebte, so wandten sie sich grade an
den rechten Mann; sie regten nemlich den beißigen
Flacius in Jena auf, und legten ihm die Frage
vor: "obs recht sei den Dienern Jesu Christi zu
"verbieten, die Sekten, so nicht von Obrigkeits
"wegen verdammt, ausdrücklich und mit Na=
"men von den Kanzeln zu strafen?" — Fla=
cius und Gallus antworteten darauf in einer öf=
fentlichen Schrift: "die Diener Christi redeten aus
"dem heiligen Geist und wer dem zu gebieten
"sich unterstände, erzürne den lebendigen Gott.
"— Weltliche Obrigkeiten hätten zum Text:
"laſſet euch weisen ihr Könige u. s. w. — Christ=
"liche Religion habe nie in der Fürsten Gewalt
"gestanden; es hieße: gebt Gott was Gottes
"ist, und Religion, Seelen, Gewiſſen und
"Glaube gehörten Gott, darum könne sich der
"geringste Christ von keinen Menschen binden
"und gefangen nehmen laſſen, geschweige denn
"ein Prediger — der treuen Diener Gottes
"heftigste Streite, wären immer wider die Ge=
"waltigen, Weisen und Edlen dieser Welt
"gewesen." Die Verfaſſer dieser Schrift spra=
chen auch gegen die Fürsten und die genommene
Preßfreiheit äußerst bitter, und schloſſen damit;
wenn man dem Heil. Geist den Mund stopfen
wolle:

wolle: so möge man auch erwarten, daß von dem König der Ehren am Tage des Zorns vieler Gewaltigen Köpfe zerschmettert würden! — So sprachen zu der Zeit mehrere! Wie erbaulich müssen bei diesen Meinungen die Vorträge ans Volk gewesen sein!

Die Sucht zu polemisiren hatte in der That keiner solcher handvesten Vertheidigungen bedurft, denn sie erhielt sich auch in allen folgenden Streiten, da man diese und ähnliche Vertheidigungen längst vergessen hatte. Man hat Kanzelvorträge, in welchen der Ton so pöbelhaft grob und so plump witzig war, daß sie dem niedrigsten Bootsknecht würden Ehre gemacht haben. Der bekannte sächsische Hofprediger Herr von Hohenegg, der zuvor als erster Prediger zu Prag gestanden hatte, giebt das Beispiel dazu. Er schimpft in einer zu Prag gehaltenen Predigt auf die Jesuiten, welche er, nach einer damals sehr üblichen Witzelei, Suiten, Sauiten, Esauiten u. s. w. nennt. Unter andern: „was meint ihr lieben Prager; solte Sighior „Papa Gott nicht Ursach gegeben haben, daß „er Martinum erweckt und aus seiner Heiligen „Kirch gepeitscht? = = = Hier weiß ich wohl, „was die span neuen Münch, die Sauiten für„geben werden, wie einer vor 8 Tagen ausge„rufen: es ist alles erlogen = = = das thut weh, „wenn man einem mit Hans Riemern oder „dem Carbersch über das leder geräth, dar„um schmähen und lästern solche leute Lutheri „Lehre." Man sieht demnach, wie wenig in einem hellen Jahrhundert hier gebessert sein mochte, denn das war 1611, und von einem — Hofprediger! 17)

---

17) S. Daniel Hänischens, Seniors zu Prag, Sammlung Prager Predigten.

Die Vereinigungsbemühungen des Kalixt zu Helmstädt, bekannt unter dem Namen Syncretismus, waren ebenfalls so häufig auf die Kanzel gebracht und bestritten worden, daß die Leute, wie Kalixt selbst in seinem Bedenken anmerkt, auf Bier- und Fleischbänken, und wenn der Name Syncretismus in Predigten vorkam, sich einander fragten, was doch wohl Syndechristen und Ketzer für Leute wären. Wer noch mehr Beispiele haben will, der nehme die Danziger Streitigkeiten, zwischen Rathman und dem giftigen Korvin, die vor dem Volk ebenfalls so arg und bitter als in Schriften geführt wurden, und wo Korvin ausdrücklich seine Zuhörer aufhezt gegen alle Anhänger und Vertheidiger Arndts, sie Ketzer und Rosenkreuzer 18) zu nennen, öffentlich eins von Rathmans Büchern eine lose Charteque nennt und doch noch 11 Fragen an die Universitäten abschickt, nachdem er schon längst auf seiner Kanzel mit Schimpfen und Schmähen entschieden hatte: — der nehme die frühern Weigelianischen und die späteren Spenerschen und Pietistischen Sachen, und tausend andere Zwiste, in deren keinem es an Schmähungen und Schimpfworten, auf den Kanzeln so wenig als in Schriften gefehlt hat, denn alle Auswüchse von Grobheit und Pöbelhaftigkeit sind von jeher nirgends besser gediehen als auf dem geilen Boden der Polemik. — Es war natürlich daß man die Gegenstände des Streits dem Volke nicht vorenthielt, denn man sahe es immer gern wenn das Volk so gut es konnte, auf irgend eine Weise ein wenig mit polemisiren half.

Auch

---

18) S. Hartknochs preußische Kirchengeschichte B. 3. K. 8.

Auch von unsern neuesten Zeiten dürften sich manche Proben anführen lassen, an welchen man sehen könnte, daß die Kanzelpolemik ihr völliges Ende unter uns nicht erreicht habe, vornehmlich an denienigen Orten nicht, wo mehrere Religionspartheien ihren öffentlichen Gottesdienst halten dürfen, oder wo selbst unter Predigern die Anhänger des alten und des neuen Styls unter einander gemischt sind. Zwar ist die Polemik unserer Zeit ein wenig feiner auf den Kanzeln, auch gelinder geworden, aber deswegen hat sie immer noch nicht ganz aufgehört. Man darf sich nur an die unerbaulichen und ärgerlichen Unruhen erinnern, die die Einführung verbesserter oder neuer Gesangbücher erregten, und über welche die Streitigkeiten auf Kanzeln eben so fleißig als in Schriften geführt wurden. Von einer Seite wenigstens stellte man diese Gesangbuchsverbesserung als ein Ding vor, welches aus lauterer Bosheit des Herzens entstehe, und unter welchem man nichts geringers suche als den Umsturz der Religion zu beschleunigen, man schrie gegen die gefährlichen Menschen, die grade die kräftigsten Ausdrücke herausgelassen hätten, und rühmte es als eine besondere göttliche Gnade, wenn etwa ein alter Ausdruck stehen geblieben war, an welchem man sehen könnte, daß Gott selbst vor dem Riß trete — wie ein Prediger im Br***schen sagte — und sich seiner gedrängten Kirche annehme. Dieser Ton war in mehreren Ländern üblich, und freilich stark genug um den Bauer noch schwüriger zu machen als er ohnehin schon war.

Das ist demnach ein großer Theil unserer Predigten gewesen, Gelegenheit seinen Haß und seine Wut am Gegentheil auszulassen, — zu brüllen

gegen

gegen Melanchtonianer, Flacianer, Maioristen, Adiaphoristen, Kryptocalvinisten, Synergisten und Syncretisten, gegen Weigelianer, Arndtianer, Pietisten, neue Gesangbücher, Einführung der allgemeinen Beichte, u. s. w. Ob dabei der Mensch zum Guten geführt, dabei gute Christen gebildet werden könnten, dabei das Herz veredelt und Sanftmuth, Bescheidenheit und wahrhaft christlicher Duldungsgeist befördert wurde, ist eben so wenig Frage als das, ob nicht vielmehr das Volk, anstatt der Wahrheiten die es wissen sollte, oft die wirklichen oder angeblichen Irrthümer des Gegentheils richten, verdammen, hart beurtheilen und verfolgen gelernt habe, ohne doch diese Irrthümer recht zu kennen, und ob nicht bald sein ganzes Christenthum in eine blinde Wut gegen andere Partheien auszuarten anfieng, welche von ihm als der bei weitem wichtigste Theil seines Glaubens angesehen wurde, und ob nicht schon dadurch, allein der ganze wahre und ächte Geist des Christenthums aufgehoben und vernichtet ward.

Ob man diesen ärgerlichen Predigten und Predigern gesteuert und gewehrt habe? Zum Theil allerdings, wie man schon an dem lüneburgischen Mandat erkennt. Man sahe wenigstens, wie unanständig und strafbar es sei, einzelne Personen zu schimpfen, aber mit ganzen Partheien nahm man es so genau nicht; grade als ob es unbedeutender wäre eine Parthei zu schmähen, als eine Person. Indessen auch hierin wurde an manchen Orten gesteuert, wenn anders die blose Publikation eines Edikts dies bewirken kann.

In der churfürstlich-sächsischen Kirchenordnung heißt es in den Generalartikeln Nro. II, 8.:

„— Pfarrer sollen der Gelegenheit ihrer Pfarr-
„kinder

„kinder wohl acht nehmen, weil es — auf
„den Dörfern (?) einfältige, und göttli-
„cher Sachen besonders der Religionsstreite
„unerfahrne Leute sind, daß sie dieselbigen
„nicht mit unnöthigen Gezänk der Lehr oder
„Personen halben vorergern, noch dieselbi-
„gen auf der Canzel ohne Not erregen, da-
„durch den einfältigen Leuten allerlei Nach-
„denken gemacht und also mehr bei ihnen
„abgebrochen und zerstört, denn gebauet und
„gebessert wird;" Zwar heißts weiter: „sie
„sollen für widerwärtiger Lehr treulich war-
„nen;" — Jedoch „mit der Vorsichtigkeit
„und Bescheidenheit, wann es die Notdurft
„erfordert — — — den Ungrund (in der
„Lehre) anzeigen mit klaren Zeugnissen der
„heiligen Schrift — — und die Personen
„so damit eingenommen, mit dem Geist der
„Sanftmuth zu wiederbringen sich befleißi-
„gen" u. s. w.

Auch Churfürst Sigismund von Brandenburg befahl 1614 in einem Edikt: „daß die Pre-
„diger sich alles Scheltens und Lästerns wi-
„der andere Kirchen und aller sektirerischen
„Namen gänzlich enthalten sollten." Unter
ihm wars nemlich so weit gekommen, daß die Prediger, wie er manche alte Gebräuche, als den der
Bilder, der runden Hostien, der Chorröcke u. s.
w. abschafte, keine Mäßigung mehr kannten, vorzüglich in Berlin, wo sie so lange stürmten und
hezten, bis das ohnehin schon schwierige Volk in
eine Art Aufruhr ausbrach. Die Prediger wurden vorzüglich von allem Wind der sächsischen damaligen Theologie unterstüzt, die Flamme aufzu-
blasen.

blaſen. Dies Edikt war indeſſen ſo bald vergeſ=
ſen, daß ein halb Jahrhundert hernach, nemlich
1662 Friedrich Wilhelm von neuem befahl: „Die
„Prediger ſolten die Bibel fleißig treiben,
„hoher philoſophiſcher Disputationen und
„Diſtinktionen ſich — — enthalten, und die
„Controverſien nicht an ſolche Orte bringen,
„wo ſie nicht hingehörten, — denen Refor=
„mirten (gegen dieſe hat man nemlich über=
„all, izt in Brandenburg und früher noch in
„Sachſen getobet) keine andere Lehren
„Schuld geben, als die in ihren öffentlichen
„Bekenntniſſen enthalten wären‟.

Genug um über polemiſche Predigten und Pre=
diger urtheilen zu können.

Ueber Hindernisse im Vortrage sogenannter Glaubenslehren.

Man hat sich zu verschiedenen Zeiten über den Werth der sogenannten dogmatischen Predigten gestritten. Noch vor wenig Jahren ist der Streit hierüber auf einer bekannten deutschen Universität erneuert und mit ziemlicher Wärme der einen Parthei geführt worden. Aus Misverstand und Erhitzung, wie es zu gehen pflegt, hat man sich oft von beiden Seiten allzuweit verlaufen, und so wie die eine Parthei häufig alles herabwürdigte was dogmatische Predigt hieß, unbesehens verwarf und als höchst schädlich beschrieb, so suchte die andere alles zu schützen, was diesen Namen hatte, und hingegen den Werth moralischer Predigten zu erniedrigen. Wir wollen doch etwas näher zusehen, was man unter dogmatischer Predigt versteht und verwirft.

Von Seiten der einen Parthei, wird es doch kein verständiger und behutsamer Untersucher leugnen, daß nothwendig sehr viele Glaubenslehren ein Gegenstand des Kanzelvortrags sind; ohne Zweifel nemlich diejenigen die auf Leben und Handlungen einen merkbaren und guten Einfluß haben, und ohne welche alles das, was die Moral umfaßt, keinen zur Ausübung bestimmenden Grund haben kann. So wird hier niemand in Abrede sein, daß die Wahrheiten von einem höchst vollkommenen Wesen, von dem Verhältniß worin wir mit demselben stehen, von der mit Bewußtsein verbundenen Fortdauer dessen, was wir Seele nennen, nach dem Tode, und dergleichen nie aus dem Vortrage ausgeschlossen werden dürfen. Denn es springt
ins

ins Auge, daß ohne diese Wahrheiten, Tugend und Rechtschaffenheit entweder gar nicht statt finden, oder aufs höchste nur die Frucht einer trunkenen Schwärmerei sein können, da uns aller Stoicismus, was man auch von seinem Werth gesagt haben mag oder noch sagen mag, nie dahin bringen kann, daß wir in ihm eine sichere und starke Triebfeder zu allem Guten hätten. So wird ebenfalls niemand leicht sich beikommen lassen, die Lehren von den großen Verdiensten Christi um die Menschen, aus dem öffentlichen Unterricht der Christen zu verweisen. Darin ist demnach wohl Einigkeit, daß nicht jede Predigt, die eine Glaubenslehre enthält, im verwerflichen Sinne dogmatisch genennt werden dörfe, und daß alle diejenigen Vorträge, welche von dergleichen Lehren diejenigen enthalten, die auf Verbesserung und Veredlung der menschlichen Natur, auf die Ruhe des Gemüths und auf Zufriedenheit wirken, unmöglich übergangen werden können. — Denn das sind die Gewichte wodurch die große Uhr der menschlichen Moralität bewegt wird. Hingegen wird noch viel weniger der strengste Eiferer für Dogmatik, bei einem, nicht ganz verschobenen Verstande, sich einfallen lassen, alle Erkenntniß der Pflichten die der Mensch nach seinen verschiedenen Lagen und Verhältnissen hat, aus den Vorträgen verbannen zu wollen. Hierin scheint man demnach einig zu seyn.

Worüber nun eigentlich Streit sei, wird bald aufzufinden sein, wenn man die Gestalt unserer Dogmatik in Augenschein nehmen will, die man oft für Dogmatik selbst ausgegeben und angenommen hat. In diesem Fall denken wir uns mit den Lehren die sie vorträgt, offenbar auch jenes tausend-
faltige

faltige buntscheckige Kleid — man konnte gar Harlequinskleid sagen — welches die Damascene, die Lombarde, Abälarde, und dann wieder die Hutters und Hollaze, die Calovs, Baiers und Quendtstedte geschneidert und ausgeflickt, und worin sie dann die nackte edle Wahrheit des Christenthums, wie sie glauben, eingezwängt haben — den Wald voll Terminologien, Distinktionen, Divisionen und Subtilitäten, in welchen das Christenthum unsichtbar für blöde Augen versteckt, oder so sehr eingesperrt worden ist, daß es sich nicht regen konnte, und wodurch dasselbe ausgeschlossenes Eigenthum einer einzigen Menschenklasse wurde. Wollen wir diese Dogmatik aufs ehrenvollste benennen, so ist sie die gelehrte, wissenschaftliche Erkenntniß des Christenthums. Und diese ists, deren Gebrauch man eigentlich in den Predigten, bestritten und verfochten, verworfen und beibehalten haben wollte. Doch gestehen die meisten ihre Entbehrlichkeit.

Trägt aber die Dogmatik gar Dinge als Christenthum vor, die dem Christenthum grade entgegen sind, oder die mit demselben wenigstens nichts gemein haben, oder aber, handelt sie das mit einer unnützen und unfruchtbaren Weitläuftigkeit ab, was das Christenthum nur wie im Vorbeigehen berührt, macht sie Gegenstände höchst wichtig, auf die das Christenthum keinen besondern Werth legt; läßt sie sich in Untersuchungen ein, die außer den itzigen Grenzen des menschlichen Verstandes, und oft wahrscheinlich gar außer allen Grenzen desselben liegen, verschiebt sie uns den Gesichtspunkt, aus welchem manche Lehren betrachtet werden müssen, so, daß dieselben offenbar mehr zu einem unordentlichen Leben behülflich sind, als christliche Tugend befördern, und kommt sie nun in dieser Form auf die Kanzel: so entsteht wieder dogmatische Predigt, die von vielen als unnütz oder schädlich verworfen, und von vielen als höchst wichtig und nutzbar vertheidigt wird. Hier ist sie freilich bei weitem mehr Meinung und Vorstellung der Menschen vom Christenthum, als Christenthum selbst — hier ist mehrmals aus Misverstand, aus unzeitigem Eifer, aus Hitze gegen die Gegner manches zum Werth des Christenthums erhoben, von welchem man oft nur spät hinterher fand, wie sehr es das Gegentheil davon sei; und hier ists wohl, wo man am wenigsten eins darüber ist, was dogmatisch im verwerflichen Sinne sei oder was es nicht sei. Man sieht wie schwankend in der Anwendung der Begrif von dogmatischen Predigten hier sein müsse.

Gewichte muß demnach die Uhr haben, wenn sie den Zeiger richtig bewegen soll; aber wenn die Frage darauf kommt, welche Gewichte, wie viel oder wenig derselben erforderlich sind, oder wenns auch nur um das noch Geringere zu thun wäre, welche Gestalt dieselben haben sollen, sphärisch, cylindrisch oder kubisch; so findet sich eine Verschiedenheit von Meinungen, bei der die Hofnung eines Vergleichs nicht anders als sehr schwach sein kann. Man hat nemlich wohl gesehen, daß eine große Scheidung zwischen eigentlicher Theologie, die, wenn sie in den Vortrag der Glaubenslehren eingemischt wird, eine dogmatische Predigt im verwerflichen Sinne hervorbringt, und zwischen eigentlicher Religion, die überall bei Glaubenslehren, wie bei Lebenspflichten ein Gegenstand des öffentlichen

chen Kanzelvortrags sein darf, Statt finde, und fast sehen alle Augen hierin einerlei, — außer was die ganz Blinden betrift, denn diese haben natürlich nichts gesehen — wenn es aber nun darauf ankommt, durch scharfe und deutliche Grenzen beides von einander abzusondern, und darnach anzugeben, was in den Kanzelvortrag hinein gehöre oder nicht, so ist dieselbe Verschiedenheit von Meinungen da, weil es im Grunde dieselbe Sache betrift. Der hält für Religion, was jener Theologe nennt, und darnach zieht sich jeder seine eigenen Grenzen. Dieser will mit dem härtesten Eigensinn, den oder jenen Lappen vom Kleide der Wahrheit des Christenthums zurückbehalten, weil ers für die Wahrheit selbst ansieht, und jener den Lappen gerne hinwegnehmen, weil er ihn für schädlich oder für überflüßig und unanständig hält, und hat wohl gar mit dem Lappen auch das Christenthum selbst angegriffen, und beide Theile zerren und reißen sich darum. Der eine Theil schreit, die Wahrheit leide Gefahr, der Umsturz der Religion Jesu sei zu befürchten, wenn eine bloße Vorstellung einer Lehre, eine unfruchtbare Meinung oder eine Terminologie soll aufgegeben werden, und der andere Theil schreit grade das Gegentheil. — Der eine schimpft, der andere spöttelt und lacht. Wann wird man hoffen dürfen, daß dieser ungeheure Abstand von Meinungen, der überall angetroffen wird, sich näher aneinander rücken, oder ein von allen für gültig anerkannter Maasstab aufgefunden werde, an dem man sicher abmessen könnte, was ins Gebiet der Religion gehöre, und was nicht?

J 2   Man

Man wird hier sehr leicht gewahr werden, welchen Einfluß diese Verschiedenheit auf den Begrif von dogmatischen Predigten im verwerflichen Sinne habe, und nicht können unbemerkt lassen, daß unendlich viel auf das Maas und auf die Beschaffenheit der anderweitigen Kenntnisse ankomme, die iemand besizt, nach welchen sich nemlich ieder seine eigene Vorstellung bildet, von dem, was dogmatisch verworfen oder beibehalten werden müsse. Wer aus der Schule eines Hollatz oder Baumgartens käm, wird gewiß einen andern Begrif mit dem Wort dogmatische Predigt verbinden, als wer durch den Unterricht eines Georg Kalixt oder Döderleins gebildet wurde.

Es scheint demnach nicht so, als könne man durch den Ausdruck, dogmatische Predigt, sicher genug ausmachen, was gepredigt und was nicht gepredigt werden solle, sondern vielmehr, daß man es einem sehr großen Theil nach, der gewissenhaften Prüfung, und dem ernstlichen Nachdenken iedes verständigen Predigers selbst überlassen müsse, was er als dogmatisch zu verwerfen oder beizubehalten habe. — Eine Folge, die bei vielen keinen Beifall erhalten wird, die aber doch richtig zu sein scheint. Indessen darf man daraus nicht schließen, als ob ieder Mensch, der schwarzen Rock und Kragen trägt, und seines Lehrers Worte auswendig nachsprechen kann, ieden ungegründeten und thörichten Einfall seines Kompendiums oder seines Hefts, seiner Gemeinde als eine nahrhafte Speise auftischen dürfe. Diese Menschen, die damit, daß sie ihre Manuskripte oder theologische Handbücher auswendig gelernt und behalten haben, das ganze Magazin alles Wissenswürdigen zu besitzen ver-

vermeinen, woraus alles herausgenommen werden könne, was der Gemeinde vorzutragen ist, und im Glauben, daß demselben nichts hinzugethan und nichts hinweggenommen werden müsse, fest stehen, sind aber auch gewiß durchaus unfähig, hierin unpartheiische Prüfung anzustellen. Der gewissenhafte Mann, der, gewohnt zu untersuchen, nie seinen Glauben auf die Worte eines andern baut, bei dem nicht blinder Eifer für Ueberzeugung, und eingewurzeltes Vorurtheil nicht für Wahrheit gilt, wird aller Verschiedenheit der Meinungen über das was dogmatische Predigt ist, ohngerachtet, an andern Kennzeichen sattsam finden können, welche Lehren theologischer Systeme als mehr oder minder nutzbar ein Gegenstand seines öffentlichen Vortrags sind, und wie sie es sein müssen, und was als ganz unfruchtbar daraus zu verweisen sei, wenn er auch nicht durch das Wort: "das ist dogmatisch," wie durch einen Schnitt, sogleich alles absondern kann, was in demselben nicht hinein gehört,

Schulsprache und Schulgelehrsamkeit.

Daß der Vortrag über christliche Wahrheiten auf den Kanzeln von ieher, immer eine genaue Aehnlichkeit mit der Form gehabt habe, die die iedesmaligen berühmtesten Lehrer ihrer Zeitalter der Theologie gaben, ist schon erwähnt worden; aber eben dadurch hat er häufig aufgehört Vortrag über christliche Wahrheiten zu sein. Das Christenthum selbst ist simpel und edel, und wenn es von ieher in seiner eigenthümlichen Gestalt den Menschen wäre dargestellt worden, es würde sich ihnen von selbst oftmals unwiderstehlich aufgedrungen haben, wären sie nur einmal erst mit seiner Güte vertrauter gewesen. Sein Gewicht hätte sich dem Verstand empfohlen, und sein auf Ruhe und Glück des Lebens so sichtbar großer Einfluß, sich dem Herzen unentbehrlich nothwendig gemacht. Aber es gab von ieher Köpfe, die dem Kitzel nicht widerstehen konnten, das Christenthum zu verbessern oder zu verschönern, und da gieng es dem Christenthum eben so, wie iedem Meisterstück, das allemal verunstaltet wird, wenn es unberufene Hände verschönern wollen. Anstatt daß die Lehrer des Christenthums darauf hätten bedacht sein sollen, die Wahrheiten desselben recht zu verstehen und zu verständlichen, und in ihren großen Ausdehnungen richtig anwendbar zu machen, so haben sie es — und das war freilich ungleich leichter — lieber aufputzen wollen, und über diesen Putz ist nicht selten das Christenthum ganz verabsäumt, in Vergessenheit gerathen, und, weil es nemlich auf den Kanzeln in diesem Putz vorgetragen wurde, dem Volke höchst unkenntlich und unbrauchbar gemacht worden. Dies gilt vorzüglich

von

von der Periode, wo die aristotelisch-scholastische Philosophie mit ihrer gekünstelten Sprache und allen ihren Thorheiten das Christenthum durchaus verunstaltet, und beinahe verdrängt hatte. In diesen Zeiten war der Kanzelvortrag nichts anders als eine Sammlung von unverständlichen Terminologien, Auflösung unauflöslicher Fragen, die mit dem Christenthum nichts gemein und für den Zuhörer keinen Nutzen hatten, spinöse Subtilitäten, eine Menge von Meinungen, die niemand verlangte und niemand verstand, und mit einem Worte, alles eher als Unterricht in christlichen Wahrheiten. Davon war die Theologie, die damals herrschte, die Quelle. Viele, unter denen der Prediger in Mainz, Gabriel Biel am Ende des 15ten Jahrhunderts bekannt ist, nahmen gleichsam statt biblischer Texte die Ethik des Aristoteles mit auf die Kanzel, dem Volke sie zu erklären. Luther sahe wohl, wie es schon viele vor ihm gesehen hatten, welcher Schaden aus dieser verdorbenen Theologie entstehen müsse, und suchte daher den Aristoteles, und die ganze Scholastik um ihr Ansehen zu bringen, damit dadurch fernerhin das Christenthum nicht unkenntlich gemacht würde. Seine Kanzelvorträge waren musterhaft in Absicht auf die Reinheit von allem diesem Unrath, und sie verdienen auch deswegen noch am Ausgange des 18ten Jahrhunderts geschäzt zu werden, wenn sie auch nicht mehr nachgeahmt werden dürften. Vielleicht wäre ihm der völlige Sturz dieser aristotelisch-scholastischen Philosophie glücklich gelungen, hätte sie nicht Melanchtons Ansehen, durch den sie einigermassen in Schutz genommen wurde, begünstigt. Sie erholte sich wieder etwas, und nicht lange nach Luthern, lebte sie auf den Kanzeln wie auf dem

Katheder aufs neue, und Aristoteles und Sentenzen alter Philosophen und Dichter wurden überall die beweisende Kraft. Zwar, daß sie nicht wieder zum ganzen Umfang ihrer Gewalt gelangte, das hinderten einige rechtschaffene Männer, die ihren Schaden erkannten, und zum Theil auch die strenge Anhänglichkeit an Luthern von der einen Parthei der Theologen. Nicht besser kann man die damalige ärgerliche Gestalt der Kanzelvorträge erkennen, als aus einer Stelle in der Zuschrift des 9ten Theils der magdeburgischen Centuriatoren, die zu merkwürdig ist, als daß sie nicht ihre Liebhaber unter den Lesern finden sollte. Sie ist folgende: 19).
„Sehr

---

19) Im Original sind die Worte diese: „Primum ad „hominum scripta, plerique volunt esse alligata „ecclesiam Dei. Volunt enim verbum Dei ex pla„citis magnorum hominum potius intelligi atque „accipi, quam ex sua ipsius germana proprietate, „collatione, emphasi. — — Sonant istae voces „vndique: praeceptor dixit &c. — — Huc per„tinet, quod Aristoteles, id est dulcis philoso„phia magis magisque pulpitum ecclesiae Dei „conscendens, verbo divino aequo plus immiscea„tur. Nihil enim hac quidem exurgente aetate „amplius sapit hominibus, quam quod philoso„phia eiusque floribus, nempe suavissimis prin„cipiis ac pulcherrimis dictis ex omni parte non „modo respersum sed refertum quoque. Interea „vero non audiuntur, non observantur, non discun„tur divina in sacris litteris dicta, sed quasi sub „scamnum iterum in angulum telis aranearum sor„didatum, procul abduntur. Hinc in suggestis „quoque ad populum sanctissimi evangelistae, „Plato, Aristoteles, Homerus, Euripides, Pin„darus, Sophocles aliique eiusdem valoris crepi„tant, non modo strictim in collationibus re„rum, sed etiam in docendi nervis. Si quis vel „nutu saltem significet ista portendere horribi-

„Sehr viele wollen die Kirche Gottes auf das
„Ansehen der Menschen verpflichten, und das
„Wort Gottes lieber nach den Meinungen
„solcher Männer verstanden wissen, die sich
„einmal geltend gemacht haben, als es aus
„seiner eigenthümlichen Beschaffenheit, aus
„Vergleichung der Stellen unter einander und
„Emphasen erklären. — — Ueberall hört
„man das Motto: So hats der Lehrer gesagt.
„— — Hieher gehört auch, daß Aristoteles,
„diese beliebte Philosophie, immer mehr und
„mehr in der Kirche auf die Kanzel gebracht,
„und den göttlichen Wahrheiten zur Unge=
„bühr häufig beigemischt wird. In dem
„izt werdenden Zeitalter, findet man an nichts
„Geschmack, was nicht mit den Blumen der
„Philosophie, mit angenehmen und schön ge=
„sagten Sentiments und Floskeln, beileibe
„nicht etwa nur überall bestreut, sondern
„ganz und gar übermäßig angepfropft ist.
„Die Stellen der heiligen Schrift bemerkt,
„lernt und hört keiner, sondern sie sind so
„un=

„lem, verae doctrinae coelitus patefactae obscu-
„rationem: tum subito universa ethnizantium
„seu philosophantium cohors vno ore tragice
„vociferatur: omnes artes dicendi, omnem phy-
„sicam, omnem ethicam ex universa institutione
„vitaeque humanae usu tolli atque deleri: reve-
„hi in ecclesiam Dei meram inscitiam & barba-
„riem extremam: quae quidem petulantia & in-
„sania omnium sanorum hominum opera atque
„viribus sit reprimenda. Siquis porro istos ethni-
„zantes solerter & amanter moneat, plane ipsos
„furere, quia abusus ethnizismi duntaxat repre-
„henduntur, nempe, ne principia philosophica
„articulis fidei in verbo Dei traditis improba

„unbekannt als lägen sie in dem abgelegensten
„Winkel unter der Bank mit Spinngeniste
„überzogen. Daher machen auch selbst in den
„Vorträgen ans Volk die hochheiligen Evan-
„gelisten, Plato, Homer, Aristoteles, Eu-
„ripides, Sophocles, Pindar und Konsor-
„ten von gleichem Schlag, einen gewaltigen
„Lärm, denn sie werden nicht etwa nur kurz
„und um der Vergleichung willen angezogen,
„sondern sie geben die Hauptbeweise. Giebt
„man ihnen nun von weitem einen Finger-
„zeig, daß dieses eine schreckliche Verfinste-
„rung der vom Himmel gekommenen wahren
„Lehre befürchten lasse: so bricht die ganze
„philosophirende und ethnisirende Schaar mit
„vollem Halse in ein greuliches Geschrei aus:
„man wolle aus dem Unterricht alle Physik,
„alle Rhetorik und Ethik verbannen, man
„wolle ihren Gebrauch fürs menschliche Leben
„ganz aufheben und vertilgen, man wolle der
„alten Barbarei und der äußersten Unwissen-
„heit in der Folge wieder auf den Thron ver-
„helfen, — ein Leichtsinn und eine Unbesonnenheit,

„misceantur, item, siquis indicet, hoc moneri
„saltem, vt prudenter, vt parce ethnicae senten-
„tiae rebus sacris misceantur, nimirum collatio-
„nis & ornatus gratia, tali moderatione, vt
„auditores in rebus sacris magis ad sacra dicta
„ab ipso Deo sapientissimo prolata adsuesiant, ne
„theologia paulatim in ethnizismum degeneret
„(id quod superioribus aetatibus factum esse, ipsa
„historia abunde docet) si quis, inquimus, talia
„moneat, ipsi tamen obstructis auribus non au-
„diunt, ac pergunt sine fine modoque clamita-
„re: Magna Diana, Magna Diana!"

„nenheit, welcher von Seiten aller verständi-
„ger und geschickter Männer, gesteuert und
„entgegen gearbeitet werden müsse. Giebt
„man ihnen darauf liebreich und bescheiden
„zu beherzigen, daß sie allzuarg tobten, da
„man nur den Misbrauch der Weisheit aus
„dem Heidenthum table, philosophische Sätze
„nicht unbedachtsam, mit den Glaubensleh-
„ren des göttlichen Worts zu vermengen, und
„man wolle nur so viel erinnern, die Mei-
„nungen der Heiden mit Vorsicht und Spar-
„samkeit den Dingen des Christenthums bei-
„zufügen, nemlich in der Absicht Verglei-
„chungen anzustellen, oder den Vortrag da-
„mit angenehm zu machen, und sich denn
„doch bescheiden, den Zuhörer mehr an Schrift-
„stellen als an die Aussprüche der Weisheit
„Gottes, zu gewöhnen, damit die Gottesge-
„lahrtheit nicht nach und nach in ein gänzli-
„ches Heidenthum ausarte, wie die Geschich-
„te zum Ueberfluß lehre, daß es ehedem ge-
„schehen sei, wenn sie, sagen wir, daran
„iemand erinnert, so sind sie taub an Ohren,
„und brüllen unaufhörlich: Groß ist die
„Diana!"

So die Gestalt der Predigten der Zeit. Man
nehme noch dazu die vielen unnützen Subtilitäten,
die unfruchtbaren Spekulationen, die auch noch
häufig im Vortrag aufgenommen wurden, das öftere Anziehen der Kirchenväter, die ganze dunkle
Schulsprache, so wird man ohne Mühe erachten,
daß die Predigten dem Volke gewiß eben so unverständlich waren, als die lateinischen Kollekten
und Antiphonien, die demselben vorgeschrien wurden. Hätte es dieselben aber verstanden, wie lange

ge würde es denn, hätte sich nur das erste Erstaunen über die wundergroße Gelehrsamkeit seiner Prediger etwas verloren, Lust und Geduld behalten haben, solche abstruse und dürre Dinge mit anzuhören? Vielleicht noch ein Glück fürs arme Volk, daß man ihm nicht einmal füglich alles in der deutschen Sprache, die in den Kanzelvorträgen und Liedern schon vor der Reformation wieder im Gange war, so deutlich sagen konnte, was man mit der gemachten und barbarischen lateinischen Schulsprache ausdrückte; und hätte es sich auch sagen lassen, so waren die Prediger derselben nicht einmal mächtig, weil sie sich mehr an die lateinische gewöhnt hatten. Jedoch was half dis dem Volk, das deswegen noch immer keine bessere Kost hatte, weil es von dieser losen Speise weniger genießen konnte. Herzen die nach besserer Nahrung hungerten, wandten sich daher zu den trüben Quellen der dunkelsten Mystik, um den Mangel gesunder Speise doch wenigstens mit einem Schaugericht in etwas zu ersetzen. Alle diese dunstige Geschwulst der Scholastik, und alles Unheil das mit ihr vergesellschaftet war, blieb größtentheils bis Spener, dem der fromme Arndt so trefflich vorgearbeitet hatte, endlich glücklicher war, und ihr den merkbarsten Abbruch that. Durch seine Anhänger hätte mehr Gutes gestiftet werden sollen, wenn nicht leider bei ihnen der Kanzelvortrag in ein andächtiges gedankenloses Geschwätz ausgeartet wäre. Erst nach Baumgarten, der so künstliche Dogmatiker bildete, die es denn natürlich auch auf der Kanzel blieben, kam der Kanzelvortrag seiner wahren Gestalt näher. Die Männer Deutschlands sind bekannt die hier Hand aus Werk legten, und verehrt, wie sie es verdienen. Aber bei vielen

Predi=

Predigern bleibt immer noch viel von der durch die Scholastik erweiterten Schulsprache übrig, mit welcher denn noch unnütze Spitzfündigkeiten genug verbunden sind, — eine Sprache, welche gewiß so lange nicht ganz aufhören wird, als man sie noch allzuhäufig in den Lehrbüchern braucht, oder aber dazu anwendet, um gewisse Lehrvorstellungen, die im Sinken sind, nicht untergehen zu lassen, in der frommen Meinung, den wilden Einbruch der Irreligiosität dadurch zu verhüten.

Wir wollen uns keinesweges in den Streit der Männer mischen, die das winkelvolle Gebäude der Schulterminologie und alles das was ihm anhängt, für das Christenthum und seine Wahrheiten, obschon aus guter Meinung beibehalten, und wohl gar noch mit neuen Stubenriegeln und Schlössern vermehren, und derer, die es aus eben so guter Meinung abbrechen und zerstören wollen; aber das ist doch leicht zu sehen, daß alle schwere Terminologie, und mithin auch die eigentliche Schulsprache aus dem Unterrichte für einen so gemischten Haufen von Menschen, als das Predigtamt hat, gewiß wegbleiben müsse, wenn anders dies Amt in seinem Nutzen nicht gestört werden soll. Hin und wieder, denn man kann das sehr gern eingestehen, mag mancher Kunstausdruck und manche Distinktion dem eigentlichen Theologen sehr willkommen seyn, weil dadurch auf manchen sonst etwa dunklern Gegenstand ein helleres Licht geworfen, und er selbst in Stand gesezt wird, sich mit mehr Präcision und Leichtigkeit auszudrücken; (obgleich dieses kaum hinreichen dürfte ihr Ansehen nur zu entschuldigen, geschweige denn zu schützen) aber wenn diese Vortheile auch überall sich fänden, würde deswegen schon dieser bunte Kram, dem Handwerker,

dem

dem Landmann und dem Taglöhner eben so willkommen sein? Jener kann denselben benutzen, diesem ist er durchaus unbrauchbar, und wenn er jenem vielleicht in der Dunkelheit das Auge erhellt, so macht er diesen am hellen Tage blind. Wenn die niedern Volksklassen, und selbst der große Troß der Unbelehrten und Einfältigen aus den höhern, kaum die leichte und faßliche Sprache der Vertraulichkeit verstehen, wie sollten sie sich denn in diese für sie so dunkle Hieroglyphen herein und wieder herausfinden? Hat doch Christus auch uns ohne diese Sprache, seine Wahrheiten, seinen Zuhörern beigebracht; sollten denn die Umstände so sehr verändert sein, daß der Prediger ihn hierin sich nicht als Muster nehmen könnte? — Wer nur einigermaßen mit der Geschichte unserer sogenannten Glaubenslehren bekannt ist, kann es unmöglich übersehen, wie das ganze Meer der Schulausdrükke sich nach und nach aus einzelnen Tropfen gesammelt habe, und daß eigentlich diejenigen Köpfe, die sich innerhalb der Grenzen der gangbaren und jedesmal für rechtglaubig angenommenen Meinungen nicht halten konnten — man nannte sie Kezzer — zu den meisten derselben den Anlaß gaben. Ist anders vor dieser Sammlung auch Christenthum gelehrt worden, so kann man schon hierdurch auf die Entbehrlichkeit derselben beim Unterricht des Volks hingeführt werden. Jedoch es hätte mancher Prediger, auch diese noch übrige Scholastik in seinen Vorträgen ohne Zweifel williger aufgegeben, wo er sie selbst nur deutlich und richtig verstanden hätte, denn alsdenn würde es ihm leichter geworden sein, die dunkle Terminologie mit einer faßlichern Sprache zu vertauschen. Aber er betete sie nach, er lernte sie auswendig, oft nur

für

für die Paar Stunden eines Examens auswendig; durch viele Uebung war er nach und nach damit vertraut geworden, und diese Vertraulichkeit nahm er für Verständlichsein. Oder wenn er in den meisten Fällen wirklich versteht, was mit dieser schweren Sprache gesagt werden soll, so wird er doch unmöglich vergessen haben, wie viel Mühe er darauf verwenden mußte, um dieselbe bei aller ihrer Verwirrung sich aufzulösen und faßlicher zu machen, und nicht übersehen, daß mit manchen Terminologien doch oft gar kein oder ein sehr verunstalteter Begrif verbunden ist. Wäre der Prediger aber auch mit dieser Sprache selbst zur Richtigkeit, und fände man, daß wirklich wichtige und dem Volk zu wissen nothwendige Sachen darunter verdeckt lägen, so wird doch niemand behaupten wollen, daß es dieselben nicht anders als grade nur unter diesen künstlichen Formeln wissen könne, und nicht ableugnen, daß es sehr wohl von der Sache unterrichtet werden möge, ohne die Kunstausdrücke zu kennen. Wo nicht, so ist der unwissende Zuhörer zu bedauren. Soll er alle noch vorhandene und traurige Ueberreste der Scholastik wissen, so muß er ein theologisches System auswendig lernen! Und wäre das auch möglich, so frägt sichs nun welches? — Freilich ein rein und rechtgläubiges. Da empfiehlt aber nur ieder das seinige als ein solches, weil er mit dem seinigen am bekanntesten ist, und vielleicht auch den oft großen Abstand desselben in Meinungen, von vielen andern, auch als rein und rechtgläubig gepriesenen, wohl sieht — ein Abstand der sich um so mehr findet, iemehr die Schulsprache sehr oft den Stoff zu Spitzfündigkeiten und ein weites Feld zu Speculacionen hergiebt, wo sich immer einer von dem

andern

andern um so weiter entfernt, je länger die Spekulation fortgesezt wird. Wessen Empfehlung wird alsdenn gültig sein? — So lange auch immer die Schulsprache im Kanzelvortrage geherrscht haben mag, so hat doch der gemeine Christ gewöhnlich davon wenig, und häufig gar nichts, verstanden; und daß er bei allem Gebrauch derselben, bis auf den heutigen Tag sie nicht begreife, wird niemand besser wissen können, als der Prediger, der selbst mit seinen erwachsenen und ältesten Gemeindekindern sogenannte Katechismusprüfungen anstellt, und Superintendenten und Inspektoren bei den Visitationen. Wie hätte er auch mit diesen fremden Dingen bekannt werden mögen? Der Prediger selbst, der oft allen seinen Fleiß daran geübt, Jahre lang darin gelebt, gelernt und gelesen hat, hat sie doch oft kaum dem Gedächtniß eingeprägt und, wie seine Predigten erkennen lassen, schief genug verstanden; und der Mann, der alle drei Sonntage einmal dem öffentlichen Vortrage beiwohnt und etwa alle Quartal einmal recht aufmerksam ist; der sollte bekannt damit werden? Wäre auch das große Geheimniß noch nicht einmal aufgefunden (das ohnehin für so viele Prediger unbekannt, und ungefunden zu sein scheint, die das Kleid und den Mann im Kleide immer noch verwechseln) daß ein sehr merkbarer Unterschied zwischen den Lehren selbst, und zwischen den Vorstellungen und Dekorationen derselben statt finde, so wärs doch warlich beinahe unmöglich auch nur mit einem unbefangenen und richtigen Blick den großen Fehler nicht zu sehen, dem Volk eine solche kauderwelsche Mahlzeit von Schulterminologie vorzusetzen; es sei denn, daß man ganz unfähig wäre sich in die

tage

lage des unbelehrten Stadt= und Landmanns hin=
einzudenken.

Sind es aber auch nicht immer Schulausdrü=
cke, im eigentlichen Sinne, die in Predigten aufge=
nommen werden, so werden doch von sehr vielen
desto häufiger die Terminologien in der Schrift im
Vortrag gebraucht, in der Meinung, daß darin
das Charakteristische einer biblischen Predigt liege.
Bis auf den heutigen Tag machen die schweren
und vielerlei bedeutenden Ausdrücke der Schrift,
Glaube, Geist, Gnade, Evangelium, Buße,
Rechtfertigung u. a. m. den vierten oder dritten
Theil des Vortrags, oft vielleicht gar die Hälfte
desselben aus, und eben deswegen, weil sie so vie=
lerlei und oft so schwankende und ungewisse Be=
deutungen haben, so kann der nur obenhin unter=
richtete, wie der falsch unterrichtete Zuhörer, d. i.
der große Haufen, eigentlich nie recht wissen, wo=
von man ihn hat belehren wollen, zumal da durch
theologische Streitigkeiten diese Ausdrücke erst die=
se, und dann wieder eine andere Bedeutung erhal=
ten haben, der Laie aber dieselben in der ersten be=
sten nimmt, die ihm vorkommt; — wegen des
Einerleiklangs der Worte, die mit denselben ver=
bundenen Vorstellungen immer nur für die nehm=
lichen hält, und daher auf den ihm einmal ver=
ständlichen, oder besser zu sagen, geläufigen Be=
griff überträgt, was von einem andern gesagt wur=
de. Kein Wunder, wenn dadurch Verwirrung bei
ihm entsteht — die gewöhnliche Folge von zu häu=
figem Gebrauch dieser Ausdrücke. War die Man=
nichfaltigkeit der Begriffe die diese Ausdrücke um=
fassen, oft der Anlaß zu manchem sehr warmen
Streit unter den Theologen, wie soll dann der
Bürger und der Bauer der Zumuthung ausgesetzt

K sein,

sein, mitten im Vortrage gleichsam wie mit einem Wurf, die iedesmal anzunehmende Bedeutung zu treffen. Man nehme dazu, daß die Unterschiede zwischen der einen und andern Bedeutung nicht selten so fein und unmerklich in einander fließen, daß selbst der Unterrichtete sehr bedächtig gehen muß, wenn er Verwechselung derselben vermeiden will. Wie viel verzeihlicher wird dieser Fehler bei dem Zuhörer, vorausgesezt nemlich, es sei ihm wirklich mehr als eine Bedeutung solcher Worte bekannt — das wenigste was hier geschehen könnte, wäre, neben der genauesten Bestimmtheit, iedesmal faßlich anzugeben, welchen Begrif man eben iezt mit diesem oder ienem Ausdruck verbinde, und wie viel zu demselben gehöre. Luther erinnert das schon in seiner Vorrede zum Brief an die Römer. Er sagt: „Aufs erste müssen wir der „Sprache kundig werden, und wissen, was da „St. Paulus 20) meint durch die Worte: Gesetz, „Sünde, Gnade, Glauben, Gerechtigkeit, Fleisch, „Geist und dergleichen, sonst ist kein Lesen nütz „daran." In der That eine Erinnerung, die noch iezt für viele Prediger höchst nöthig thut, da sie selbst entweder keine bestimmten Begriffe mit diesen Ausdrücken verbinden, mithin auch ihren Zuhörern keine davon geben können, oder aber nur diejenigen Begriffe kennen und angeben, die diesen Worten in ihren Systemen untergelegt sind, und bekanntlich

---

20) Die Bemerkung ist bald zu machen, daß grade in den Briefen des Apostels Paulus die dunkelsten und schwürigsten Terminologien herrschen; in den Reden Jesu findet man sie äußerst selten. Es ist leicht zu sehen, welche gute Anwendungen sich daraus herleiten lassen.

lich häufig genug vom Sprachgebrauch der Bibel abweichen. Hieraus wieder neue Verwirung. Anders nimmt die Schrift den Ausdruck, anders der Prediger und sein Compendium, anders sein Zuhörer. Diesem Uebel vorbeizukommen, wäre ja wohl der Rath so uneben nicht, auch die schwere Terminologie der Schrift aus dem Kanzelvortrag wegzulassen; denn was kann der Zuhörer belehrter und besser werden, wenn er im Grunde nicht weiß wovon geredet wird. Es ist wahr, er glaubt das Gehörte zu verstehen, die Worte hat er von Jugend auf gewußt, in der Schule auswendig gelernt, in den Predigten und in seinen Andachtsbüchern oft wiederholt gefunden, aber eben dies Bekanntsein mit einem Worte, ist drum noch nicht so viel als den Verstand desselben wissen, — er nimmt den Schall für den Begrif, und das ist grade das Schlimme, wodurch das fruchtbare Nachdenken über das Gehörte wie die Anwendung desselben unmöglich gemacht wird. Auch wird in der That der Verehrung der heiligen Schrift gar nichts entzogen, wenn wir diese ihre Ausdrücke, wie jede andere schwere und unverständliche Terminologie aus unsern Vorträgen weglassen. Was konnten ihre Verfasser dafür, wenn sie für ihre Lehren in ihrer Sprache keine bestimmten Worte fanden, und daher die vorhandenen brauchen und ihnen andere Begriffe unterlegen mußten! Eben so ists auch ihre Schuld nicht, daß unsern — meisten Christen vieles von dem dunkel ist, was damals deutlicher war. Hätten sie zunächst für uns in unsern Zeiten und mit unserer Sprache geschrieben, sie würden sich gewiß sehr anders ausgedrückt haben. „Wir können ja aber die Worte erklären!" Freilich wahr, aber besser ists doch so zu sprechen,

daß

daß man es auch ohne Erklärung verstehen kann. Ueberdem man weiß ia wohl was erklären gewöhnlich ist — die Dämmerung zur Nacht machen. Ich habe oft Predigten gehört die vom seeligmachenden Glauben handelten, und den Begrif Glauben mit den Worten des Apostels aus Ebr. II, I. festsezten. — Das war doch die Schrift aus sich selbst erklärt! Zu tausenden kann man ähnliche Fälle sammeln. Jedoch; wer einmal der Meinung lebt, daß die Lehren zugleich mit den Ausdrücken dahin wären, der wird sich hier schwerlich weisen lassen.

Daß Vorträge in diesen schweren Sprachen oft eben so wenig Nutzen haben mögen, als ehedem die ganz lateinischen und vermischt lateinischen haben mochten, hat keines Beweises nöthig. Wenn alle Lehren doch nur darum vorgetragen werden sollen, damit sie der Zuhörer verstehe um sie anwenden zu können, so ist hierdurch der geringe Werth derselben sattsam entschieden. Versteht er diese Predigten gar nicht (denn das Staunen welches manche Zuhörer zu erkennen geben, ist mehr Befremdung über die sonderbaren Dinge die sie hinter so sonderbaren Ausdrücken vermuthen, als daß es ein Kennzeichen einer gespannten Aufmerksamkeit sein sollte, die alles recht wohl begriffen hätte, wofür es nemlich der Prediger oft hält und sich damit nicht wenig geehrt glaubt), und wären die wichtigsten Wahrheiten darunter verborgen; sie sind doch dem Zuhörer ein todter Schatz, von dem er keinesweges einen vortheilhaften Gebrauch machen kann. Versteht er sie aber falsch, — ein Fall der der gemeinste zu sein scheint — und nur dann und wann etwas davon

so

so wird er auch keine andere als falsche Anwendung davon zu machen im Stande sein, und so können folglich diese Predigten dem Zuhörer sogar schädlich werden. Wär er aber so weit belehrt, daß er sie wirklich verstände, so würde es ihm oft zuwider sein solche trockenen Dinge anzuhören, und seine Aufmerksamkeit nicht selten eben so gut aufhören, als wenn er sie gar nicht verstände. Die Erfahrung giebts übrigens, daß durch solche Vorträge Zuhörer gemacht werden, die nicht verstehen und doch glauben — ein Glaube auf den bloßen Schall der Worte, der sich für verdienstlich zu halten pflegt, und Gott wohlgefällig zu sein meint, und das um so mehr, je geläufiger ihm die Töne selbst sind, und jemehr er in denselben sogar ein sogenanntes geistliches Gespräch mit andern halten, oder aus dem Herzen beten kann, zu welchen aber zugleich auch alles Uebel sich gesellt, das bekanntlich damit fast immer vergesellschaftet ist.

Mysteriöse Lehren.

So ein großes Verdienst es auch sein mag, die vorzutragenden Lehren dem Zuhörer gehörig auseinander zu setzen, und dadurch sowohl eine richtige und vollständigere Einsicht derselben zu befördern, als ihre Anwendung zu erleichtern; so ist doch vielleicht das Verdienst eben so groß, bei gewissen Lehren diese nähere Auseinandersetzung zu unterlassen, — nemlich bei denienigen, deren Natur in dem Geheimnißvollen und Unerklärbaren besteht. Hieher gehören vorzüglich die Lehre von der Trinität, von der Vereinigung beider Naturen in Christo, und von der Art, wie Christus im Abendmal wirklich gegenwärtig sei. Man braucht sich nicht auf die Frage einzulassen, ob Geheimnisse überall für den Menschen gehören mögen, da ihre Natur darin besteht, daß sie schlechthin nicht von unserm Verstande eingesehen werden können, und ob man dieser Lehren nicht füglich im Vortrage entrathen könne, obgleich so viel leicht ausgemacht werden kann, daß demienigen auf keine Weise zugemuthet werden dürfe, sie ganz zu verschweigen, der seine guten Gründe hat, sie für eigentlich christliche Wahrheiten zu halten. Eben so wenig scheint es rathsam, einen Maasstab drehen zu wollen, nach dem man bestimmen könne, ob auf den Unterricht in dieser Lehre, ein Drittheil oder die Hälfte der Predigt verwendet werden müsse, da die Lokalität und andere Umstände hierin einige Verschiedenheiten machen können, die sich schwerlich unter Regeln dürften befassen lassen. So viel ist aber entschieden, daß man nur sehr kurz von ihnen reden könne, da es die Natur derselben fordert. Eben deswegen, weil es mysteriöse Lehren sind, die

bei

bei weitem über den Fassungstrieb des Menschen hinaus gehen, kann man sich auf keine andere Umstände dabei einlassen, als auf diejenigen wenigen, die uns die Schrift davon giebt. Sobald man sich mit weitläuftigen Entwickelungen und umständlichen Erklärungen, oder mit scharfen Bestimmungen, der bei dieser Lehre allgemein gangbaren Kunstausdrücke und anderer Umstände befaßt, so scheint das Geheimniß selbst dadurch aufgehoben und doch oftmals die Dunkelheit desselben um gar nichts vermindert. Genug für den größten Theil der Zuhörer, zu wissen, was die Schrift davon lehre, und aus der Schrift kurz und deutlich dasselbe bewiesen zu sehen — noch weiter gehen, heißt nicht die Schriftlehre, sondern Meinungen der Lehrer vortragen. Warum wollte man auch nicht hier lieber den Beispielen der Schrift folgen, die nie anders als kurz und selten hievon redet?

Je weniger man daran gedacht hat kurz zu sein, und je mehr man dem Zuhörer die rechte reine Meinung beibringen wollte, desto mehr hat man sich mit allen den Subtilitäten, Bestimmungen und Definitionen bemüht, die seit Jahrhunderten diese Lehren verwirrt haben, und doch dem Zuhörer nichts deutlicher machten, da sie nicht nur, eben sowohl als das Mysterium selbst seinen Verstand, sondern vielleicht den Verstand aller Menschenkinder überstiegen, weil sie im Grunde das Geheimniß durch Geheimnisse enträthseln wollten. Indessen blüht die große Kunst, über das am meisten zu sagen, wovon wir am wenigsten wissen, noch immer in unsern Vorträgen, obgleich die Blüthen einzelner sind, und wird so lange gewiß nicht ganz verblühen, als man den Satz, daß diese Lehren zur Seeligkeit zu wissen und zu glauben vonnöthen,

nöthen, mehr von den Symbolen und Meinungen einiger alten Lehrer, als von der Lehre der Schrift selbst versteht.

Litten aber auch diese Lehren hier und da mehrere Erweiterungen, so werden sie schwerlich anders, als mit dem größten Zeitverlust gemacht werden, und dennoch dem größern Theile gleich unverständlich bleiben, wenigstens dadurch, daß seine Aufmerksamkeit ermüdet wird, solche schwere Dinge anzuhören und zu begreifen.

Wer die mannichfaltigen Verirrungen der Prediger bei diesen dunklen Lehren kennen will, dem darf man nur sagen, daß auch hier wieder das Kompendium dem Volke ist vorgepredigt worden. So sucht man demselben die unerklärbare Trinität an einem Triangel zu erläutern, oder an der Sonne, die Licht und Wärme hat, welche mit der Sonne selbst drei Stücke machen; so erklärt man ihm die Worte, Person, Wesen u. s. w. sehr ausführlich, obgleich Melanchton schon sagt: „Wer klug ist, wird diese Worte unbestimmt und „undefinirt lassen"; so hat man es sehr sorgfältig unterrichtet, ob diese Lehre schon im alten Testament unter einem dunkeln Nebel oder im hellen Sonnenglanz oder gar nicht, und ob Kalixt ein Ketzer gewesen sei, oder nicht, ob es gleich noch zuviel für sich selbst zu lernen hat, als daß es sich um das Erkenntniß der Menschen bemühen sollte, die vor Jahrtausenden gelebt haben, und selbst dem eigentlichen Theologen diese Untersuchungen, die er aus Pflicht anstellen muß, oft sehr viel Widriges und Unausstehliches haben. Wozu mag ihm das alles dienen und gedient haben? Wenn dadurch seine Erkenntniß doch nicht deutlicher, und sein Glaube nicht gewisser wurde, als beides

ohnedis

ohnedis schon blos durch richtige Vorstellung der Schriftlehre geschehen konnte. Wie wenig alle diese weitläuftigen Erörterungen und subtilen Bestimmungen fürs Volk gehören, das hat Erasmus schon gesehen, ohnerachtet er seine wahre Meinung schwerlich ganz zu erkennen giebt. Seine Worte sind diese: 21). „Mit den Subtilitäten der scho„lastischen Theologen, die mit mancherlei Kün„steleien darüber disputiren, wie die Personen „von einander unterschieden sind, sollte man „das Volk verschonen. Es ist hinlänglich, das„selbe von einem Gott zu unterrichten, und „von drei Personen, die dasselbe Wesen, die„selbe Gottheit, Weisheit und Güte besitzen. „— Es ist auch nicht rathsam Bilder aus der „Natur zu entlehnen, um daran die Einheit „des göttlichen Wesens in dreien Personen zu „erklären, die allemal, wovon sie auch herge„nommen werden, sehr wenig passen.. — —‟ Der Vater zeugt, der Sohn ist gezeugt worden, der Heilige Geist gehet aus u. s. w.; „aber der „Unterschied zwischen erzeugt werden und aus„gehen, und warum doch der Geist nicht Sohn

K 5 „ge=

---

21) Die Stelle ist in seinem Ecclesiast. ed. Antv. p. 351. „Subtilitates theologorum scholastico„rum, quae variis argutationibus disputant, quo„modo personae inter se differant, non sunt sub„iiciendae populo. Satis est profiteri unum esse „Deum, tres personas quarum omnium eadem „sit natura, eadem divinitas, sapientia, bonitas. „— Nec tutum est proferre simulacra rerum „conditarum, ad declarandam eandem naturam „in tribus personis, quod quicquid adhibueris, „multam habet dissimilitudinem. — — Pater „gignit, Filius nascitur, spiritus procedit sive

„genennt werde, das braucht nur geglaubt,
„aber nicht erklärt zu werden. Daher ſcheints,
„daß dieienigen den Vorwurf der Unbeſonnen=
„heit ſchwerlich von ſich ablehnen werden, die
„unſern Glauben von den drei Perſonen durch
„Vernunftſchlüſſe beweiſen wollen. — — —
„Von dieſen erhabenen Geheimniſſen des gött=
„lichen Weſens, wärs vielleicht am ſicherſten
„gar nicht zu reden, wenigſtens ziemt es nicht
„iedem, nicht an iedwedem Ort und nicht mit
„iedweden Worten." Was Erasmus hier von
der Trinität ſagt, das kann man auch füglich auf
die übrigen geheimnißvollen Lehren unſeres Glau=
bens anwenden. Gewiß ſind ſie eben ſo wenig ei=
ner weitläuftigen Behandlung auf der Kanzel fä=
hig, als dieſe. Man erwäge mit welchen großen
Schwierigkeiten die Lehre von Vereinigung beider
Naturen in Chriſto gepreßt iſt, ſo wird man keine
Thorheit größer finden als die des Predigers, dem
Volk ſein ganzes Syſtem darüber, vorzuphiloſo=
phiren, das am Ende dem Volke doch unerklärbar
bleibt, und keinesweges von demſelben genutzt wer=
den kann. Alle die dunkeln Formeln und Redens=
arten, die metaphyſiſch oder unmetaphyſiſch zuge=
ſchnittenen

„emanat a patre in filium vt graeci quondam, a
„patre & filio, vt nunc latini tradunt. Quid au-
„tem interſit inter naſci & procedere, & quare
„ſpiritus non dicatur filius, ſatis eſt credere,
„non eſt neceſſe excutere. Proinde mihi vix
„videntur excuſari poſſe a temeritate, qui quic-
„quid de divinis perſonis credimus; profeſſi ſunt
„ſe humanis rationibus demonſtraturos? Und
„p. 532. De ſublimibus illis divinae naturae my-
„ſteriis vix tutum eſt homini loqui. Certe non
„eſt phas quibuslibet, nec apud quoslibet, nec
„quovis loco, nec verbis quibuslibet."

schnittenen Begriffe, die die Hitze des Streits oder die unfruchtbare Muße spitzfündiger Theologen erzeugt hat und aus welchen sich ihre Nachtreter selbst nicht zu finden wissen, der unsäglichen Mühe ohngeachtet, die sie darauf verwendet haben, würden wohl alsdenn dem Volke verschwiegen werden müssen, wenn sie auch die Schrift brauchte, denn sie würden auch alsdann noch eben so unverständlich sein als sie itzt sind; Aber um so weniger können sie im Vortrage ans Volk gerechtfertigt werden, da sie die Schrift wirklich nicht gebraucht. Wer mit Melanchton den Brief an die Römer etwa für ein System hält, wird in diesem System davon nichts finden, so wie der, der ihn nicht dafür hält, auch anderweitig überall nichts in der Bibel davon findet. Nimmt man noch dazu, daß die Schrift manche andere ungemein faßliche Lehren umständlicher und öfter vorträgt, und bedenkt man, daß es mit diesen schweren ebenfalls geschehen sein würde, wo sie ein Gegenstand einer nähern Erkenntniß für uns sein sollten oder könnten, so wird die Unnöthigkeit aller umständlichen Entwickelungen noch einleuchtender, obschon nicht für denienigen, der grade die unerweißlichsten Vorstellungen, als etwa die, von der Nothwendigkeit der Vereinigung beider Naturen, und die krudesten hier eingeführten Redensarten, selbst vielleicht die, Gott ist gestorben, hat Maulschellen bekommen, Faustschläge erlitten, ist ins Angesicht gespien u. s. w., aus der Schrift hernehmen, und daraus rechtfertigen will, welches aber indessen weiter nichts beweißt, als daß ieder seine systematischen, und seine unsystematischen Thorheiten in der Bibel zu finden meint.

Außerdem daß der Prediger auf weitläuftige Erörterungen dieser und der hieher gehörigen Lehren,

ren, Kunst und Mühe umsonst verwendet hat, so werden in dem schwachen Zuhörer dadurch wohl gar, die ohnehin schon so äußerst falschen Begriffe, von Gott verstärkt oder vermehrt, seine Aufmerksamkeit für zukünftige nutzbarere Vorträge unwillig gemacht, und er fängt nicht selten an, ganzes Christenthum als eine Sache anzusehen, die er zwar vortragen anhören, und das Gehörte, weil und wie sein Prediger es ihm sagt, sonder allen Zweifel willig glauben müsse, aber die Erkenntniß derselben, Zunahme und Wachsthum in dieser Erkenntniß könne unmöglich für ihn sein; und da er gar keinen Weg sieht, wie er in diesen Lehren zu einer deutlichen Erkenntniß gelangen könne, so ist bei ihm der Schluß sehr leicht, es sei mit allen andern Lehren eben so; die Erkenntniß und deutliche Einsicht in denselben gehöre überall für seinen Prediger, das Glauben aber allein für ihn. Wer den großen schwachen Haufen näher erforschen will, wird finden, daß seine Denkungsart genau die angegebene ist, so wie er auch, wenn er den Quellen nachspürt, diese hier angegebene sicher nicht vermissen wird.

Vorstellung der Glaubenslehren.

Vielleicht mögen alle Hindernisse zusammengenommen, die guten Früchte des Predigtamts kaum so sehr zurückgehalten haben, als diese von denen izt die Rede sein wird, die in falschen Vorstellungen der Lehren unsers Glaubens bestehen, aus welchen falsche Anwendung derselben unmittelbar herfließen muß. Wir würden erstaunen, wenn wir allemal allen den Folgen nachspüren könnten, die durch so manche falsch vorgestellte Lehre bei dem Zuhörer hervorgebracht wurden, und uns warnen lassen, auf jede Weise behutsam zu sein, damit wir nicht, statt Rechtschaffenheit und Tugend hervorzubringen, Anlaß zu Fehlern und Lastern geben möchten. Gleich beim ersten Aufblühen der Reformation giebt uns die Lehre von der christlichen Freiheit, die damals so häufig aber auch aus ganz schiefem Gesichtspunkt auf den Kanzeln vorgetragen wurde, ein warnendes Beispiel. Luther beklagte sich selbst sehr nachdrücklich darüber: „Es miss„brauchen,‟ sagt er, „heutiges Tages die mei„sten der christlichen Freiheit, und sagen, Gnade, „Gnade; darum dürfen wir weder Gutes thun „noch Böses leiden — diese machen — — — „aus Vergebung der Sünden eine Freiheit zu „sündigen.‟ Mit wie vielem Recht er sich darüber beklage, sagt die Geschichte der damaligen Zeiten. — Von dem ersten Anfang der Reformation bis auf uns, sind vorzüglich die beiden Lehren von Gnade und Glauben und einige mit denselben unmittelbar zusammenhangende Andere, diejenigen gewesen, die vermittelst einer schiefen und einseitigen Vorstellung, den verderblichsten Einfluß aufs Leben der Menschen gehabt haben. Es wird dienslich

lich sein von diesem sowohl, als einigen andern das Nähere zu sehen.

Gnade.

Man hat so oft von der Gnade geredet die dem Menschen durch Jesum Christum angedeihet, und gezeigt, daß um dieser Gnade willen der Mensch von Tod, Teufel, Hölle und Verdammniß nichts mehr zu fürchten habe; daß man, da ihre Gewalt einmal durch Christum, nicht etwa nur geschwächt, sondern völlig genommen sei, die Anfälle derselben ruhig verlachen, und mithin wegen seiner Seeligkeit vollkommen gewiß sein könne. Man stelle es nun wohl gar als ein Werk des Satans vor, wenn iemand die Zweifel, die er wegen seiner künftigen Seeligkeit hatte, nicht so gleich von sich weisen könnte. Aber das ließ man sich eben nicht beikommen, zugleich nähere Auskunft von dieser Gnade zu geben, und zu zeigen, unter welchen Bedingungen der Mensch Theil daran nehmen könne. Denn daß man allenfalls ein Paar Worte vom Glauben an Christum hinzusezte, konnte allein nicht hinlänglich sein, da diese Lehre ebenfalls gleich schief vorgetragen als angewendet wurde. Unter dem Bestreben diese Gnade recht groß vorzustellen, vergaß man die Bedingungen, unter welchen sie erhalten wird, und gab derselben eine viel zu weite Ausdehnung. — Dis Wort von Gnade merkt sich nun allenfalls auch das ruchloseste Gemüth, und findet einen treflichen Rückhalt darin für alle und iede wilden Ausbrüche seines verdorbenen Herzens. Wie kann es auch anders! So groß wie man ihm diese Gnade auf der einen Seite beschreibt, und so leicht man auf der andern vorstellt,

was

was eigentlich seines Thuns dabei sei, — als brauche er nemlich nur die Hand darnach auszustrecken, sie nur zu verlangen durch den Glauben, vielleicht gar, sie nur nicht von sich zu weisen, — kann er kaum anders denken, als es sei nur um einen guten christlichen Wunsch nach dieser Gnade zu thun, so sei mit einemmal das Erforderliche geschehen. So meint er demnach gar nicht Ursach zu haben, an seinem künftigen Glück zu zweifeln, zumal da er gelernt hat, daß solche Zweifel Anfälle des Teufels sind, womit er den Menschen zur Verzweiflung und folglich um die Seeligkeit bringen wolle. Christus, sagt er, wie man ihn sagen gelehrt hat, Christus nimmt ja die Sünder an, wie groß sie auch sein mögen, er hat ja auch für dich genug gethan, — es ist ohnehin nichts Gutes am Leben dein, denn wir sind allzumal elende sündige Menschen — aber je größere Sünde, desto mehr Gnade — mit eigener Gerechtigkeit darfst du doch nichts erwarten, da würdest du gewiß von der Gnade ausgeschlossen u. s. w. — Man sieht wie genau alle diese Vorstellungen die er sich gemerkt hat, in einander greifen, um ihn nichts Befremdendes in dem Glauben finden zu lassen, daß neben allen Greueln der Unzucht, des Betrugs, der Arglist, der heimlichen Tücke, daß selbst neben Rauben, Morden und Stehlen das Theilhaben an der Gnade Gottes bestehen könne. Sucht man auch, welches doch immer selten, und am seltensten sogleich da geschieht, wo es hingehört, solchen traurigen Folgen vorzubeugen, so geschieht das gewöhnlich doch viel zu nachläßig; es bleibt bei einigen vereinzelten Erinnerungen, die der Zuhörer überhört oder bald wieder vergißt, zumal da sie ohnedem nicht in die Reihe der andern Vorstellungen passen,

die

die ihm gemacht sind. Was man aber auch nur immer von dieser Gnade, und wie viel man auch davon rede, so ist doch die lehrreichste und herrlichste Vorstellung von derselben grade die seltenste, nemlich die, die uns Paulus giebt; die Gnade Gottes züchtigt uns, daß wir gerecht, züchtig, keusch und gottseelig leben sollen in dieser Welt. Sollte nun auch bei einem solchen durch falsche Vorstellungen von Gottes Gnade im Bösen bestärkten Menschen, dann und wann einmal die Stimme des Gewissens lauter reden, so wird er doch nicht darauf hören, er erstickt die Stimme, vielleicht nur mit vieler Mühe, aber er erstickt sie doch, und bringt nach und nach sein Gewissen in stummen Schlaf. Der Grund davon liegt ebenfalls in seinen falschen Meinungen. Warum auf sein Gewissen und dessen Warnungen hören, wenn Gottes Gnade so groß ist, daß ihm ein Wunsch in einem Augenblick vollkommene Vergebung aller Bosheiten verschaft? Warum sich Mühe geben im Guten, wenn er auch ohne Mühe, bei dem lasterhaftesten Leben noch seelig genug werden kann? Es ist wohl wahr, der Prediger selbst läßt sich gewiß nicht einfallen, daß man solche Folgerungen aus seinen Beschreibungen der Gnade Gottes machen werde, aber er giebt doch Anlaß, daß der Zuhörer sehr leicht auf dieselben kommt, und es ist natürlich, daß er alsdann äußerst fest daran hält, weil er dadurch gegen die fürchterlichsten Folgen eines lasterhaften Lebens gedeckt wird. Aber warum predigen auch so viele Prediger fast nichts als Gnade? Warum benehmen sie sich denn genau so, als hätten sie einen Haufen von Menschen vor sich, der von seinem Gewissen, und von der Furcht für Strafen seiner Sünden wegen, wie mit Höllen-
quälen

qualen gemartert würde; in dessen Herz keine Ruhe und in dessen Auge kein Schlaf käme?' Für solche Menschen würden solche Predigten freilich eher brauchbar sein, da sie ihrem Zustand sehr angemessen wären. Aber solcher Menschen findet man ja in den zahlreichsten Gemeinden in mehreren Jahren kaum einen. — Die andern Zuhörer nun, die für diese häufig gepredigte Gnade keinen Wunsch und kein Gefühl haben, können die rechte Anwendung auf die Beruhigung eines verwundeten Herzens, und auf die Besänftigung eines scheuen Gewissens nicht machen. Sie machen daher diejenige, die zur völligen Sicherheit im gottlosesten Leben führt, vorausgesezt, daß ihnen die Vorträge darüber nicht ganz gleichgültig sind — ein Fall der hier, auch bei einer nur halben Aufmerksamkeit, so leicht nicht statt findet.

Wiederum, damit der schwache Laie recht verwirrt werde, spricht man wieder von einer andern göttlichen Gnade, nicht von der, durch die der Mensch vor Gott gerecht und seelig wird, sondern die er haben muß, wenn er Gutes thun will. So wahr auch dis wieder ist, so ist doch auch hier ebenfalls dem Zuhörer gleich starker Anlaß gegeben worden, es zu misbrauchen. Man redet so fleißig auf ihn hinein, wie sehr er im Grund und Boden verderbt sei, wie verpestet sein ganzes Wesen, Natur und Thun, durch die angeborne Sünde wäre, wie er zum Guten auch die kleinste Kraft nicht habe, und sogar auch — denn es ist nur um eine ganz kleine Folgerung zu thun, um bis dahin zu kommen — wie unfähig er sei, das Böse zu unterlassen, obgleich höchst stark es zu thun, und daß er alles nur von der Gnade zu erwarten habe, bis endlich der Bedaurenswerthe im ganzen Ernst, sei-

L

nem

nem eigenen guten Gefühl entgegen, glaubt, und mistrauisch gegen sich selbst wird. Wie soll er nun sich noch einfallen lassen, selbst Hand ans Werk zu legen, zumal da man ihm sagt, daß eigene Gerechtigkeit zu nichts anders tauge, als seine Strafe nur größer und seine Schuld verdammlicher zu machen. — Wie viele Prediger, wenn sie über solche Gegenstände eine recht heiße Predigt gehalten, und die totale Verderbtheit des Menschen an Willen und Verstand aufs einleuchtendste gezeigt haben, legen sich mit dem süßen Bewußtsein zum Schlaf, Glaubensreinigkeit befördert zu haben, aber gewiß mit großer Sorglosigkeit wegen aller der traurigen Folgen, die aus ihrem Vortrag entstehen werden. Der Zuhörer aber erwägt das, und vielleicht sehr fleißig, da es ihm so gut zu statten kommt. Nun wohl, meint er, so brauch ich mich gar nicht weiter zu wundern, warum ich so lasterhaft bin! kanns doch nicht anders sein, da der Mensch so lange ganz und gar verderbt ist, bis die Gnade ihn ergreift, die alles in allem wirken muß. Daher werd ich mich auch hüten, daß ich nicht etwa etwas Gutes thue; die Gnade wirkt das Wollen, — das merk ich auch, da ich gar keinen Willen habe gut zu werden — und das Vollbringen muß ich denn erwarten — will mich also in Acht nehmen, daß ich nicht etwa durch eigene Kraft selbst wirken will, welches ja ein strafbarer Selbstdünkel und ein stolzes Vertrauen auf meine eigene Kraft wäre. Jeder der den größern Haufen unserer Christen kennt, wird nichts übertrieben in dieser Gedankenfolge finden. — Ganz nicht, spricht doch hierin das Volk oft sogar nur wörtlich seinem Prediger nach. In den Kompendien ließ man doch noch — so scharf stach nemlich

das

das Gegentheil dieser Vorstellungen in die Augen — den Unterschied zwischen dem natürlichen oder bürgerlichen sogenannten Guten (de natura & gratia oder de civili iustitia &c.) statt finden; aber davon bringt der Prediger auf seiner Kanzel nichts vor, vielleicht übersieht ers, vielleicht fühlt er gewissermaßen selbst, wie schwer oder unmöglich die Grenzlinien, wo die Wirkungen der Natur aufhören und die der Gnade anfangen, anzugeben, und diese von jenen auszusichten und zu unterscheiden sind. Hätte er auch etwas davon vorgetragen, dadurch würde die Krudidät der Vorstellungen doch wenig gemildert, dem Zuhörer der Unterschied wenig oder vielleicht gar nicht begreiflich, oder von ihm für etwas gehalten sein, welches eben nicht weiter zur Sache diene, und mithin füglich überhört werden dürfte. Prediger und Zuhörer überlassen sonach alles nur der Gnade, deren Werk nicht durch unzeitiges Dazwischenkommen mit eigenen Kräften (die man aber freilich nicht hat als nur zum Bösen) darf verdorben werden — und nur das einzige wird eingeprägt, daß, obschon der Mensch nichts mitwirken könne, er doch der Gnade nicht widerstehen müsse. — Ein wahrer gordischer Knoten, aus halb wahren und halb falschen, aus unbestimmten und verwechselten Ideen geschlungen, unendlich vielen eher unmöglich, ihn mit dem guten Schwerdt der Vernunft zu zerhauen, als ihn gehörig mit den ungelenkigen Fingern der Theologie aufzulösen. Vielleicht dürften doch diese gefährlichen Vorstellungen von vielen Predigern etwas linder vorgetragen sein, hätten sie außer einer guten Erklärungskunde nur so weit in die Geschichte der Lehren zurückgehen wollen, bis sie gefunden hätten, daß der hitzige und oft so leere

L 2 Kopf

Kopf des Augustins das erste Glied war, an dem die ganze Kette dieser Konfusionen hängt. Aber wer hat daran gedacht? —

So viel nun auch der Prediger von der Gnade spricht, die alles Gute in uns hervorbringen müsse, und so heftig er es versichert, daß alle Menschen durch Sünde, oder, wie ers viel lieber ausdrückt in Sünden, nicht etwa nur schlaff, träge, unthätig, sondern todt, wahrhaftig und ordentlich todt sind, daß der natürliche Mensch nichts vom Geist Gottes vernehme, daß ihm nothwendig alles Gute eine Thorheit sein müsse u. s. w.; so scheints doch, er fühle es selbst gewissermaßen, daß in diesen Ideen etwas Hartes liege. Darum predigt er zu andern Zeiten im gerechten Eifer über manches begangene gröbliche Vergehen eines seiner Gemeindekinder, genau so, als könne der Mensch noch gar mancherlei Gutes thun. — „Mensch es ist dir gesagt was gut ist, und was der Herr dein Gott von dir fordert; und, Gott wird euch geben nach euren Werken — trachtet nach dem Guten — ringet nach der Krone des ewigen Lebens — das hält er seiner Gemeinde vor, und ermahnt sie sehr ernstlich zu ringen und zu kämpfen. Fällt ihm am Ende seiner Ermahnung ein, er könne gar synergistisch geredet haben, so sezt er denn am Ende einer solchen Ermahnung hinzu: der Mensch aber vermag nichts, sondern die Gnade, die durch Christum in uns mächtig ist! Freilich weiß nun der arme Laie aufs neue wieder nicht, wozu alles Ermahnen nöthig ist, wenn er doch nichts selbst kann, eben so wenig als er wird begreifen können, wozu überhaupt die vielen Ermahnungen der Heiligen Schrift sollen? Wer wird ihm den Weg aus diesem Labyrinth zeigen, in welchem er sich befangen sieht?—

— Wird

— Wird er dadurch nicht irre, in Wahrheit, so muß er sehr viel von richtiger reiner und bestimmter Einsicht in diesem Punkt haben, oder aber — der gemeinste Fall — er ist nicht mehr irre zu machen. Er nimmt sich daraus, was ihm das Liebste ist, und was mit seiner Sinnlichkeit und seinen Begierden sich aufs freundschaftlichste vereinigt, lebt, in gewisser Erwartung der Gnade, die ihn schon zu rechter Zeit noch ergreifen werde, nach seines Herzens Lust ein lasterhaftes Leben, und schlurft das unreine Gift lasterhafter Freuden in vollen langen Zügen, und wiederholt die Züge so oft und vielfältig, bis er, erschlafft an Kraft und Munterkeit, der Laster satt, bis zum Ueberdruß und höchsten Ekel satt hat, und seine Kräfte, zu schwach für seine Begierden, dieselben nicht mehr stillen können. Und nun — wer das für Spott halten wollte, der müßte die Menschen wahrhaftig schlecht kennen, und nicht bedenken, daß dieser Gegenstand zum Spott nur allzuernsthaft sei — nun sagt er, daß die Gnade ihn ergriffen, und den Durchbruch gewonnen habe. Wie kann er auch anders sagen und denken? Hat man ihn doch nicht belehrt, die Gnade an sichern Kennzeichen von allen andern Wirkungen mit Gewißheit zu unterscheiden. Natürlich, daß er für Wirkung der Gnade hält, was die Folge seines Unvermögens ist, es scheint ja alles ebenfalls so einzutreffen, wie es ihm gesagt ist.

Glauben.

Mit diesem vielerlei bedeutenden Wort, und den Predigten über Glauben scheint es genau derselbe Fall zu sein, wie mit den Predigten über Gnade

Gnade. Ohne sich erst näher darüber auseinander gesezt zu haben was Glaube sei, und was nach Verschiedenheit der Umstände, verschiedentlich in den Schriften des N. Testaments darunter gemeint werde, ruft man dem Volke nur beständig vor: — ihr werdet gerecht vor Gott, nur durch den Glauben an Christum.

Es ist hier unseres Orts gar nicht, uns in die Streitigkeiten einzulassen, die über diesen Satz sind geführt worden, oder uns dabei aufzuhalten, ob und wann, und unter welchen Bestimmungen derselbe geltend könne gemacht werden. So viel aber ist leicht abzusehen, daß das Volk, so hingeworfen nemlich und so verwirrt durch einander man demselben diesen Satz, und was ihm anhängig ist, vortrug, nicht anders als nur sehr gering, von der Nothwendigkeit Gutes zu thun, und von dem Werth der sogenannten guten Werke sehr verächtlich mußte denken lernen. Das wenigste ohne Zweifel, was hier geschehen sollte, wäre, neben dem Satz, daß der Mensch durch den Glauben an Christum seelig werde, dem Volk höchst sorgfältig vorzustellen, wie durchaus nothwendig dennoch die guten Werke wären, da sie die H. Schrift fordere, der Mensch aus so vielen Ursachen die Verpflichtung dazu habe (necessitas debiti & mandati) und Gott, der ausdrücklich einem jeden nach seinen Werken geben wolle, auch allerdings hierauf sehen werde, iedoch ohne weitere und umständlichere Erörterung der, den eigentlichen gelehrten Theologen zu überlassenden spinösen und zum Theil unfruchtbaren Fragen, ob grade die guten Werke ein nothwendig und wesentlich Stück des Glaubens, oder nur eine nothwendige Folge und Wirkung desselben wären — ein Unterschied der wahrhaftig

so

so palpabel nicht ist. — und ob sie nun auf die eine oder andere Weise, oder eigentlich gar nicht zur Seeligkeit nöthig sind. Hierauf sich einlassen, heißt sich mit Dingen abgeben, bei welchen man, der Gefahr zu verstoßen, nie entgehen wird.

So wenig dies nun auch wäre — denn wirklich würde auch bei dieser Vorstellung noch mancherlei Verwirrung übrig bleiben — so geschieht auch das nicht einmal. Der Prediger der einmal seinen Zuhörern die Seeligkeit durch den Glauben allein, vorträgt, folgert daraus sogleich die höchste Unnöthigkeit der guten Werke zur Seeligkeit — eine Folge die allerdings sehr natürlich scheint — ohne auch nur im mindesten, mit einiger Vorsicht, dem Schaden zuvorzukommen, der daraus bei dem Zuhörer entstehen könnte. Vielleicht fällt ihm auch überall nicht einmal die Möglichkeit eines zu besorgenden Schadens ein — wie könnte daraus etwas Uebels entstehen, wenn er die reine Lehre predigt. — Der Zuhörer indessen läßt den kleinen Beisatz, zur Seeligkeit, ganz außer Acht — vielleicht auch der Prediger selbst — und meint, daß gute Werke überall nicht nöthig wären. Eine Meinung die ihm sehr wohl thut. Daß er hier die Kluft eines für sehr groß und wichtig gehaltenen Unterschiedes überspringe, kann er sich schwerlich beikommen lassen, da sein Prediger entweder ihn, wie gesagt, selbst überspringt, oder doch von den guten Werken so geringschätzig spricht, und sie so unbedeutend und wohl gar verächtlich vorstellt, daß der Zuhörer auch auf die Möglichkeit eines Irrthums nicht verfallen kann. Freilich meint der Unverstand oder die Unvorsicht manches Predigers — denn so oft auch dieser Fehler gerügt ist, so wenig ist er hinlänglich erkannt — nichts bessers

bessers thun zu können, als die Werke herunter zu machen, um dem Werth des Glaubens die höchste Würdigung zu geben und — stolzen Selbstdünkel zu verhüten, obschon, dieses leztere sehr überflüßig sein dürfte, und auch anderweitig erreicht werden könnte. Dies geht in Wahrheit so weit, daß der Satz des Nicol. Amsdorf in tausend veränderten Formen und Beschreibungen noch immer von tausend Kanzeln tönt. Vielleicht würde man ihn gar, wär er nicht mit Bannstrahlen beschleudert, noch hier und da in seiner eigenthümlichen Form hören, — aus eben derselben übelverstandenen guten Meinung, um derentwillen ihn der naumburgische Bischof so hartnäckig behauptete.

Wie man nun aber auch über diesen Satz selbst, denken und meinen möge, so scheint doch das, auch der kleinsten Aufmerksamkeit fast unmöglich entgehen zu können, daß die tiefste Herabwürdigung der guten Werke, vor einem Haufen von Volk, welches zum Guten ohnedem so träg ist, wahrhaftig nur sehr üble Folgen haben könne. Wenn der unbelehrte Bürger und Bauer hört, daß, so er wolle seelig werden, die guten Werke nicht nur, nicht das mindeste dazu beitragen, sondern vielleicht gar, ihm daran hinderlich sein dürften, — wohl, wird er sagen, so werde ich sie weiter auch eben nicht ausüben, sondern mich nur an meinen lieben Herrn Jesum als an meinen Heiland und Seeligmacher halten. Sein einziger Wunsch ist der, gern seelig zu werden: kann er diesen erreichen ohne gute Werke zu thun, die ihm so verdächtlich oder gefährlich vorgestellt sind, so hat er den erwünschten Ausweg gefunden, auf dem er Gott wohlgefällig bleiben kann, und doch seinen verkehrten Wünschen nichts nöthig hat zu versagen. Laßt nun

nun dann auch der Prediger dann und wann einmal hinzusetzen: du mußt aber so glauben, guter Freund, daß du auch rechtschaffene Früchte der Gerechtigkeit thuest — denke beileibe nicht, du könntest nun thun was du mögest, nein der Glaube muß gute Früchte bringen, und, siehst du, das sind eben die guten Werke u. s. w.: diese matten Vorstellungen werden hinterher, was einmal verdorben ist, schwerlich wieder gut machen. Ei, denkt der Unbekehrte, werd' ich doch durch den Glauben seelig und nicht durch die Werke; so bin ich ia wenigstens sicher, daß ich nicht verdammt werde. In seinem Verstande kann es sich auf keine Weise reimen, durch den Glauben allein gerecht und seelig werden, ohne Zuthun der Werke — diese Werke als unbedeutend vorstellen, und diese Vorstellung selbst aus der Schrift rechtfertigen hören, und doch nun gute Werke thun sollen! — Die künstliche Manier, durch die es doch gereimt wird, ist ihm zu unbekannt oder liegt zu weit außer seinem Erkenntniß- und Fassungskreise. Die Gründe die ihm zur Ausübung guter Werke angegeben werden, daß sie Schuldigkeit wären, daß sie die Dankbarkeit erfordere, haben vielleicht etwas Gewicht, aber sie sind ihm viel zu fein, als daß er sie scharf ins Auge fassen könnte. Vielleicht, wenn er anders wirklich ein wenig nachdenkt, hält er es gar für einen Zusatz, der deswegen gemacht wurde, damit er ia nicht merke, er dürfe nun handeln wie er wolle. Oder, vielleicht ist seine Vorstellung mit folgender sehr ähnlich: Gott der Vater, wolle freilich seine Gebote gehalten wissen, drohe den Uebertretern derselben mit fürchterlichen Strafen, und sei auch wahrhaftig nicht abgeneigt diesen Ernst wirklich zu zeigen: aber Gott der Sohn komme dann, und halte dem Vater sein Verdienst vor — es mischen sich nemlich hier die sinnlichen Vorstellungen von Fürbitte und Vertreten mit ein, die ihm sind gemacht worden — das hindere nun den Vater seinen Zorn auszulassen. Dies Verdienst dürfe man also nur im Glauben ergreifen, und dem Vater recht fest vorhalten u. s. w. Daß ihm in dieser Gedankenreihe nichts befremdendes liege, ist begreiflich, so bald man erwägen will, daß er auch diese seinem Prediger erst abgelernt habe. Am Ende ist sehr häufig seine Vorstellung vom Glauben nicht einmal so bestimmt, sondern sein Glaube besteht blos in dem Fürwahrhalten alles dessen, was ihm von Jesu gesagt wird.

Das höchste was unter diesen Umständen der Leichtsinn des Laien thut, ist, daß er sich vornimmt, so bei Gelegenheit und wenn er eben Lust hat, nebenher ein wenig gute Werke mit auszuüben. Ist er etwa gar ein Mensch der sich keiner sogenannten groben Laster schuldig weiß, so scheint ihm die Verabsäumung der guten Werke desto weniger von Bedeutung zu sein. Seine kleine öftere Betrügereien, sein liebloses Herz, seine Undienstfertigkeit und hundert andere Fehler, sind Kleinigkeiten, die alle durch das Verdienst seines Glaubens überwogen werden.

Es ist, sollte ich glauben, wohl faßlich genug, daß das in den Wahrheiten seines Christenthums unbelehrte und im ernsten Ueberlegen wenig geübte Volk, kaum anders, als auf erwähnte oder ähnliche Weise denken könne. "Diese Gedanken stimmen genau mit demjenigen, was er vom Glauben und Werken schon in der Schule zu merken, zu lernen und zu glauben ist angehalten worden, und das, was er von seinem Prediger gelernt hat,

scheint

scheint, aufs wenigste, damit nicht im Widerspruch zu stehen. Nehmt dazu, daß ihm die Nothwendigkeit und das große Gewicht dieses Glaubens, viel öfterer vorgestellt, und in ein bei weitem helleres Licht gesezt ist, als beides von den guten Werken geschehe. Auch spricht ohnehin schon sein Herz stark für diesen Glauben, als für das vortreflichste Stück des ganzen Christenthums, weil er dadurch so ohne alle Selbstbeherrschung, ohne Mühe, Enthaltsamkeit und Anstrengung seelig werden kann. —

Aufmerksame und beobachtende Prediger, werden in ihren Gemeinden nichts häufiger antreffen, als Menschen, die bei einer langen und durch halbe Jahrhunderte fortgesezten Reihe, nicht von bloßen Verirrungen und gemeinen Fehlern, sondern von Bubenstücken und Unthaten, doch, sogar auch ohne den mindesten aufsteigenden Wunsch einer Besserung, unter der Firma dieses Glaubens, sicher meinen in Himmel zu steigen. — Traurige Folgen unserer Unbehutsamkeit!

Gewiß darf man sich damit nicht entschuldigen, daß doch immer auch gelehrt würde, der Baum des Glaubens sei nicht ächter und rechter Art, ohne die guten Früchte der Werke. Wohl wahr und gut gesprochen. Aber so lange man bei dem Volk darauf dringt, die Früchte ja nicht für ein nöthiges Stück des Baums zu halten, wird es sich schwerlich daraus zu finden wissen. Gute Werke müssen aus dem Glauben entstehen, aber sie gehören nicht eigentlich zum Glauben, ohne sie ist der Glaube nicht rechter Art, aber sie dürfen nicht zu demselben gerechnet werden, und was man sonst hier sagen mag; wie deutlich scheint es dem Prediger — aber dem Volke? — wie wunderbar!

Es

Es merkt sich, was ihm am verständlichsten scheint, am liebsten ist, und seine Begierden begünstigt — gute Werke sind nicht nöthig — du kannst ohne sie seelig werden.

Fast mit gleich großem und gutem Rechte als Luther, wird man von den Predigern, die über Gnade und Glauben so unbehutsam predigen, das sagen können, was er einmal von Agricola und seinem Anhang sagt: „Sehr schön predigen sie von „Gnade und Vergebung der Sünden und von „Erlösung, aber die Lehre von der Heiligung, „vom neuen Leben in Christo, vermeiden sie, „damit die Menschen ja nicht erschreckt werden, „sondern nur immer getröstet. Anstatt daß sie „sagen sollen: du kannst kein Christ sein, so lan= „ge du ein ehebrecherischer, verhurter Mensch „bist, ein Trunkenbold, ein Wucherer; so sa= „gen sie, wenn du so ein Mensch bist, so glau= „be nur an Christum, und du wirst dich nicht „zu fürchten brauchen vor dem Gesetz, denn „Christus hats ja erfüllt."

Leiden und Tod Christi.

Mit eben der Unvorsicht und Unbehutsamkeit, die bei den vorigen beiden Lehren schon getadelt ist, wird auch die Lehre von Christi Leiden und Tod, und den Folgen derselben vorgetragen. Zwar dar= an hat man es nicht leicht fehlen lassen, beides oft genug zu lehren. Man hat eben so oft dem Volk die Erlösung Christi, von Tod, Teufel und Hölle, die Fruchtbarkeit derselben, die Versöh= nung der Menschen mit Gott vorgehalten, als man es ermahnt hat, dieses Verdienst Christi im Glau= ben anzunehmen und sich zuzueignen. Aber gewiß ist

ist die hier gebrauchte Art, nicht immer diejenige, durch welche die Veranlassung zu mancherlei falschen Nebenbegriffen, zum Unbesorgtsein über ein fehlervolles Leben, und zur Verunstaltung der Begriffe von Gott, abgeschnitten würde. Wenn man die Erlösung von Sünden so vorstellt, als habe die Sünde nun forthin keine Gewalt über uns, könne über den Menschen nicht mehr herrschen, Christus habe ihre Macht durch seinen Tod gebrochen, oder auf ähnliche Weise, und der Zuhörer gehört zu dem großen Haufen der Unwissenden, so wird er leicht gewiß nicht errathen können, wie er das zu verstehen habe, wo er anders nicht die Sünde wie ein individuelles Wesen ansehen will, welches gleichsam, wie etwa an einem eigenen Ort, von den Menschen abgesondert ist, damit es denselben nichts mehr anhaben könne. Nie hat man ihm faßlich genug vorgestellt, worin diese Erlösung zu suchen sei — vielleicht weil man sich selbst so groß darum nicht kümmerte, ohnerachtet man fleißig genug davon gepredigt hat. Oder man erklärt hier kurz und gut, und ebenfalls wieder ohne alle nähere und faßliche Auseinandersetzung, diese Erlösung bestehe darin, daß uns die Sünde nicht mehr schade, und Gott uns darum nun nicht mehr strafen wolle, oder wohl gar, nicht mehr strafen könne, indem Christus auf diese Weise genug gethan habe, ohnerachtet wir sonst wohl die ewigen Strafen der Hölle damit verwirkt hätten. So meint denn der Unverstand, es werde so viel nicht daran liegen, wenn er auch ein wenig fehlerhaft lebe — aber wie viel versteht er unter dem Wenigen! — Wolle ihn auch Gott dafür strafen, so könne er das nicht füglich, da ihn Christus durch sein Verdienst daran hindere, welches er doch einmal im

rechten

rechten Glauben ergriffen habe. Durch die falschen Vorstellungen von Fürbitte Jesu Christi und Vorhaltung seines Verdienstes bei dem Vater keimte wohl gar die Idee in dem Laien auf, als wären die Absichten zwischen Vater und Sohn, ihre Neigungen, Interesse und Wille sehr getheilt. Den Vater denkt er sich daher gewissermaßen stets als straflustig und aufgebracht bei iedem kleinen Versehen des Menschen, aber den Sohn als ein Wesen, das iede Ruchlosigkeit in Schutz nehme, oder doch um ein Beträchtliches gelinder sei, und bei welchem es sich schon durchkommen lasse.

Zu solchen rohen Vorstellungen, tragen die grotesken Beschreibungen von der Versöhnung der Menschen mit Gott durch Christum, das Ihre sehr bei. Denn, wenn von dieser Versöhnung gepredigt wird, so geschieht es häufig so als sei an eine vorhergegangene Feindschaft zu gedenken, und zwar an eine so eigentliche, als sie bei einem erbitterten Menschen nur immer statt findet. Mahlt man doch das Wohlgefallen Gottes an Leiden, Blut und Tod, mit solchen grellen Farben, daß das arme Volk Gott nothwendig für das blutgierigste Wesen ansehen muß. Hätt' es auch das noch nicht, durch leichte Schlüsse über sich erhalten können, so sagte man es ihm gradezu, daß der Zorn Gottes nur durch Blut und Tod, und anders nicht, hätte gestillt werden können — auf keine andere Weise hätte er uns gnädig sein können noch mögen. Und doch konnte man es dabei reimen, daß Gott schon vorher, so die Welt geliebt hatte, daß er seinen Liebling gab u. s. w.

Wie man sich auch immer die Lehre von Christi Erlösung vorstellet, so sollte sie doch auf keine Weise, mit solchen schrecklichen Bildern ausgemahlt

mahlt werden. Denn, wenn zu diesen Bildern noch die von Gottes Zorn, Rache, Feuereifer und ähnliche kommen; so kann sich der Christ von seinem Gott kaum eine bessere Vorstellung machen, als die sich der Indianer von seinem bösen Geiste macht — ein Wesen, das ihn erzittern macht, wenn er an dasselbe nur denkt, das stets auf seinen Untergang lauert, und auf sein Verderben bedacht, bei iedem Blitzstrahl ihn zu zerschmettern droht. Man kann bald erachten, wie sehr der Geist des Christenthums, und dessen wahrer Sinn bei solchen Beschreibungen leiden müssen. — Hat der Mensch, gezwungen durch alle mögliche Künste der Beredsamkeit, die noch dazu sich nirgends besser anwenden lassen und nirgends mehr wirken, als bei solchen sinnlichen Beschreibungen, — hat er endlich gelernt vor seinem Gott zittern, wie soll er denn in dem Herzen, das die Furcht ganz erfüllt, noch für Vertrauen, für Liebe, für herzliche Anhänglichkeit an Gott Raum übrig haben. So mag man immer zu andern Zeiten wieder davon reden, wie gut es sei überall auf Gott zu trauen; der gutmüthige Mensch fühlt das wohl, wie wahr das gesprochen wäre; er wünscht es zu vermögen — aber es wird seinem Herzen, das nur sklavisches Zittern kennt, unmöglich.

Nicht genug, daß man durch solche Beschreibungen vom Leiden und Tod Christi, zu den schädlichsten Begriffen von Gott und seinen Absichten Veranlassung giebt; so läßt man auch, auf einer andern Seite, die schönsten Anwendungen dieses Todes, so wie sie Paulus im 6ten Kap. des Briefs an die Römer macht, als die unfruchtbarsten unberührt, und weißt kaum mit dem kleinsten Fingerzeig, darauf hin, welche trefliche Ermunterungen

zu

zu einem bessern Leben in diesem Tode Christi enthalten sind, und läßt es unerwähnt, wie abscheulich die Sünde sein müsse, wenn sie den Tod dieses Frommen verursachte.

Zurechnung der Sünde Adams.

Hat man dem Zuhörer, durch iene angeführten monstrosen Begriffe von Gnade, Glauben und Leiden Christi, den schrecklichen Wahn beigebracht, als sei er dennoch, aller seiner Fehler und Vergehungen ohnerachtet, ganz straflos: so scheint es beinahe, als suche man auf der andern Seite, durch eben so monstrosen Begriffe, von der Zurechnung der Sünde Adams, das wieder ins Gleichgewicht zu bringen. Hätten auch die gewöhnlichern Vorstellungen dieser Lehre, in den klaren dürren Worten der H. Schrift, eben so viel Grund, als unsere Lehrbücher, und vielleicht noch mehr, unsere Prediger vorgeben: so bliebe es immer noch eine große Frage, ob sie vorgetragen werden müßte, wenn nemlich der Schwierigkeiten dabei zu viel und die Verwirrungen zu groß sind, als daß man sich ie die Hofnung dürfte beikommen lassen, sie dem Volke gehörig aufzulösen. Das aber bleibt gewiß keine Frage, ob man nicht durch die besondern Gründe, womit man diese Lehre rechtfertigen will, die Sache noch ärger und unauflöslicher mache? Man spricht es einem Tertullian, einem Augustin und den Scholastikern getreulich nach, daß die Menschen alle mit einander selbst in Adam gewesen wären, und also billig seine Sünde ihnen imputirt würde, da sie selbst als Urheber derselben anzusehen wären. — Oder aber Adam sei das Bundeshaupt des ganzen Menschengeschlechts gewesen —

ein

ein erheblicher Beitrag zur Bundestheologie, sogar ein ganzer Theil derselben! — und also was er gefehlt, müßten wir billig büßen — oder man nimmt zur scientia media seine Zuflucht, und behauptet, Gott hätte vorhergesehen, wir würden es alle eben so machen wie Adam — oder sie würde ihnen deswegen zugerechnet, weil sie alle ihrem Stammvater nachahmten, und vielleicht wohl gar, (wieder vorzüglich mit Augustin) Gott könne nach Gefallen die Sünden Adams zurechnen, wie er wolle, denn bei Gott sei es mit dem was Recht und Unrecht hieß, gar eine andere Sache, als bei uns Menschen — das müßte es denn freilich wohl sein!

Der Gedanke kommt uns von selbst entgegen, wie wenig sich wohl von Menschen erwarten lasse, denen der reine Wahrheitssinn so weit verunreinigt ist, daß sie bei solchen Lehren nichts mehr fühlen, was sich gegen dieselben strebt! Trefliche Lehrer fürs Volk! — Hört der Laie solche triftige Gründe, für eine Lehre, die ihm ohne dieselbe, schon schwer genug ist, was soll er davon halten? was soll er darunter verstehen, daß er in Adam gewesen sei? Je wunderbarer ihm das scheinen muß, desto mehr bestärkt es den Gedanken, eigentliche Einsicht im Christenthum, gehöre nur für die Gelehrten. Oder was dabei denken, daß Adam auch sein Bundeshaupt sei gewesen? Woher denn und mit welchem Rechte? Wer hat ihm diese Stelle gegeben? Und wenn es wäre, wie muß es ihm dünken, daß Gott so fest auf einem solchen Vertrag halten will? — daß ers an Adams Stelle eben so gemacht haben würde? Wahrhaftig, das scheint ihm sehr besonders — zumal nach seinen Vorstellungen, wo es ihm unmöglich schwer vorkommen

kommen kann, mitten in dem fruchtbarsten Garten, sich des Genusses von den Früchten eines einzigen Baums zu enthalten. Daß es mit Recht und Unrecht bei Gott gar anders beschaffen sein solle? — Wenn das Wahrheit ist, wie schrecklich wäre diese Wahrheit!

Bei solchen Vorstellungen muß der Zuhörer ganz verwirrt werden, zumal da man auf seine Zweifel keine Hinsicht nimmt, weil man — keine Antworten und Befriedigungen dafür hat, und schon alles meint gethan zu haben, wenn man nur eine oder die andere vorgebliche Ursache der Zurechnung, aus irgend einer Schriftstelle herauskünstelt, um den Gegenstand — dunkler zu machen — oder der Zuhörer hat gar keine Aufmerksamkeit, für Predigten über solche Gegenstände. Man braucht sich kaum zu besinnen, welches von beiden zuträglicher sei. Denn in welchem Licht, steht auch bei diesen Lehren wieder, Gottes Wohlgefallen an Strafen? Scheint es nicht so, er rechne darum zu, damit er nur verdammen könne? —

Zwar, hin und wieder fühlt man wohl die Härte solcher Vorstellungen, und suchte sie dadurch zu mildern, daß uns auch Christus Verdienst zugerechnet würde. — So käme die Schuld des einen mit dem Verdienst des andern ins Gleichgewicht. So mußte es aber auch dem Zuhörer, der nur ein wenig länger bei Betrachtung dieses Gegenstandes verweilte, genau so scheinen, als wäre die Zurechnung des einen und des andern blos deswegen, damit eine Abrechnung gehalten werden könne, wo sich eins mit dem andern aufhebt. Man denke aber, was erst alsdenn aus dem Laien werden muß, wenn ihm vielleicht in der nehmlichen Zeit, da ihm sein Prediger auf der Kanzel diese

Vorstellungen macht, solche deutliche Schriftstellen aufstoßen, oder lebhaft erinnerlich werden wie diese: — Der Sohn soll nicht tragen die Missethat des Vaters, und der Vater soll nicht tragen die Missethat des Sohnes u. s. w. — oder Röm. 2, 6. und wenn er da die Worte: einem ieglichen — nach seinen ꝛc. in genauere Ansprache nimmt? — Gewiß ein Labyrinth, wo er zum Herausfinden keinen Führer hat. Geräth er vielleicht zu solchen Zeiten in die Kur eines Spötters, eines Raisonneurs, in welcher Gefahr wird er schweben!

Methode beim Bekehrungswerk.

Dadurch, daß Prediger die Manier, wie der Mensch zu der Besserung kommen müsse, nach den Kompendien, unabänderlich bestimmen, ist gewiß nicht wenig Unheil angerichtet worden. Nach der Erkenntniß der Sünden, soll eine Zerknirschung und Zermalmung des Herzens hervorgebracht werden. Man spricht von einer heilsamen Traurigkeit und Reue, vielleicht gar von einer heilsamen Verzweiflung, die man, nach Vermögen, aufs fürchterlichste beschreibet. Eine Angst der Seelen mit heftigem Entsetzen, Bangigkeit, ein unruhiges, scheues, aufgejagtes Gewissen, schreckliches Zittern vor dem Zorn Gottes, ein Lager mit Thränen überschwemmt, rastlose fürchterliche Nächte, und was sonst noch die stark entflammte Einbildungskraft des Predigers von fürchterlichen Dingen hinzuzusetzen für gut findet, können bei diesen Vorstellungen alle recht gut gebraucht werden. Dies wäre indessen zu verzeihen als poetische Prose: aber das ist unverzeihlich, daß man in vollem Ernst, alle diese Stücke, zu sehr wesentlichen Erfordernissen

sen eines rückkehrenden Verirrten macht — denn man fand es an David so. Der arme Zuhörer senkt demnach auch in ganzem rechten Ernst, an eine eigentliche grausenvolle Bangigkeit seines Herzens, wobei ihm die Haare zu Berge stehen müssen, und an einen Zustand der alles in sich schließt, was die Natur von Furchtbarkeit und Schrecken hat. Bei den Gemüthern, die von dem gährenden Dunst der Imagination leicht erhitzet werden konnten, die sich auch wirklich grober Vergehungen bewußt waren, gelang es auch zuweilen, durch ein gewisses Anhalten, ein Gefühl hervorzubringen, das die Beschreibungen zwar nie übertraf, aber doch beinahe erreichte. Diejenigen hergegen, sind schlimm daran, denen das nicht glücken wollte. Sie haben nie das Weib ihres treusten Dieners oder Freundes geschändet, nie einen rechtschaffenen Menschen meuchlings ermorden lassen — ihre Fehler sind ganz gewöhnliche, alltägliche Menschenfehler, und der größte Theil derselben kaum von ihnen selbst bemerkt, und ihr Nervensystem, von so feinem Stoff nicht gewebt, daß sie auch bei der leisesten Berührung schon in heftiges Zittern gesezt wären. Und doch, ihre Gutmüthigkeit wollte diese fromme Traurigkeit so gern erzeugen — sie geben sich die äußerste Mühe darum, sie wenden alles an was sie wissen — aber sie wissen hier freilich nur sehr wenig — und verfallen wohl gar in eine Art wirklicher Verzweifelung, weil sie die künstliche, heilsame, nicht hervorbringen können. Man sagt wenigstens, von einem Schulmeister, daß er sich ins Messer gestürzt habe, weil er auf keine Weise die desperationem salutarem bewirken konnte. Ist diese alte und bekannte Erzählung erdichtet, so ist die Dichtung wenig-

wenigstens so ganz unwahrscheinlich nicht. Wie weit müssen es die Prediger in Verleugnung ihrer selbst gebracht haben, die sehr treuherzig diese Erfordernisse ihren Zuhörern, als die ersten und nöthigsten vorstellen können, da sie doch weder die H. Schrift verlangt, noch auch Gott verlangen kann, der selbst die Verschiedenheit der menschlichen Seele und ihrer Gefühle nach so unendlich mannichfaltigen Abstufungen schuf. Man ist sogar so weit gegangen, daß man Zeit und Stunde bestimmen wollte, wenn, nach vollendeter Traurigkeit, die Gnade zum Durchbruch gekommen sei, und das geschahe gewiß nicht allein von einigen Pietisten oder Mitgliedern der Brudergemeinden. Wenn Prediger selbst — denn ich habe einen dergleichen gekannt — auf der Kanzel Zeit, Stunde und Minute bestimmten, in welcher sie die Gnade ergriffen hätte, und wie unbeschreiblich das Gefühl sei, das sie da gefühlt hätten, welche Begriffe mußte das Volk sich von Besserwerden machen? Und wozu am Ende all der Jammer und die Höllenpein? — Damit Gott bewegt werde zu vergeben? Warlich ein schrecklicher Gott! Damit der Mensch gebessert werde? — Aber Traurigsein ist gewiß noch keine Besserung, wenn es auch eine Art Buße sein mag. — Es schien beinahe alles nur darum, damit der Mensch getröstet werden könne, man hätte ja sonst nicht gewußt, was man mit den Verheißungen des Evangeliums machen sollte. Dabei hielt man ferner streng darauf, daß alle Traurigkeit nur aus dem Gesetz kommen müsse, nicht aus dem Evangelium. Der arme Zuhörer der nicht einmal, die, oft so willkührlichen Unterschiede, zwischen Gesetz und Evangelium kennt — denn er hat ja kein theologisches Kompendium gelesen,

weiß

weiß gar nicht, wozu das alles dienen soll, und
warum es nicht anders sein dürfe: Er wird um so
mehr irre, wenn sein Prediger ein wenig das Ge=
genpart andonnert, wie es z. B. bald nach Luthern
geschahe, wo alle Kanzeln davon ertönten, ob das
Evangelium auch eine Predigt der Buße sei. Man
sagt dem Zuhörer weiter nichts, als so sei es der
Ordnung gemäß. So will man alle Menschen in
einerlei Form auch hierin bringen, und für alle die
tausendfältig verschiedenen Lagen, Umstände, Ge=
müther und Empfindungen, einerlei Maaßstab se=
tzen, nach welchem die Buße erzeugt werden müsse.

Gelingts dem Zuhörer, diese überspannte Trau=
rigkeit, eine Zeitlang hervor zu bringen, so hält
er sich, auch bei allen noch herrschenden Fehlern,
für gebessert, und rühmt das große Werk Gottes
an seiner Seele, und denkt an den steten successi=
ven Wachsthum im Guten auch nicht im minde=
sten. Der Gutmüthige aber, dem es alles Ern=
stes ohnerachtet doch nicht gelingen wollte, geht
in tiefem Trübsinn über sein verstocktes Herz da=
hin, und der Leichtsinnige wird gegen alle Besse=
rung gleichgültig, weil sein Herz ihm sagt, wie
unnatürlich sie sei, oder er wartet ruhig, bis sich
der Zeitpunkt von selbst einstellen werde.

Vernunft u. a. m.

Was das Verschreien der Vernunft auf den
Kanzeln, das ebenfalls noch häufig genug gehört
wird, für Folgen haben kann, ist leicht abzusehen.
Immer noch die alte Melodie, daß sie unterdrückt,
und unter den Gehorsam des Glaubens gefangen
werden muß, welches man nemlich mit dem Un=
terdrücken für einerlei Sache hält, — der Teufel
kann

kann sie drehen wie er will, und sich hinter derselben verbergen. Im Grunde enthalten diese Meinungen weiter nichts, als übertriebene Folgerungen aus dem Satz, daß die menschliche Vernunft, eben weil sie Menschenvernunft ist, nicht untrüglich wie ein Gott sein könne. Wollte man auch dieses Uebertriebene ungerügt lassen, so verdient es desto mehr Rüge, daß man kaum anders, als vorsätzlich, den verderblichen Einfluß desselben auf die Menschen und ihre Handlungen übersehen konnte. Aber es hat freilich seine guten Ursachen, warum dieses Verlästern der höchsten und edelsten Gottesgabe, so fleißig von den Kanzeln gehört wird. Jeder Einwurf gegen Meinungen des Systems, der zu wichtig, ieder Zweifel, der zu kritisch scheint, kann mit nichts besser abgefertigt werden, als damit, daß die Vernunft in Glaubenssachen schweigen müsse, (und man vergißt denn doch dabei sehr weißlich, daß die meisten Glaubenssachen, auch Gegenstände der Erkenntniß sind, und folglich in tausend Hinsichten fürs Forum der Vernunft gehören) und iede Thorheit und ieder unüberlegte Einfall konnte damit gerechtfertigt, und so leicht gerechtfertigt werden.

Würden die Menschen ia anfangen, ganz nach solchen Vorstellungen zu handeln, gewiß es würden bald keine Spuren von Vernunft übrig bleiben: — zum Glück aber ists bei dem besten Willen nicht immer möglich, sich durchaus darnach zu fügen. Aber doch höchst mistrauisch werden gegen alles was Vernunft und vernünftig heißt, das Gute unterlassen, was die Vernunft zu fordern scheint, alles fruchtbare Nachdenken über die grossen Wahrheiten des Christenthums ersticken, und mithin das ganze Christenthum unnütz, alle religiöse Handlungen dadurch in leere Cerimonien ohne Endzweck und Erfolg, und alle Uebung in guten Wahrheiten und Lehren des Christenthums, in ein bloßes Geschwätz umwandeln; in Warheit, bis dahin kann man leicht und bald kommen. Hat man nun erst einmal den guten Laien so weit, daß ihm alles, was aus der Vernunft kömmt, in einem gewissen Grade verdächtig ist, so kann man ihm alles glauben machen, was ein frommer Unverstand hersagt; so wird sogar Vernunftlossein das Siegel zur Beglaubigung für alle den Kram, den ein unwürdiger und unwissender Priester, für Jesus Christus göttliche Lehre verkauft.

So kann nun freilich der Laie nichts haben, was ihm als Prüfstein zur Absonderung des Wahren und des Falschen brauchbar wäre, nichts als das Wort seines Pfarrers, denn die H. Schrift, die er liest, was wird sie ohne Gebrauch seiner Vernunft ihm sein?

Wären die Vorstellungen über die Trüglichkeit und Schwäche der Vernunft nur dazu gebraucht, um für dem Misbrauch derselben zu warten — aber freilich dürfte es alsdenn erforderlich sein, ein wenig bestimmter und richtiger anzugeben, als vielleicht bisher nicht geschehen ist, worin der Misbrauch derselben bestehe — wer würde das tadelhaft finden? Aber wenn man alle Grenzen so weit überschreitet, daß vielmehr ein völliges Vernunftlossein eingeführt wird, wer kann das entschuldigen wollen?

Man beweißt mit der Vernunft, daß die Vernunft nichts taugt. Gewiß wird sich diese Meinung, in besonderer Anwendung auf den Beweisenden, sogleich dadurch rechtfertigen, daß man die
Un-

Untauglichkeit seiner Vernunft aus seinen Beweisen wohl wahrnehmen kann.

Vielleicht giebt es noch Prediger, die es für gotteslästerlich ausschreien, wenn man sagen wollte, daß diese, auf Unkosten der Vernunft gehaltene Predigten, den Glauben an Gespensterkeien und Hexereien und an tausend abergläubische Albernheiten in einem großen Werth erhalten haben. Und doch ist wohl nichts gewisser als das. Hat man einmal seine Vernunft so weit verleugnet, daß man ihr beständig mistrauet, so wird man bald die grossen Widersprüche reimen können, wenn sie nur ein Mann beglaubigt, der bei seinen Zuhörern in einem gewissen Ansehen steht, und die gute Meinung vorfindet, daß er die Wahrheit liebe. Hierbei thun freilich die gewöhnlichen Vorträge, über die Wirkungen des Teufels das Ihrige. Denn anstatt zu lehren, daß eben darin eine sehr große Wohlthat Jesu Christi liege, daß er uns erlöset habe von der Furcht für dem Teufel und der Gewalt desselben, und sich hiebei zu begnügen: so macht man sich vielmehr ein Hauptgesetz daraus, die Versuchungen des Teufels und seine Nachstellungen bei den Frommen in einem stechenden Licht darzustellen, neben welchem das Verdienst Christi von Befreiung dieser Furcht, in einen dunkeln Schatten zu stehen kommt.

Zwar hat wohl kein Dogmatiker gradezu behauptet, der Teufel könne so nach Willkühr mit unserer Moralität schalten und walten; aber auf der Kanzel spricht man so bestimmt und in solchen sichern Ausdrücken, daß nothwendig der Gedanke erregt werden mußte, der Teufel könne nach Gefallen den Menschen in alles Böse stürzen, und um Seel und Seeligkeit bringen. — Wieder eine

Entschuldigung mehr, für den rohen Menschen, der nun alle seine Sünden den Versuchungen des bösen Feindes zuschreibt, welchen er, als schwacher Mensch, doch unmöglich widerstehen kann, was man ihm auch immer von Widerstand gegen denselben sagen mag. Dabei weiß er auch nicht, wie er die Versuchungen des Satans, von denen die aus seinem eigenen Herzen und Trieben herkommen, unterscheiden soll!

Hat der sinnliche Mensch in allen diesen erwähnten Lehrvorstellungen, noch nicht sattsame Bestärkung im Bösen, und hinlängliche Beruhigung auch wegen seiner ärgsten Laster, so kommen ihm seine Begriffe von Beicht und Absolution, und seine Meinung von der Gewalt des Predigers Sünde zu vergeben, außerordentlich zu statten. Wenn auch Prediger durch unvorsichtige Ausdrücke diese Volksmeinungen nicht beförderten, so wärs schon Verschuldung genug, daß sie denselben nicht aus allen Kräften entgegenarbeiten. Der Lasterhafte glaubt dennoch weiter nichts thun zu dürfen, als alle Quartal die Paar Groschen dran zu wagen, um eben so weit zu kommen, als hätte er aufs rechtschaffenste gelebt. Wer das Volk kennt, der wird wissen, daß es beinahe überall so denkt, und was aus einer solchen Denkart entstehen könne, liegt deutlich genug am Tage.

Man kann ohne Mühe erachten, was aus der Religion eines Volks werden muß, das sich den größten Theil seiner Religionsbegriffe, Meinungen und Vorstellungen aus solchen Beschreibungen hernehmen soll. Nicht genug, daß viele, zum Theil hier angegebene Lehren, ohnehin schon — selbst bei den genauesten Bestimmungen guter Kompendien, — immer dunkel genug bleiben, und bei

der

der größten Behutsamkeit kaum vermieden werden kann, daß die Unwissenheit und Roheit für ihre Begierden nicht Vorschub und Schutz darinnen finden sollte; wie dunkel für den Verstand, und doch wie gefährlich für die Moralität des Menschen müssen sie erst dann werden, wenn sie durch unwissende Prediger, oder durch ihre unbehutsamen und nachläßigen Vorträge, die möglichste Verunstaltung und die höchste Verwirrung erhalten. Gewiß sind sie eben für den Verstand des Volks das, was die Fäden eines verwirrten Knauels für eine ungeschickte Hand sind. — — Durch die ungewohnte, saure, und eben darum widrige Mühe sie aufzulösen, nimmt die Verwirrung nur noch immer mehr zu.

Auf diese Weise kann demnach, wie man sieht, das Volk nimmermehr zu einer gleich deutlichen als richtigen Erkenntniß seines Christenthums kommen, und so kann sein Herz und sein Leben den wohlthätigen Einfluß davon nie erfahren, auf welchen man sichere Rechnung, unter günstigern Umständen, machen dürfte. Ist auch irgendwo ein wahrer richtiger Begrif, von einer Wahrheit oder Lehre, so wird er durch den Haufen der halbwahren, dunkeln, verworrenen, oder ganz falschen Vorstellungen, ganz erstickt und in seiner ausgebreiteten Wirksamkeit gehindert.

Eben diese, ihrem Gehalt nach so verschiedene Vorstellungen, nebst einigen wenigen, einzeln betrachtet, richtigen Begriffen und einer großen Menge leerer Töne, die sich durch das oftmalige Hören auch wohl in dem unglücklichsten Gedächtniß festsetzen mußten, machen leider das ganze Christenthum des großen Haufens. Haben Prediger an diesem entstellten Christenthum des Volks selbst

Schuld,

Schuld, so haben sie auch Schuld daran, daß ihr Amt so wenig bessert.

Es ist wohl begreiflich, wenn das Predigtamt den Menschen bessern soll, so müßte es ihm sehen lassen, daß es ihm möglich sei, besser zu werden, und daß er dadurch für seine wahre Glückseeligkeit unendlich gewinne, und daß er beim Gegentheil sich nie so gut befinden könne. Man vergleiche hiermit, was wirklich geschieht! Um den Menschen zu einem guten frommen Wandel zu bringen, so stellt man ihm fleißig vor, fromm und gut zu sein, sei er gar nicht im Stande, und vermöge darzu mit allen seinen Kräften nichts, denn die Menschen sind böse von Jugend auf immerdar; und anstatt ihn durch das Beispiel großer und würdiger Menschen aufzumuntern, sagt man ihm: sie sind alle abgefallen und abgewichen, da ist keiner der Gutes thue auch nicht einer — das scheint allerdings sehr biblisch! — da ließ sich freilich keiner beikommen, besser sein zu wollen, als die andern allzumal: — um ihm wissen zu lassen, daß er durch Christuslehre am leichtesten lernen werde, fromm und gut zu sein, so sagt man ihm, daß er gar nichts Gutes fassen und begreifen könne in göttlichen Dingen, denn der natürliche Mensch vernimmt nichts vom Geiste Gottes, es ist ihm (sogar) eine Thorheit — um ihm Sinn und Wärme für den Werth der Tugend und Rechtschaffenheit beizubringen, muß man ihm oft vorhalten, daß alle seine guten Handlungen nichts taugen, als ihn allenfalls noch verdammlicher zu machen — denn wir haben eitel Strafe verdienet: und um ihn von Sünden abzuhalten, muß ihm am allerfleißigsten vorgetragen werden, daß es mit seinen Sünden auch gar nichts zu sagen habe, wenn er sich

sich nur im Glauben an das Verdienst Jesu Christi halte! — Alle Welt weiß, wie häufig unverständige Prediger solche Vorstellungen auf die Kanzel gebracht haben und noch bringen, ohnerachtet sie weder Schrift noch sonst ein mittelmäßig gutes Lehrbuch dazu berechtigt. Wollten ie die Menschen ganz darnach handeln, sie müßten Alle Ungeheuer in Bosheiten werden, die zum Entsetzen der wenigen bessern Menschen lebten. Daß sie es nicht werden, hat man den guten und starken, obgleich dunkeln und geheimen Gefühlen von dem Unnatürlichen solcher Vorstellungen, einer gewissen Ehrliebe, oft der Furcht vor bürgerlichen Ahndungen und der ganzen dermaligen Lage der Dinge zu verdanken, wo man mit notorischer Bosheit doch nie sein Glück macht. Dies schadet indessen nicht, daß er nicht auf tausend Arten das alles für seine Sinnlichkeit und für seine Vergehungen und Thorheiten misbrauchen sollte. Zwar sein Gefühl wiederspricht diesem Misbrauch und warnt ihn; aber nur leise. Er achtet demnach wenig darauf. Wollen auch itzt verständige Prediger diesen Vorstellungen entgegenarbeiten, so wird bei ihren ältern und seit vielen Jahren an dieselbe gewöhnten Zuhörern, auch bei den angestrengtesten Bemühungen nicht viel können ausgerichtet werden, wo ihnen nicht die völligste Aufmerksamkeit derselben und das eifrigste Nachdenken zu Hülfe kommt. Wer wird aber darauf so lange rechnen können, als dem Zuhörer das Thätigsein seines Verstandes unendlich mehr kostet, als die Uebung des Gedächtnisses, im Aufbewahren längst bekannter und angenehmer Meinungen. Der größere Theil hält ohnehin dafür, diese Dinge lägen zu weit außer seinem Gesichtskreise, als daß er sie sich näher ins Licht stellen,

len, sie prüfen und sehen könne, was, und wie viel daran sei. Auch erlaubt es seine vorher gesammelte, wenige und magere Erkenntniß nicht leicht; so wie ihm auch bald seine Meinung, von Tödtung der Vernunft, alles weitere Untersuchen verleidet. Sein voriger Prediger, der vielleicht noch obendrauf den guten Ruhm eines rechtschaffenen und geschickten Mannes hatte, wird doch die Sache auch wohl verstanden haben, und sie stimmen ia auch aufs genaueste mit dem, was er als Knabe schon aus seinem Katechismus gelernt hat. Man rechne noch das mit ein, daß er solchen Lehrvorstellungen um desto williger anhängt, ie wärmer und heftiger sie ihm vorgetragen, ie mehr, im bittern Eifer, dieienigen mit Verdammungsurtheilen bedonnert, und als Menschen beschrieben wurden, die der Satan treibe und führe, und am Ende ins höllische Feuer stürze, deren Meinungen von denselben abwichen. Auf der einen Seite hält er also iede Abweichung für höchst gefährlich und seelenverderblich, und auf der andern, findet er in seinem Herzen so viele Fürsprache, diese Vorstellungen als Gottes große und heilige Wahrheiten anzuerkennen. Er, der Sinnliche, der seinen Himmel nur in der Befriedigung seiner Begierden sucht und keinen andern begehren würde, könnte er immer diesen haben, wird nicht lange über die Wahrheit oder Unwahrheit derselben, Sprache mit sich selbst halten. Genug, daß sie seinem Herzen so erwünscht kommen, seinen Neigungen schmeicheln, sein Vergnügen, wo ers auch suchen möge, wenigstens nicht stören, wo nicht befördern, und ihn gegen die Folgen seiner Verirrungen oder Ausschweifungen decken, aufs mindeste doch gegen die lezte fürchterlichste Folge derselben, — gegen den

Verlust einer ewigen Seeligkeit, oder, — da ihm dieser Verlust, wohl so sehr am Herzen nicht liegt — besser zu sagen, gegen die fürchterlichen Strafen der Hölle. Hat er auch nur eine oder andere dieser Vorstellungen aufgefaßt; so ist sie hinlänglich, alles genannte Unheil anzurichten; hat er deren aber mehrere, so wird das Uebel noch ärger. Die wenigen andern Vorstellungen, die ihn irren könnten, sucht er mit diesen zu vereinigen, so gut es gehen will, oder sie kommen bei ihm gar nicht in Betracht, wenigstens wird er diese weit eher aufgeben, als iene, die ihm so lieb und theuer sind. Er weiß sie so zusammen zu stellen — wie ließe es sich auch anders erwarten? — daß er mit allen seinen Vergehungen nicht blos straffrei durchkömmt, sondern noch die süße Hofnung hat, sich für einen Gott sehr angenehmen Menschen zu halten, dem es unmöglich übel gehen könne. Er vertraut ia gar nicht auf seine Werke, er will damit nichts verdienen, er wartet auf die Gnade, er glaubt an seinen Erlöser und an sein Verdienst; er ehrt ihn noch dazu durch seinen Gesang, sein Kniebeugen, seinen Kirchenbesuch, sein Abendmahlgehen u. s. w. — Alles reimt sich bei ihm recht wohl mit seinem sittenlosen Betragen. Wem diese Beschreibungen übertrieben scheinen, der gehe hin und lerne das Christenthum des gemeinen Mannes.

Wenn nun diese die Gewichte sind, wodurch die große Uhr der menschlichen Moralität bewegt wird, wie irregulär muß diese Bewegung sein! Laßt uns hierzu noch rechnen, daß dieienigen Lehren, welche man als Gegengewichte hätte gebrauchen können, um die Wirksamkeit der erwähnten unschädlicher zu machen, beinahe in den Kanzelvorträgen vergessen wurden. Es ist gleich, mit Entstehung des Lutherthums, Sitte gewesen, nur diejenigen Lehren dem Volke vorzutragen, die durch die Streite mit den Gegnern mehr Ausbildung und Gewicht erhalten hatten. Gleich nach Luthern klagt ein alter Schriftsteller darüber: 22) „Nun „unter dem Evangelio," sagt er, „will der „Teufel abermal ein Stück der Lehre hinweg„nehmen, daß man allein von Gottes Gnade „und Vergebung der Sünden predige, die Leu„te allein tröste, und mit der Predigt der Buße, „und der Lehre des Gesetzes verschone. : : : : „Und daher," setzt er hinzu, „findet man heu„tiges Tages, Lehrer und Zuhörer, die dem „Teufel hierin sehr förderlich sind." Es ist leicht zu begreifen, daß sie von dieser Zeit an, in den Lehrbüchern und auf den Lehrstühlen der Akademien die wichtigsten blieben, an deren Ausbildung man allen Fleiß und Mühe wandte, mithin aber auch auf den Kanzeln als die wichtigsten fast allein vorgetragen wurden, zumal, da sie auch zugleich die geläufigsten und bekanntesten waren. Wären die Menschen wirklich gewesen, wie sie in der Vorstellung der Theologen und Prediger wären, Stolze, Selbstsüchtige, oder Verzweifelnde und tief Bekümmerte, so dürfte man es verzeihlicher finden, daß nur immer diese Lehren hervorgezogen wurden, die auf Beruhigung und Sicherheit hinausliefen. Wenn sie es aber nicht waren, so mußten dieselben, auch bei ihren meisten Vorstellungen, mancherlei Schaden thun, so ging aufs mindeste der gute Einfluß der Lehren die vergessen wurden, ganz verloren — ein Verlust der um so mehr

---

22) Erasmus Sarcer in seinem Buch von der Kirchendisciplin.

mehr beklagenswerth ist, iemehr manche dieser Lehren das Verdienst eines wirksamen Einflusses auf die Besserung und Veredlung der Menschen in einem hohen Grade haben. So ist vielleicht, halbe Jahrhunderte hindurch, nur äußerst sparsam daran gedacht worden, die große auf Glück, Leben und Moralität so wirksame Lehre von Gott, seinen Eigenschaften, Willen, wohlthätigen Absichten und Verhältniß gegen die Menschen, dem Volke anschaulich, sichtbar und anwendbar zu machen. Man ging schon, ehe noch Baier kam, weiter als er, und ließ diese ganze Lehre aus den Vorträgen hinweg, ob sie gleich die erste ist, die der Mensch und der Christ wissen muß, und man nie genug erwägen kann, daß die Sicherheit und Güte aller andern dadurch geschützt wird — er behauptete doch nur, daß das Dasein Gottes bei den Christen füglicher voraus zu setzen sei, als erforderlich es zu beweisen. Daraus mochten seine Schüler leicht folgern, es sei durchaus überflüssig, auf den Kanzeln darüber zu lehren. Mit wie vielen andern heilsamen Lehren mag es nicht besser gegangen sein! Man darf darüber nur unsere Predigtbücher ansehen.

Ueberhaupt würde das Predigtamt nutzbarer werden, wenn, mit Hinsicht auf die iedesmaligen Bedürfnisse der Zuhörer, vorzüglich diejenigen Lehren, nach ihren verschiedenen Seiten und Anwendungen vorgetragen würden, die den Menschen bessern, — zum Guten stärken, und, ohne ihn sicher zu machen, beruhigen. Der größere oder geringere Einfluß einer Lehre auf die Moralität der Menschen, würde, im Allgemeinen, angeben, wie häufig oder wie selten dieselbe vorgetragen werden müßte, so wie auch die besorgliche Gefahr der

Misdeutung und des Misbrauchs gewisser Lehrvorstellungen, den Prediger, nächst der äußersten Behutsamkeit bei ihrem Vortrag, auch dahin bestimmen würde, dieselben nicht allzuhäufig vorzustellen. Der, freilich, wird hier anderer Meinung sein, den die Einbildung noch nicht verlassen hat, es sei alles gleich gut, zur Zucht, Lehre, Besserung und Ermahnung, wenn es nur Gottes reines Wort sei. Der würde aber auch behaupten müssen, daß für jede Art Kranken, alle Arzeneien einer Officin gleich gut wären, und von allzuhäufigem Gebrauch der besten, selbst für Gesunde nichts zu befahren sei.

Aus jenen Vorstellungen von Gnade, Glauben u. s. w. wird sich auch abnehmen lassen, was man von dem Wahrheitssinn, von der Vorsicht, von der Behutsamkeit vieler Prediger, und von ihrer Bekanntschaft mit der Denkart der gewöhnlichen Menschen, bei den Vorstellungen mancher andern Lehren, und mithin auch von dem Einfluß derselben auf die Zuhörer, zu erwarten habe. Zur Probe, fügen wir nur noch einiges über die Lehren von Himmel, Hölle und der geistlichen Vermählung mit Christo, oder der mystischen Vereinigung mit ihm, bei.

Die Vorstellungen vom Himmel, die von der künftigen Seeligkeit, sollen diejenigen sein, die den stärksten Antrieb zum Guten enthalten, das unermüdsamste Streben nach Rechtschaffenheit und Tugend aufregen und verstärken — ein Mittel Duldsamkeit zu fördern — eine Quelle den heissen Durst des frommen Leidenden nach Trost zu löschen — und die lezte sichere Stütze, die Hofnung zu stärken — oder den Muth aufrecht zu erhalten, der mit tausend schweren Widerwärtigkeiten

keiten zu kämpfen hat. Daß sie das alles werden können, wird wenigen ungewiß sein, wenn nemlich diese Vorstellungen nichts enthalten, was dem Menschen und seiner Denkart unangenehm, oder ganz zuwider ist, und folglich, statt den Wunsch nach einem bessern Leben zu erregen, nicht viel mehr Gleichgültigkeit, Kälte und Verachtung dagegen erzeugen. Ob nicht viele, der seit langen Zeiten hier gewöhnlichen Vorstellungen, nichts dergleichen enthalten, kann man bald sehen. Die Hauptsache nemlich, worin man die Freuden des Himmels sezt, sind das seelige Anschauen oder Sehen Gottes durch alle Ewigkeit, welches man noch dazu, sehr unverständig, durch „ewiges Anschauen" ausdrückt, das Stehen vor dem Throne Gottes mit allen Auserwählten, wovon man so viel geredet hat, als hätte man die Erfahrung davon gemacht, — die genäueste engste Vereinigung mit Gott — das Sehen Jesu Christi, und das Umarmen und Küssen desselben in tausend Wiederholungen — ewiges Ausruhen von allen Arbeiten — dazu kommen noch, sei es nun aus Anhänglichkeit an eine gewisse Parthei und aus Misverstand einer solchen Anwendung der Offenbarung Johannis, oder sei es das hinreissende dichterische Feuer das sein Gemälde recht glänzend darstellen will, eine schöne Stadt mit Perlenthoren, Gassen mit Edelgestein gepflastert und so genau beschrieben, daß sie in Kupfer kann gestochen werden, Kronen auf den Häuptern und Palmenzweigen in den Händen, und Angethansein mit weissen Kleidern u. s. w. Dies sind die Beschreibungen, wodurch man seinen Himmel recht reizend, das Verlangen darnach recht groß und sehnsuchtsvoll machen, und den Menschen

schen abhalten will durch seine Sünden ihn nicht zu verscherzen.

Wollen wir auch die Unwissenheit exegetischer Kenntnisse, die bei diesen Beschreibungen mit unterläuft, nicht rügen, so kann man doch diese unverzeihlichste Gedankenlosigkeit kaum ohne Tadel lassen, solche Dinge seinen Zuhörern, als die erhabensten und höchsten Freuden vorzustellen, die der Mensch iemals genießen könne. Für den faulen Tagedieb, der seine Arbeiten nur mit dem höchsten Verdruß gethan hat, mag es allenfalls eine reizende Vorstellung sein, wenn er hört, daß drüben das Glück der Ewigkeit, in einer unaufhörlichen Ruhe bestehen soll. Er denkt sich nicht Ruhe von Sorgen und Kummer — sein Prediger denkt oft selbst nicht dran — er denkt sich Ruhe von aller Geschäftigkeit und Thätigsein. Wie höchst verächtlich und widrig muß aber dem Manne der Gedanke einer ewigen Ruhe sein, dessen rascher Geist überall Arbeit sucht, und ihn zur Betriebsamkeit anregt. Er hat schon dann und wann, in Stunden der Erschlaffung seiner Kräfte, in Kränklichkeit, in stummen Gesellschaften, oder sonst das Höllenfeuer der Langenweile empfunden — wie muß er erschrecken vor ewigem Müßiggang! So mag auch dem Geizhalse sein Gesicht vor Freuden glühen, bei Beschreibung einer goldenen Stadt, mit Perlen, Karfunkeln und Diamanten überall angeputzt, die Ansicht, in der Einbildung, gewährt ihm schon die seeligste Unterhaltung: aber welche Geistesnahrung findet der gebildete und vernünftige Mann darin, der den blos konventionellen Werth von Gold und Edelstein kennt und gehörig zu würdigen weiß, und wie höchst entgegen muß es ihm sein, mit Bengel und seinen apokalyptischen

Schwär

Schwärmereien, Thore, Häuser, Dächer, Strassen und Gassen des himmlischen Jerusalems sich vormahlen zu lassen? Und wahrhaftig, der muß ein kleinlicher, schwächlicher, verschrobener Geist sein, der an Palmen, Kronen, weissen glänzenden Kleidern, Umarmungen, Küssen und Herzen, an ewigem Halleluia singen, und ähnlichen Bagatellen, sein Ergötzen finden kann; demjenigen, der reellere Güter kennt, werden sie keine Befriedigung geben; gewiß der Himmel, wird ihm ein trüber Aufenthalt sein, der für ihn nichts besseres hat, als diese Erde ihm giebt.

Was mag man aber dadurch bewirken wollen, wenn man dem sinnlichen Menschen, das immerwährende Anschauen Gottes, als die höchste erste Stufe der Seeligkeit zu erkennen giebt. Anschauen Gottes — — Was liegt für ihn für Freude darin? Ein ewiges Anschauen? — ein ewiges Einerlei — wie unausstehlich für den rohen Menschen, der kein Glück weiter kennt, und sich weiter keins denken kann, als was er hier auf Erden sehen und durch seine Sinnlichkeit fühlen konnte. In Wahrheit er wird den Himmel nicht wünschen, in welchem dieses Anschauen die höchste Stufe seines Glücks sein soll; es müßte denn etwa deswegen von ihm gewünscht werden, wundershalb doch zu erfahren, wie es zugehen werde, wenn er das Wesen sehen soll, von welchem man ihm gesagt hat, daß es als Geist unsichtbar und für ieden Blick des Auges ewig verborgen sei. Warum sollte er auch sonst begehren ein Wesen zu sehen, das er noch nicht lieben, sondern nur fürchten gelernt hat?

Man würde hier am sichersten gehen, wenn man weiter nichts bestimmt angeben wollte, als die wenigen Umstände, welche die Schrift mit eigentlichen Ausdrücken uns anzeigt, welche ohne Zweifel hierin der sicherste Wegweiser ist. Es ist gewiß sehr auffallend, wenn zuweilen der Prediger von den Freuden des künftigen Lebens, mit Anwendung der Worte des Apostels, sagt, daß sie kein Auge gesehen, kein Ohr gehört und kein Menschenherz erkannt hat, und denn doch wieder mit einer umständlichen Bestimmtheit und mit so sicherer Zuversicht davon spricht, als wäre ihm nichts davon verborgen. Vielleicht, daß Gott seine großen Absichten dabei gehabt hat, wenn er uns auch diese Zukunft verbarg. Theils hat der große Menschenhaufen für die Freuden des Geistes wenig oder keinen Sinn, und kann ihn, auch, seiner Lage wegen, so leicht nicht bekommen, theils können viele Freuden sein, für welche wir alle keine Sinne haben, indem etwa erst in der Zukunft selbst diese Sinne geöfnet und entwickelt werden möchten; und wenn es deren giebt, so können wir auch keine Worte und keine Begriffe dafür haben; theils aber — und dies sollte man besonders nie aus dem Auge lassen — hat jeder Mensch sich von Glück ein ganz eigenes Ideal geformt, das nach den unendlich mannichfaltigen Abstufungen der Menschen, ihrer Lage, Kenntnisse, Vergnügungen, Empfindungen, Sinne, Triebe und Wünsche von den Idealen der andern unendlich viele Verschiedenheit leidet. Ueberschreitet man daher im lebhaften Gemälde von der zukünftigen Glückseeligkeit die Grenzen, von dem, was allgemein zu einem vorzüglichen Glück gerechnet wird, so kann es nicht fehlen, es müssen sehr bald Beschreibungen von der Seeligkeit entstehen, die in den Idealen vieler Zuhörer nicht mit begriffen, und ihnen daher entweder gleichgültig, oder ganz entgegen sind. Hieraus wird

wird man auch bald folgern können, wie wenig es rathsam sei, dem Volke das vorzuphantasiren, was izt doch so häufig geschieht — von Umherwandern auf Sternen und Planeten, von Entdeckung neuer Weltkörper und dem Regiment über dieselben, von Sphärenmusik und Engelgesang, und was der Träume, so unanständig und süß sie auch geträumt sein mögen, mehr sind. — Alles Dinge, die izt den Fassungskreis und das Empfindungsvermögen der niedrigern Menschenseelen weit überschreiten; daher sie auch kein Verlangen darnach und selbst keinen Wunsch dafür haben. Ihr Geist mußte erst der erhabenere Geist des gebildeten Mannes sein, wenn sie dafür fühlen sollten. Aus diesem Grunde würde es manches treue, liebevolle Weib, und eine zärtliche Mutter ungern hören, wenn man ihr unvorsichtig sagte, dort drüben würden alle Bande des Bluts gelöst sein, und für diesen Verlust schwerlich in dem Gedanken einer wahrscheinlich gemachten allgemeinen Freundschaft mit allen guten Menschen, Ersatz finden.

Es dürfte am besten gethan sein, mit den dürren Worten des Johannes zu sagen: Meine Lieben, wir wissen nicht was wir sein werden — mit edlen aber vorsichtig gewählten Bildern, oder ohne dieselben zu beschreiben, und wo möglich, begreiflich zu machen, daß eine künftige Herrlichkeit, alles übertreffen werde, was der Mensch nur großes und beglückendes denken könne, und zugleich darauf bedacht sein, allen allzurohen und sinnlichen Vorstellungen von derselben den Weg zu vertreten. Alsdenn würden wir, nicht ohne Grund darauf rechnen dürfen, daß indem die gespannteste Einbildungskraft, die höchste Spitze von Glück, und — wenn der so eben angegebene lezte Punkt ganz

erfüllt

erfüllt würde — vielleicht auch die würdigste aus:
mahlen würde, die er zu fassen fähig ist, und daß
sogar oftmals die Erwartung und das Harren ei:
nes zukünftigen Glücks mehr thun würde, als das
Wissen derselben.

Je weniger auf alle diese Umstände, hinläng:
lich Hinsicht ist genommen worden, desto weniger
kann es befremden, wenn so viel Christen, bei der
festesten Ueberzeugung eines künftigen Glücks, um
ihrer selbst willen so ungern die Erde verließen:
das beste was sie zu hoffen hatten war — der Him:
mel — ein Glück, das sie nicht gemocht hätten,
wär es nicht das Mittel gewesen, der furchtbaren
Hölle zu entkommen.

Die Lehre von der Hölle, und die Beschrei:
bung der fürchterlichen Strafen in derselben — ein
ewig brennendes Feuer, ein ganzes Meer von ge:
schmolzenem Pech und Schwefel, die entsetzlich
fürchterliche und abscheuliche Gesellschaft von Teu:
feln, u. dgl. sind wenigstens weit eher dazu ge:
macht, den rohen Menschen und manchen wilden
Ausbrüchen seiner unbändigen Begierden Zaum
und Gebiß anzulegen, als jene Beschreibungen von
Himmel, ihn zum Guten anzureizen. Vielleicht
daß eben daher diese Lehre, vor vielen andern
durch verschobene Vorstellung verdorbenen, eine
hervorstechende Wirksamkeit auf die Moralität
hat. Nur ist wieder zu beklagen, daß die unge:
heuren Ausschweifungen, in manchen hier vorkom:
menden Beschreibungen, traurige Nebenideen ver:
anlassen, und besonders den Gott der Liebe, für
ein grausames Wesen halten lassen, das an den
unendlichen Quaalen seiner unglücklichen Geschö:
pfe einiges Wohlbehagen finde. Dieser Vorwurf
trift vorzüglich die ungeheuren Vorräthe, welche

uns

unverständige eifrige Prediger durch ihre Verdammungsurtheile für die Hölle in Bereitschaft halten. Da sie gelesen haben, es werde nach dem Ausspruch geurtheilt werden: wer da glaubt, der wird seelig, und wer nicht glaubt wird verdammt werden: so halten sie sich für befugt, ieden zur Hölle zu qualificiren, der von ihren Meinungen, auf irgend eine Weise, wär es auch die unbedeutendste, abweicht. Ich weiß aber nicht, ob dieienigen Prediger, neuen Styls, behutsamer und weniger tadelhaft thun, welche, aus übel angewandter Menschenliebe, dem Volke aufs freimüthigste Versichrung geben, daß es mit der Ewigkeit der Höllenstrafen, vielleicht gar mit allen Strafen nach dem Tode nichts auf sich habe — daß wenigstens niemanden die Mittel und Gelegenheiten zu seiner Besserung fehlen würden. Wohl mag die Absicht gut sein. Aber man sollte doch nicht übersehen, daß der Troß unserer Christen, so eine bequeme Lehre nicht unbenuzt lassen werde. Ist er dieser Furcht entübrigt, weiß er auch nun so viel, er werde sich bessern können, so ist das wirksamste Mittel vergebens, welches ihn, nebst den bürgerlichen Strafen, von Verbrechen zurückhält. Er, der seine Besserung bis auf das Todtenbette verschiebt, wird sie bis in die Ewigkeit verschieben, wenn er glaubt, daß sie dort noch möglich sei. Er hat ohnedies schon so viel Schuz gegen die Furcht künftiger Strafen, in seinen Begriffen von Gnade, Glauben und Verdienst Christi, daß man es in der That nicht nöthig hat, ihm diese Furcht ganz zu nehmen. Verständige Prediger werden schon den Weg finden, auf welchem man in dieser Lehre von künftigen Strafen weder die Begriffe von Gottes Liebe zu verunstalten,

noch auch den Fehlern der Menschen einen neuen
Behelf zu geben, sich genöthigt sieht.

Von der geistlichen Vermählung und Vereini=
gung mit Christo, wird von vielen Predigern auch
noch fleißig genug auf den Kanzeln gepredigt. Es
ist hier unsers Orts nicht, zu untersuchen, ob
hinter dieser sonderbaren und dunkeln Formel
wirklich etwas Wissenswerthes, oder vielleicht
gar, irgend eine wichtige Wahrheit, verborgen
liege. Aber sollte es auch sein, daß die Sache
von Erheblichkeit wäre; so würde sie doch besser
können ausgedrückt werden, wenn sie eigentlicher und
weniger bildlich ausgedrückt würde. Von einer
Vermählung redet Christus ohnehin, niemals.
Mit diesem Ausdruck, würden zugleich, die, hier
so häufig gebrauchten und mit so vielem Beifall
aufgenommenen, Beschreibungen der allersinnlich=
sten Liebe nebst den davon hergenommenen Re=
densarten und Bildern, wegfallen, welche die
trunkene Schwärmerei der Mystik aus dem Ho=
henliede, wie das Hohelied aus dem menschlichen
Leben, entlehnt hat — folglich aber auch die Ge=
fahr die mit dem Gebrauch derselben so unzer=
trennlich zusammenhängt. Man müßte sich ge=
wiß sehr schlecht auf den Menschen verstehen,
wenn man Befremdung darüber äußern wollte,
daß die Beschreibungen von Erpichtsein auf ein=
ander, von brennend heissen Liebesküssen, von
feurigen Umarmungen, von Aneinanderhangen
der Lippen, von Drücken an den Busen und von
andern, bei weitem noch unzweideutigern Scenen,
Eindrücke auf den Zuhörer machen könnten, wel=
che seiner Moralität nachtheilig werden, vorzüg=
lich bei dem Zuhörer, dessen Temperament ein
wenig warm und wollüstig ist. Grade diese gefal=

lenden

lenden Beschreibungen, die immer Bezug auf schwärmerische Liebe haben, sind es, die je und je der Mystik so allgemeinen Eingang geschaft haben, und die bis izt noch Predigten und Gesänge in diesem Styl, schön und treflich bei einem grossen Haufen der Zuhörer, finden lassen. Die Glut, die ein Prediger durch Vorträge in diesem Ton, hervorbringen kann, zumal wenn er das Talent besizt recht reizend auszumahlen, bricht oft in so helle Flammen aus, daß er dieselben durch alles übrige Wasser seiner Predigt, nicht wieder wird löschen können. In der That, würden sich auch solche Vorträge, besser in die famosen Zeiten der Galois und Galoises, für einen Herold der busfertigen Verliebten, geschickt haben, als für einen Lehrer der Religion Christi. Es läßt sich mit Gewißheit annehmen, manche Person würde erröthen, wenn sie über die Empfindungen sollte ertappt werden, die bei diesen verliebten Ausdrücken — in ihren Herzen in Regung kommen, und, daß in den Zunder mancher unschuldigen und unerfahrnen Seele ein Funke geworfen wird, der bei der nächsten Gelegenheit in Feuer auflodert.

So wenig wahre und gute Nahrung nun die Vorträge über diese Vermählung für den Verstand haben — hätten sie deren aber auch, — so wären sie wie ein nahrhaftes Gericht, das durch die Zubereitung der Gesundheit äußerst gefährlich wird — so viel haben sie derselben, für Sinnlichkeit und Vollblütigkeit und für einen giftvollen Wiz, der die Gelegenheit gern ergreift, die Religion seine Ungunst fühlen zu lassen.

Einige Hindernisse in den Vorträgen über Gegenstände der Moral.

Daß von ieher die Moral weniger und weit nachläßiger bearbeitet ist, als die sogenannte Dogmatik, ist hinlänglich bekannt. Zu der Zeit der Reformation, fand man nur sehr wenig in derselben vorgearbeitet, und was noch vorhanden war, ohne Brauchbarkeit und fast ohne alle Anwendbarkeit auf die Menschen. Sie war zu den Zeiten der Scholastiker nichts mehr noch weniger, als rare und spitzfündige Auflösung, von noch rarern und spitzfündigern Fragen und Problemen. Man kann leicht erachten, daß die Zeitumstände bei der Reformation diejenigen nicht waren, durch welche die Moral an Vervollkommnung und besserer Behandlung hätte gewinnen können. In den hitzigen Kriegen mit den Verfechtern der alten Kirche und den neuentstandenen Partheien, konnte man, ohnmöglich so viel Zeit abmüßigen, als erforderlich gewesen wäre, hätte sie sollen richtiger und glücklicher, als bisher, bearbeitet werden. Nach der Reformation, war für sie eben so wenig zu erwarten. Der Geist zu dogmatisiren, zu subtilisiren und zu distinguiren hatte volle Gewalt und das Gezänk über Lehren und Meinungen dauerte fort, und wurde vielleicht noch ärger, weil der Partheien mehrere wurden. Ueberdem glaubte man sich füglich überall bei dem beruhigen zu können, was Luther gethan hatte. Vielleicht fühlte man aber auch bei iedem Versuch zu ihrer Verbesserung, mit wie vielen und großen Schwierigkeiten es verbunden sei, sie in eine erträglichere Gestalt zu bringen,

als

als die bisherige gewesen war. Daher begnügte man sich, mit der bisher üblichen, unfruchtbaren Methode, sie in den locis theologicis, wie einen Pleonasmus im Christenthum, nur so beiläufig, bei den Lehren von Gesetz, Sünde, freiem Willen des Menschen u. s. w. anhangsweise vorzutragen — oder allenfalls, nach dem Dekalogus zu erörtern. Gewiß beide Manieren nicht vortheilhaft für sie. Zwar nachmals gewann sie dadurch unendlich, daß ein Wilhelm Amesius, dieser eifrige Beförderer der praktischen Theologie — so nannte man die Moral — und späterhin noch mehr der bekannte Georg Kalixt, zur Absonderung derselben von der theoretischen Theologie Gelegenheit gaben. Nun konnte sie freier, vollständiger, und nach ihren einzelnen Theilen behandelt werden, und erst itzt wurde sie näher ins Auge gefaßt, da sie sich als eine freie und von der Thetik unabhängige Person zeigte: aber sie schleppte leider doch immer noch die Fesseln der scholastischen Form und ihrer Spitzfündigkeiten nach sich. Sie gewann durch Spener und seine Anhänger aufs neue etwas, blieb aber doch immer nichts anders als eine unförmige Kassuistik — eine Sammlung von theologischen Bedenken und Gewissensfällen. Selbst seit der Zeit daß sich für sie ein la Placette und ein Mosheim gefunden haben, kann sie immer noch nicht so weit kommen, daß sie mit ihrer ehemaligen Gesellschafterin, gleichen Schritt sollte halten können. Sie scheint zwar die Zeit ihrer Blüthe erreicht zu haben, aber der Augenschein lehrt, wie einzeln und langsam, diese Blüthe hervorbricht.

Es ist begreiflich, daß eben deswegen, weil von jeher die Glaubenslehren besser bearbeitet waren als die Sittenlehren, auch vorzüglich in Kanzelvorträgen

vorträgen die leztern beinahe ganz vergessen wurden. Dies um so mehr, da man es sich zur ersten Pflicht machte, nur hauptsächlich auf die Reinigkeit in Dingen des Glaubens, bei dem Volke bedacht zu sein. Mit dem richtigen Wandel, glaubte man es so gar genau nicht nehmen zu dürfen. So handgreiflich widersinnig — um sie aufs glimpflichste zu benennen — diese Meinung auch war; so wurde sie doch öffentlich einmal durch die consilia theologica der Wittenberger autorisirt. Sie gaben in einem ihrer Bedenken den — ohne Zweifel sehr wohlüberlegten — Rath: „Man müsse „dermalen, bei solchen verderbten Zeiten, nur „besonders darauf Hinsicht nehmen, daß die „reine Lehre fortgepflanzet werde, und könne sich „nicht so genau auf Reinigkeit des Lebens und „der Sitten einlassen." Bei solchen Meinungen ließ sich wohl nichts anders erwarten, als daß der Vorträge über Gegenstände der Sittenlehre, sehr wenige sein würden, da die Klagen über Mangel an Glaubensreinigkeit nie aufhörten. Aber, wegen der wenigen und so äußerst falschen Behandlung der Moral, hätte man auch das voraussehen können, daß die wenigen Vorträge über die einzelnen Stücke derselben, äußerst fehlerhaft sein würden. Also lernte das Volk seine Pflichten weder in ihrer Richtigkeit und Vollständigkeit, noch auch in ihrem Gewicht gehörig erkennen. Und wäre auch das gewesen, so konnten demselben seine Obliegenheiten nie hart am Herzen liegen, da es blos durch seinen reinen Glauben, seelig zu werden hofte. — Ein Fall der immer bleiben wird, so lange sich noch so häufig Prediger finden, die bei dem alleinigen Treiben der Glaubenslehren, alles was in die Moral gehört, für eine Kleinigkeit halten.

ten, die man nebenbei abthun könne, und so lange sich noch Predigtbücher finden, die die ganze Dogmatik in die Terte des Jahres hinein zwängen. Man begnügt sich alsdann mit allgemeinen, und eben daher unfruchtbaren und oft stumpfen Warnungen gegen grobe Laster.

Das Beste vielleicht, was ehedem im Kanzelvortrage für Förderung der Moralität geschahe — wenn man das Wenige ausnehmen will, was die Mystik that — war, daß zu verschiedenen Zeiten sich wahrhaft fromme Männer fanden, die das Verderben der Kirche, wie sie es nannten, einsahen und warm dagegen eiferten, aber auch nur eiferten. Dieser Eifer aber nahm sich auch nur grobe Sünden zum Gegenstand: Wollust, Ehebruch, Diebstahl, u. s. w. Uebrigens ließ man sich auf Dinge ein, welche nimmermehr Gegenstände des Kanzelvortrags werden müssen. Nur einige Belege. — Schon vor Erasmus Zeiten, hörte man häufig gegen verschiedene Kleidermoden eifern. Erasmus erzählt, man habe, da er noch Jüngling gewesen wäre, sehr emsig gegen die großen Pantoffeln, gegen Schnäbelschuhe, gegen Federbüsche und gegen die Falten und Schweifen an den Kleidern der Frauenzimmer gelärmt. Ein Prediger drohete am Osterfeste einmal, er wollte denen das Abendmal nicht geben, die nicht ihre großen Pantoffeln ausziehen würden; ein anderer verglich die Falten mit Orgelpfeifen, die der Teufel aufblasen würde, und noch andere schrien, die bösen Geister ritten auf den Schweifen. 23) Dieser

---

23) „Me iuuene omnia suggesta perstrepebant clamoribus in latas crepidas, in longa rostra calceis addita, in flammea muliercularum candida-

ser Ton hielt lange an. Man eiferte gegen alles, was einem Aufwande ähnlich sahe, gegen alle neu entstehende Moden und Sitten; — gegen Peruquen, Hüte, Geschmeide, Tabakrauchen, Frisiren, und gegen alles wogegen sich noch immer eifern ließ. In der Mitte des 16ten Jahrhunderts war eine Art Pluderhosen aufgekommen, auf welche besonders heftig gescholten wurde. Der ehrliche alte Andreas Musculus zu Frankfurt schrieb 1556 ein eigenes Buch dagegen, unter diesem Titel: „Vermahnung und Warnung, voll zulü„derten Zucht und Ehrerwegenen Hosen„teufel." Er findet acht große Sünden in diesen Beinkleidern. 24) Der Pfarrer Matthesius zu Joachimsthal, schonte in verschiedenen Stellen seiner

---

„ta ac durata liquamine, ex alumine ni fallor &
„similagine temperato aut in suffuscata fuligine.
„Audiui pastorem quemdam, sub paschae die
„minitantem populo, se non praebiturum corpus
„domini gestantibus latas crepidas, ni abiicerent
„— alius clamabat in plumas, alius in magnas
„rugas, quibus inepti vestiarii coeperunt onerare
„miseros foeminarum lumbos — Quidam exco„gitarat acre salsumque dictum, comparabat eas
„fistulis organorum musicorum, addens, istas
„fistulas inflabit diabolus. — Nec deerant qui
„vociferarentur in caudas quas vulgares foemi„nae magnatum exemplo prouocatae coeperant
„a tergo trahere, clamantes illis inequitare ca„codaemones." Erasm. Eccles. p. 265. Doch giebt Erasmus dem Ton seines Zeitalters in so weit nach, daß er einräumet, man könne dergleichen wohl erinnern, iedoch amanter & placide.

24) Diese Beinkleider waren in der That ein wenig zur Ungebühr groß. Sie bestanden aus 100 bis aus 130 Ellen Zeug. Daraus kann man sich den warmen Eifer dagegen erklären.

ſeiner Predigten, mancher Trachten der Damen
eben ſo wenig. Er ſpricht von vielen, „die auch
„ihre Schande und Brüſte nicht bedecken und
„mit pläkenden Hälſen, bloſen Armen und ofner
„Bubengaſſen hereimprangeten, durchſichtige
„Kleider von Neſſelgarn, Gekröß und Gekrall,
„ausgezupfte Ermel und ausgehauene verſchnür=
„te Gebräme und Schweife trügen."25) Was
die Peruquen betrift, ſo predigte man auch da noch
gegen dieſelben, als ſie ſchon (ſeit 1660 etwa) ein
ehrwürdiger Schmuck der Geiſtlichen geworden wa=
ren. 26) Ein Prediger zu Magdeburg ſagt, unter
andern, 1670: „Wie abſcheulich die Meduſen,
„Drachen, Furien und Schlangenköpfe der
„Männer! Wie greulich die Storchneſter, Haar=
„ſtirnen und Haarlocken von Ziegen und Pferden
„der Weiber und Jungfern! Wobei es dann ſo=
„wohl Manns= als Frauensperſonen ſo altjreſ=
„ſend — wolt ſagen, ſo anſehnlich macht, daß
„es ſcheint als hätte man eſelsfarbige Haare be=
„kommen.

---

25) Ueber den Sirach II. Th. p. 41. und zweite Sa=
repta=Predigt.

26) Wie ſich die Zeiten doch ändern! Es war einmal
Mode, daß die Kandidaten, ihr zuvor kurz abge=
ſchnittenes Haar, wachſen ließen, ſobald ſie eine
Predigerſtelle hatten, und man fand es gottlos,
wenn ſie eine Peruque tragen wollten. Izt möch=
ten ſogar ſelbſt Geiſtliche, gegen den Leichtſinn
ihrer Amtsbrüder, eigenes Haar zu tragen, als
gegen eine unehrwürdige, und einem Diener des
Worts unziemliche Tracht eifern, wo ſie nicht den
lauten Spott des Publikums fürchteten. — — —
Noch im Anfange dieſes Jahrhunderts verbot der
Pabſt ſeinem Klerus die Peruquen — Selbſt Hüte
waren ehedem bei Strafe verboten.

„kommen. Wie viel 1000 und aber 1000
„Thaler gehen für fremde Haare hinweg — was
„kostet manchen eine einzige Peruque! Wie viel
„wird in derselben durch den quarkigten Puder
„verstiebet u. s. w." 27) Auch mit dem Tabakrauchen waren die Geistlichen unzufrieden. Hier und da — in Rußland fast durchaus — tadelte man es schon aus dem Grunde, weil es — zum Munde ausgehe und den Menschen also verunreinige. In Gebetbüchern — denn man hatte besondere Gebete dagegen — wurde es als ein Opfer beschrieben, welches dem Teufel gebracht und durch welches der Hals in einen Feuerschlund und Schornstein verwandelt wurde. Noch im Anfange unsers 18ten Jahrhunderts, ergieng an die höhere Geistlichkeit im Herzogthum Braunschweig das Ausschreiben, ihre Prediger „für alles überflüßige und höchst unanständige Tabakrauchen zu warnen."

Oeffent=

---

27) Um nichts in dieser Stelle zu übersehen, muß man sich erinnern, daß einigemal auch bei dem Frauenzimmer die Peruquen sehr Mode waren — daß sie damals in weit höhern Preisen standen, besonders im Anfange ihres Wiederauflebens (es ist bekannt, daß sie den Alten schon bekannt waren — Sie mögen oftmals sehr artig akkommodirt worden sein. Lampridius beschreibt des Kaisers Commodus Peruque die mit klebrichten und wohlriechenden Salben einpommadirt und mit Goldstaub — gepudert war) wo sie zuweilen nahe an 100 Thaler galten, — daß bei den mehrern Pfunden, die sie wogen, da sie allgemeiner zu werden anfingen, wirklich starke Summen für das dazu erforderliche Haar ins Ausland geschickt wurden. Kolbert wollte sie auch aus diesem Grunde in Frankreich abgeschaft wissen.

Oeffentliche Schriften kamen dagegen ebenfalls zum Vorschein. 28)

Genug, aus diesen zur Probe angegebenen Stücken, um zu beurtheilen, was für Moral und wie sie auf den Kanzeln vorgetragen sei. — Leider hört man auch izt noch häufig Moral dieser Art; wenigstens dann, wenn sich die kleinen Bürgersfrauen, oder Weib und Kind des Pachters etwas mehr herausputzen, als die Frau Pastorin mit ihren Töchtern es nicht vermögen. Findet man doch sogar in neuern und nicht ohne allen Beifall aufgenommenen Predigtbüchern, mehrere Stücke, in welchen gegen das Thörichte mancher Kleidermoden sehr warm gesprochen wird. Und doch sind unter uns, selbst in verschiedenen kleinern Städten, die Bühnen so selten nicht, welchen man es füglicher überlassen könnte, alle Thorheiten dieser Art, mit der Geißel der Satyre oder auf sonst beliebige Weise zu züchtigen.

Soviel vorzüglicher auch in unsern Zeiten die Moral bearbeitet ist: so ist sie doch auf den Kanzeln noch nicht überall so behandelt, als sie es müßte, wenn sie mehr und sicherer wirken sollte. Es ist vielleicht immer noch Folge einer allzugroßen Verehrung der Glaubenswahrheiten, wenn viele Prediger, das Studium der Moral vernachläßigen, und ihnen daher richtige Einsicht in dieselbe

eben

---

28) Ohne Zweifel lagen in der vermeintlichen Sündlichkeit des Tabakrauchens die ersten Gründe, warum es in allen öffentlichen Anstalten für iunge Leute so hart untersagt, und so scharf bestraft wurde. Wie diese Gründe anfingen ungültig zu werden, so substituirte man freilich vernünftigere — nemlich die zu besorgende Feuersgefahr und Ungesundheit des Körpers.

eben so sehr fehlt, als die höchst nöthige Kenntniß der Welt und des menschlichen Herzens um diese Einsicht auch richtig und mit Nutzen zu gebrauchen. Will man noch mit in Betracht bringen, wie groß der Umfang der Moral sei, wegen der Millionen Fälle, auf welche ihre Lehren und Regeln angewandt werden müssen, und daß diese Fälle so verschieden von einander sind; — ein Umstand durch welchen sie noch zuweilen den Anstrich von Kasuistik erhält — wie häufig und schwer die Kollisionen der Pflichten sind, und wie fein und kaum sichtbar die Grenzen die zwischen Tugend und Fehle: liegen: so wird man vermuthen dürfen, die Gegenstände die in die Moral gehören, könnten oftmals falsch vorgestellt, die Pflichten nicht richtig bestimmt und bald zu weit ausgedehnt, bald zu enge beschränkt, manche Nebengriffe überall veranlaßt, die Bewegungsgründe zum Guten verkehrt gebraucht, und oftmals zu einseitigen Vorstellungen und unrichtigen Folgerungen Gelegenheit gegeben werden, welche die Moralität des Zuhörers zuweilen mehr hindern als befördern. Zu wissen, in wie weit diese Vermuthung durch die Erfahrung gerechtfertigt werde, darf man nur manche noch sehr übliche Vorstellungsarten, von mehrern Dingen, die hieher gehören, näher erwägen.

Wenn dem Menschen die Schwierigkeiten sollen vorgehalten werden, die er mit dem Vorsatz, die Vorschriften des Christenthums auszuüben, zugleich übernehmen müsse, so werden dieselben, noch von vielen Predigern so übertrieben, daß die Bereitwilligkeit zu Uebernehmung derselben, fast durchaus erstickt wird, und alle Lust verloren gehet, nach den Gesetzen des Christenthums zu leben. Man spricht von Kampf mit Teufel und

Hölle

Hölle — in Wahrheit ein saurer Kampf von dem man voraus sehen kann, man werde darinnen verlieren: von Absagung der Welt und aller ihrer Herrlichkeit: von Verleugnung sein selbst und von Verachtung alles Irdischen. Wolle man ein wahrer Christ sein, so müsse man es sich gefallen lassen, sich von aller Welt verspottet und verachtet zu sehen, und alles auf die Waage setzen, was man nur habe: guten Namen, Ehre, Gut, Vermögen und Gesundheit.

Solche entsetzliche Lügen, entstanden aus der Begierde, den Werth des Christen zu erhöhen und aus völliger Unkunde in den Dingen des menschlichen Lebens, können unmöglich Trieb erwecken zum Guten, zumal, da man von vielen hieher gehörigen furchtbaren Ausdrücken, keine richtigen und deutlichen Begriffe giebt, vielleicht, weil sie an und für sich schon so deutlich scheinen, und daher die geschäftige Einbildungskraft dem Zuhörer das Werk noch unweit schwerer vormahlt als die Kunst seines Predigers. Wer kann es nun dem Zuhörer zur Schuld anrechnen, wenn er zu einem solchen Christenthum keine Neigung in sich fühlt. Wir wollen ihm eine Last aufbürden, von der er keine Möglichkeit sieht, daß er sie ertragen könne. Er sieht um so eher mit höchster Gewißheit, wie diese Last werde ihn zu Boden drücken, da wir ihm sonst die Kraft die er für dieselbe habe, als die geringfügigste und kleinste geschildert, und ihm, auch das mindeste nur von sich selbst zu hoffen, zur höchsten Sünde angerechnet haben. Es wird niemand leugnen, es sei schwer und koste allerdings Mühe ein guter Mensch und ein Christ sein wollen; wo aber ist in der ganzen weiten Welt etwas Gutes, welches nicht Anstrengung und

und Mühe forderte, wenn wir es erlernen oder ausüben wollen, besonders wenn wir desselben noch ungewohnt und die Kräfte dazu noch ungeübt sind, welches aber nicht auch zugleich, bei anhaltendem Ernst und Ausdauren im Fleiß, die Mühe wieder lohnen sollte, die wir darauf verwandt haben. — Und wenn man vollends Ehre, guten Ruf und Glück hingeben soll? — In Wahrheit der Mensch kennt die Vortheile, die er von diesen Dingen erhält, nur allzuwohl, als daß er sich entschließen sollte, sie mit Willigkeit hinzugeben, so lange nicht seine Seele ganz verschroben ist. Indessen ist uns auch, von dem großen Urbilde menschlicher Vollkommenheit, eine so mürrische, menschenfeindliche Sittenlehre nicht gegeben. Sein Joch ist sanft und seine Last ist leicht! Es ist unbegreiflich, warum man das, so ganz übersehen will, als sei es nimmer gesagt worden. Jedoch die falschen Begriffe die man sich von der Nachfolge seines Erlösers macht, tragen das Ihrige dazu bei. Diese Nachfolge wird nemlich immer darin gesezt: der Christ müsse seinem Erlöser zu Liebe, eben dieselben Leiden, eben so viel Schmach, Neid, Verfolgung, Ungunst u. s. w. übernehmen als jener. Und doch war die Lage und das Geschäft Christi, durch einen unendlich großen Abstand von Verschiedenheit, von der Lage und den Geschäften unserer Zuhörer entfernt, die Zeitumstände damals so ganz anders als izt, und seine ersten Verehrer gewiß unter ganz andern Umständen als die izigen. — — Gewiß, nicht das Christenthum, sondern seine unverständigen und unweisen Lehrer, machen es dem Menschen so fürchterlich schwer, gut und tugendvoll zu werden. Anstatt daß sie nichts fleißiger vorstellen sollten, als die großen Vortheile, die

man

man erhält, wenn man ein ächter Christ ist, und das Unheil welches man über sich selbst bringt, wenn man es nicht werden will; so sagen sie lieber das Gegentheil, und wenn sie bewegen wollen rechtschaffen zu werden, so beschreiben sie diese Rechtschaffenheit, so ungeheuer schwer, daß man sich nothwendig versucht fühlen muß, sie ganz aufzugeben. Wirklich, diese Lehrer bedürften es gar sehr, ein wenig besser zu lernen, als zuvor, was man dem Menschen vorhalten müsse, wenn man ihn verbessern und veredeln will. Warum wollten wir die Menschen nicht lieber lehren, daß ein großer Theil der Schwierigkeiten, die das Gute zu haben scheint, oft mehr in unsern Vorstellungen davon und in unsrer Gewöhnung zum Bösen, als in dem Guten selbst, und in der dermaligen Beschaffenheit der Dinge in der Welt liege, und daß, unter der guten Leitung Gottes, der ernstlichen Mühe leicht nichts unmöglich sei. So lange wir das verabsäumen, so lange wir, durch vergrößerte Vorstellungen von den Schwierigkeiten, dem Menschen nirgends Möglichkeit übrig lassen einer so unzugänglichen Tugend beizukommen, läßt sich von allem unserm Predigen und Ermahnen, gar nichts hoffen. Behandeln wir ia doch in keinem andern Falle, einen Menschen so zweckwidrig, den wir zu irgend Etwas überreden wollen.

Aus diesen Vorstellungen von den Schwierigkeiten bei einem ächten Christenthum, entstehen manche andere, eben so schiefe und abschreckende als iene, oder sie hangen doch näher mit denselben zusammen, und können demnach der Beförderung eines wahrhaft thätigen Christenthums nicht günstig sein. Hieher gehört ohne Zweifel der heftige Eifer, mit dem man alle menschliche Freuden verdammt. Denn so lange man sie noch genießt, soll man gar noch nicht einmal den Anfang von Verleugnung der Welt und sein selbst gemacht haben. Auch soll in dieser Welt fast gar keine Freude genossen werden können, ohne sich in Sünd und Laster zu stürzen. Man meint es im ganzen rechten Ernst, wenn man sagt:

Hier ist doch nur ein Jammerthal,
Angst, Noth und Trübsal überall.

Daher soll man vielmehr blutige und bittere Thränen über diese Welt und über die Weltkinder weinen, aber durchaus nicht an ihren Freuden Theil nehmen. Man scheint gar nicht erwägen zu wollen, daß unter den vielen Freuden, die die Erde und das Menschenleben hat, ein so großer Abstand von dem Gift einiger Arten derselben, bis zu der Reinigkeit und Unschuld der andern sei — daß z. B. die Freuden, welche die Natur demjenigen gewährt, der ein Gefühl für sie hat, welches durch Empfindelei und tändelhafte Possen nicht verzerrt ist, diejenigen Freuden, welche eine fröliche Menschengesellschaft, dem giebt, der seinen Tag, unter dem Schweiße saurer Arbeiten, nützlich verlebt hat, unmöglich sündlich und tadelhaft sein können, wie überhaupt keine, durch welche mein Körper nicht in Gefahr kömmt, meine Seele nicht verstimmt wird, und meine Geschäfte nicht leiden. Aber es giebt Prediger, welchen diese Denkungsart eine abscheuliche zu sein scheint. Der Gott, den sie ihren Zuhörern vorstellen, ist ein gar mürrisches Wesen, dem man am wohlgefälligsten wird, wenn man seine Welt mit allen Freuden, verachtet, verleumdet und haßt. Wie könnten sie sich erlauben, den Gedanken auch nur von fern zu beschauen, ob es in den gemeinsten Fällen bei der Rechtmäßigkeit

mäßigkeit oder Unrechtmäßigkeit der Freuden, nicht vielmehr auf die Art und Umstände unter welchen, und auf das Maas, in welchem man dieselben genießt, ankomme, als auf die Freude selbst. Nein man muß sein Fleisch kreuzigen, den alten Adam tödten und die Welt verleugnen — habt nicht lieb die Welt noch was in der Welt ist. — Wollte Gott, sie verstünden und gebrauchten diese Ausdrücke der Schrift eben so richtig, als sie dieselben geläufig herzusprechen wissen. Hätte die Morosität ihrer Moral das volle Gewicht des Nachdrucks, welches sie ihr so gern beilegen möchten, dann würde freilich die Welt ein Jammerthal und das Menschenleben so freudenleer und grausenvoll sein, als sie es wünschen: aber sie würden auch Jünger ziehen, die man weit eher als jene wilden Waldmenschen der ersten Jahrhunderte des Christenthums, oder für Schüler der Genguis und Goguis halten könnte, als für Menschen, die die wohlthätige und frohmachende Sittenlehre Christi gebildet hätte.

Kaum bedarf es der Erwähnung, daß in diesen Vorstellungen eigentlich nichts liege was den lezten Zweck des Predigtamts befördern, und vieles, was ihn hindern könne. Außerdem, daß der Witzling sein lautes Gespötte nicht zurückhalten wird, wenn der Weisere nur im Stillen bedauert, so glaubt zwar der Unbelehrte seinem Prediger, es müsse so sein, obgleich ihm sein besseres, nur nicht gänzlich aufgehelltes Gefühl, das Gegentheil sagt — er glaubt zwar, aber gewiß, er glaubt nur höchst ungern. Sein Herz sträubt sich dagegen, und im Grunde haßt er diese Sittenlehre mit ihren so grausamen Forderungen, nur daß er zu schüchtern ist, diesen Haß laut werden zu lassen. Befolgen aber wird er sie nur so weit, als er mit seinen Neigungen und Wünschen nicht im Widerspruch steht, da er alle ihre andern Gebote für eben so grausam hält. Seine Entschuldigungen sind die, die man überall bei den Unbelehrten hören kann: „Wer kann so leben? — ich bin ein armer Sün„der, wie alle andere." Unter der Protektion solcher Alltagssprüche, thut er, was seinem Herzen lüstet, genießt alles was ihm Freude scheint, das Reine und Unschuldige wie das Giftige und Strafbare, in der sichern und schon anderswoher erregten Hofnung, Gott werde es so genau nicht nehmen.

In solchen verdrehten Vorstellungen findet auch das mürrische und menschenfeindliche Herz Nahrung für seine Lästerungen über die verderbte Welt, und Entschuldigung für die Bitterkeit, mit der es die Weltkinder, seine Nebenmenschen, verläumdet, für seinen Haß gegen dieselbe, für seine Lieblosigkeit, wenn es ihnen das Vertrauen ihrer Brüder stiehlt, und für allen seinen Gift, welchen es unter dem heiligen Schein der Weltverleugnung von sich geisert.

Wir erwähnen auch der Vorträge über Gottesdienst. Das Wort „Dienst" ist hier noch sehr häufig der Punkt, um welchen sich alles dreht, und man beschreibt ihn eben so als Herrendienst, Frohndienst oder Sklavendienst. Noch ärger, daß man denselben blos in pünktlicher Beobachtung äußerlicher Handlungen sezt: — im Besuch der Kirchen, des Beichtstuhls, im Genuß des Abendmahls, im fleißigen Lesen erbaulicher Gebete und Gesänge u. s. w. An diesen Dienst hält sich die rohe Bosheit wie die polirte, und rechnet dabei mit Gewißheit auf das Wohlgefallen Gottes. Wenigstens

nigstens glaubt sie, daß ihre Laster durch die strenge Beobachtung dieses beschwerlichen Dienstes, sehr verzeihlich würden. Darin liegt kein Widerspruch für sie, der sich nicht heben ließe. Kann sie einmal glauben, es sei möglich Gott (eigentlich) zu dienen, so wird es ihr auch keinen Zweifel verursachen, ihren Dienst für verdienstlich zu halten. Daher findet man überall nichts häufiger, als daß auch die lasterhaftesten Menschen, Gauner, Wucherer, Betrüger, Wollüstlinge, Geizige u. s. w. mit einem großen Schein von Andacht, das öfters beobachten, was wir unter dem Wort äußerlicher Gottesdienst verstehen. Gewiß nur in der Absicht, desto sicherer sich selbst zu dienen, und mit weniger Gefahr über alle andern Pflichten hinschlüpfen zu können.

Auch die Ermahnungen oft zu beten und der sichern Gebetserhörung gewärtig zu sein, sind nicht immer von der Beschaffenheit, daß sie keinen Tadel verdienen sollten. Man stellt seinen Zuhörern vor, wenn man nur recht inbrünstig und ernstlich anhaltend bete, so könne Gott unsere Bitten uns nicht versagen; nur daß es im Namen Jesu Christi geschehe. „Alles was ihr bitten werdet in meinem Namen rc." — Wenn man den Zuhörer über den rechten Sinn der angegebenen Bedingung belehrte — welches aber freilich auf eine richtigere Art geschehen müßte, als durch die Erklärung: im Vertrauen auf Christum — und insbesondere darüber, wie weit das kleine Wörtlein: Alles: noch, für ihn Gültigkeit haben könne: wenn man zugleich, durch alle übrigen vorhandenen Mittel, ein vernünftiges Gebet zu befördern, und das Gegentheil zu verhüten suchte: so möchte es vielleicht verzeihlicher sein, diese Verheißung, noch für unsere Christen zu gebrauchen. Geschieht aber auch das nicht einmal, und behauptet man sogar, Gott könne gleichsam durch dieses Mittel gezwungen werden, in unser Verlangen zu willigen; so wird der unwissende Laie kaum anders denken, als, es komme bei seinem Gebet nicht sowohl darauf an, was er bitte, sondern vielmehr allein, wie er es bitte, und vor allen Dingen darauf, daß er nicht vergesse hinzuzusetzen: gib mirs aber, erhöre mich, um Jesu Christi willen. Diese Formel muß ihm eine so geheime Zauberkraft zu haben scheinen, als etwa, — wenn man dies Gleichniß nicht vielleicht anstößig finden will — Fausts Höllenzwang, nach seinem Glauben, über das Geisterreich hat. Diese Meinung wird durch eine andere mit ihr verwandte, und ebenfalls durch unbehutsame Ausdrücke veranlaßte, unterstützt, als könne man nemlich durch sein Gebet, eine unmittelbare Aenderung des Willens in Gott hervorbringen. Er erprobt demnach was er gelernt hat. Er bittet um das Unglück seines Feindes, seine Rache, oder um Gut und Vermögen, seine Eitelkeit zu befriedigen, um gutes Wetter für seine Felder — welches noch obenein unter dem täglichen Brodte begriffen ist — um plötzliches Gesundwerden, und um tausend andere Dinge, die sein Unverstand begehrt — er bittet gewiß recht inbrünstig, anhaltend, und im Namen Christi; und doch — vergebens. Warlich ist es ihm nicht zu verübeln, wenn er bei öfters fehlgeschlagenen Versuchen, nach und nach anfängt mistrauisch gegen Gott und seine Verheißungen zu werden, wenn er forthin mit Verdruß, und gedankenlos betet, und wenn ihm dieses vortrefliche Mittel zur Tugend, und zu Erhaltung eines zufriedenen Herzens

zens oder zu Beruhigung desselben durchaus und vielleicht auf immer untauglich wird. Die Hofnung, Gott gebe uns wohl etwas bessers, für unsere versagten Bitten, findet er nie bestätigt, denn — er hat sich das Beste gebeten.

Nach diesen Angaben läßt sich schon befürchten, die Vorstellungen von manchen andern Gegenständen, die die Moral umfaßt, werden nicht immer die richtige Bestimmtheit und Vollständigkeit haben, die die Veranlassung zu schädlichen Nebenbegriffen abschneidet. Und so ist es auch wirklich. Die Pflicht der Wohlthätigkeit wird oft mit Almosengeben verwechselt — eine Verwechselung die dem trägen Geist unsers Zeitalters sehr zu statten kömmt; denn nun glaubt man für den bedrängten Nebenmenschen alles gethan zu haben, wenn man ihm ein kleineres oder größeres Geldstück reicht: — oder so übertrieben, daß, wenn man sie in der ganzen angegebenen Ausdehnung ausüben wollte, man für seine und seiner Familie erste und dringendste Bedürfnisse, nichts übrig haben würde; und dann fühlt der Zuhörer, das Unnatürliche und Falsche darin wohl, aber eben dies Gefühl verleitet ihn oft zur Härte: — oder der Werth dieser Tugend wird auf Unkosten anderer allzusehr erhoben und ihre Verdienstlichkeit so ausschweifend gepriesen, daß der Schwache, beim Bewußtsein aller seiner Schwächen, doch sich für hinlänglich gut hält um wenigstens seelig zu werden, wenn er nur diese Tugend besizt, und daher für seine Besserung nichts thut. Die Aufforderungen zur Aufrichtigkeit, sind nicht selten eben so gut Aufforderungen zur uneingeschränktesten Plauderhaftigkeit, bei der es unmöglich sein würde ein Geheimniß zu bewahren: die zum Unrechtthun, verpflichten

pflichten gleich stark, sich mit der tadelhaftesten Unthätigkeit allen Angriffen eines schlechten Menschen blos zu stellen: das Vertrauen auf Gott, so wenig richtig dargestellt, daß die Faulheit darin großen Vorschub findet, und die Unbesonnenheit bei allen ihren Thorheiten, vielleicht gar der Bösewicht bei den strafbarsten Verbrechen doch noch auf die besondere Unterstützung Gottes rechnen kann: die erforderlichen Eigenschaften zur Demuth, könnten leicht einen Menschen bilden, bei welchem das ganz erstickte Bewußtsein seines eigenen Werths leicht in Niederträchtigkeit übergehen dürfte, so wie hergegen die vom Hochmuth angegebenen Kennzeichen, ieden in Gefahr setzen könnten, dieses Fehlers bezüchtigt zu werden, der sich nicht selbst auf eine verächtliche Weise erniedrigen will. So werden oft die Wirkungen eines schwachen Herzens, für Wirkungen der Gutmüthigkeit ausgegeben; so wird darauf, daß sehr häufig die Lagen und Umstände, und der höhere oder niedere Grad in welchem etwas gethan wird, unsere Handlungen zu guten oder bösen Handlungen machen, und daß also z. B. bei dem weise Sparsamkeit oder Freigebigkeit sein könne, was bei ienem mit Recht als Geiz oder Verschwendung getadelt wird — daß oft zwischen Fehler und Tugend nur ein Haarbreit Differenz ist — daß Fehler und Tugend nicht bei allen in einerlei Grade strafbar oder lobenswürdig sei — darauf wird allzuwenig Bedacht genommen; die Versuchungen zur Sünde, als unwiderstehlich stark beschrieben, welches dadurch freilich viel Wahrscheinlichkeit erhält, daß sie von bösen Geistern herkommen sollen, die, wo nicht selbst, doch gewiß durch ihre Diener unter den Menschen den Gläubigen und Frommen nach der Seele trachten;

die

die Menschen oftmals als die vollendetesten Böse: wichter und alles Menschenwerk als höchste Thor: heit geschildert; das menschliche Leben immer nur allein als Prüfungsstand beschrieben, von dieser Prüfung sonderbare Begriffe gegeben, und diesel: be mit Leiden fast allemal verwechselt und von vie: len andern hieher gehörigen Gegenständen noch all: zuoft nur einseitige, halbwahre und allein in ge: wissen Beziehungen geltende, oder durchaus falsche Vorstellungen gegeben.

Es wird niemand leugnen wollen, daß alle bis: her angeführte oder hieher gehörige, einseitige, unbestimmte und falsche Vorstellungen auf eine oder die andere Weise, bei dem größern Theil un: serer Christen, dem Lehramte und seiner großen Absicht, den Weg vertreten müssen, da sie auf Ge: sinnung und Handlung allemal eine nähere oder entferntere Beziehung haben, und folglich der Mo: ralität mehr oder weniger schädlich sein müssen. Uebrigens ist es uns hier gleichgültig, ob dieselben nicht eben so oft in Unvorsichtigkeit oder in der Wärme des Vortrags ihr Entstehen haben — welches wir zur Ehre des Verstandes und der Kenntnisse unserer Amtsbrüder gern glauben wol: len — als in Unwissenheit. — Ueberflüßig genug ist es bei diesen Vorstellungen, um der Moralität sehr gefährlich zu werden, daß sie oft mit sich selbst, oder mit andern im Widerspruch stehen, einem richtigen Gefühle entgegen sind, die Dinge so falsch angeben, daß die gemeine Erfahrung häufig die Unrichtigkeit der Angaben bemerken läßt, und dem Zuhörer den wahren Gesichtspunkt verrücken, aus welchem die Gegenstände betrachtet werden müssen. Laßt z. B. immer den Werth des menschlichen Le: bens und der Welt erniedrigt, und beides als einen

In:

Inbegrif von bloßem Tand, Ungerechtigkeit, Betrug, List und Bosheit vorgestellt werden, wie viel findet der Laie in seiner Erfahrung und in seinem Herzen dagegen! Er hat so viele brave, redliche Menschen gesehen und gekannt, so manche schöne Freude mit seinen Nebenmenschen genossen, und selbst manches gethan, was er nimmermehr Tand und Thorheit nennen möchte, und weiß es sich auch damit nicht zu reimen, da doch Gott alles so gut und schön gemacht habe. Diese Zweifel sind vielleicht eher gemacht als gehoben. Er wird irre, und mistrauisch gegen seinen Prediger, und glaubt es sei mit allen andern Dingen eben so zweifelhaft. Welche traurige Folgen können daraus für ihn entstehen, wenn er in die Hände des Leichtsinns fällt, der seine Zweifel zu benutzen versteht! Oder wenn eine gewisse dumpfe Stimmung der Seele des Zuhörers, die schon länger angehalten hat, und manche traurige Erfahrungen, seinen Unmuth willig machen, diese übertriebenen Beschreibungen wahr zu finden, wie bald wird er sie dahin anwenden, daß sein Mistrauen gegen seine Nebenmenschen beleidigend, seine Urtheile über alle ihre Handlungen bitter und giftvoll, seine Verachtung gegen alles in der Welt groß, und sein Herz gegen das, was ihm Gottes Milde Gutes gegeben hat, gleichgültig oder gar ungerecht werde. —

Wenn man noch insbesondere manche Gründe durch welche man denn die Menschen zum Guten bewegen oder vom Bösen abhalten will, oder die Art wie sie gebraucht werden, näher beleuchtet; so dürfte sich auch da mancher Umstand finden, der den Zweck des Predigtamts eher aufhalt als befördert.

Einer

Einer der vorzüglichsten und am häufigsten gebrauchten Bewegungsgründe ist dieser: Gott hat es so befohlen, es ist sein Wille; siehe, du weißt, daß er dein Oberherr ist, dem du als Unterthan Gehorsam schuldig bist, der dich hart strafen kann und strafen wird, wo du seine Befehle überschreitest, oder verachtest. Gewiß kein unverwerfliches Mittel, dem Menschen das Gute wichtig zu machen, aber der Nutzen desselben hängt lediglich von dem rechten Gebrauch ab. Stürmt nun der Prediger immer, nur mit göttlichen Befehlen auf den Zuhörer ein, ohne ihn iemals von der Absicht derselben ausführlich belehrt zu haben; — und wie oft mag dies versäumt werden! — was wird die Sinnlichkeit und die Einfalt anders meinen, als es würde ihr das eine nicht so streng befohlen, und das andere nicht so furchtbar untersagt sein, wenn es nicht eben Gott einmal so eingefallen wäre hier zu befehlen, und dort zu verbieten. Sie nimmt das eine, wie das andere, als willkührliche Einfälle einer Art von Laune, wie sie sich zu Zeiten bei ihr selbst findet. Sinnlich wie der unbelehrte Mensch ist, zu schwach und zu ungewohnt den Zusammenhang der Dinge über ein Paar Schritte zu verfolgen, glaubt er freilich, er würde dann glücklich sein, wenn Gottes Vorschriften ihn nicht hinderten, sich ohne Zwang und Furcht, dem Hange seiner Neigungen zu überlassen; und folglich betrachtet er diese Vorschriften, nur als höchst unwillkommene Störungen seiner Freuden. Es ist ihm ein Räthsel, was Gott eigentlich mit seinen Gesetzen wolle; und wenn er hört, Gott habe aber doch Wohlgefallen dran, wenn er sich gewissenhaft nach denselben richte, so erklärt er sich ohne Zweifel dieses Wohlgefallen aus dem Umstand, daß

Gott

Gott doch nun seinen Willen habe. Diese Erklärung liegt ihm deswegen am nächsten, weil sie in seiner eigenen Gesinnungsweise ihren Grund hat, und kann ihm also keinen Schwierigkeiten unterworfen scheinen. Er freut sich allemal, wenn in seinem Hause sein Wille geschieht, wenn er sich auch von demselben gar keine Ursachen anzugeben weiß, zumal wenn ihm derselbe vorher erst ist streitig gemacht worden. In diesen Gedanken wird er dadurch gewiß sehr bestärkt, daß man ihn zum Hauptgrund seiner Pflichten angiebt: deswegen müsse er es thun, weil es Gott so haben wolle — da stehe es geschrieben; nun möge er es sich merken, wo er nicht die fürchterlichsten Strafen über sich bringen wolle.

Sieht nun die Unwissenheit Gottes Vorschriften aus diesem Gesichtspunkt an, so kann sie in denselben, Liebe und Wohlmeinung durchaus nicht ahnden, und mithin nie Willigkeit in sich fühlen, demselben nachzukommen. Folgt sie auch, weil sie keinen Ausweg für sich entdeckt, so folgt sie aus Furcht für Strafe und Hölle — der lezte Bewegungsgrund der oft allein übrig bleibt, wenn die übrigen durch Verdrehung sammt und sonders untauglich gemacht sind. — Fände sie irgendwo nur Möglichkeit dem strengen Gott sich zu widersetzen, sie würde ihr willkommen sein, denn sie fühlt in sich ein gewisses Etwas, das sie zu einem Versuch geneigt macht — nur daß die Uebermacht des Oberherrn, seine Blitzstrahlen, und ein ewiges Verderben, auch die Gedanken daran unterdrücken.

Würden unsern Christen fleißig und faßlich genug, Gottes gute Absichten erläutert und auseinandergesezt, welche er bei seinen Gesetzen hat; würde

de ihnen begreiflich gemacht, daß Gottes Wille nichts fordere, als, was ohnehin schon jeder thun müsse, welcher weise wäre, wenn er für sein dauerhaftes und wahres Glück bedacht sein wolle, und daß also allemal die genaueste Befolgung des göttlichen Willens mit unserm höchsten Wohl in dem engsten Zusammenhang stehe; daß es folglich der Liebe Gottes zu verdanken sei, wenn sie uns das, was an und für sich selbst für unser Glück durchaus nöthig war, auch noch ausdrücklich, als ihren Willen bekannt machen ließ, um uns die Erkenntniß desselben zu erleichtern und auf alle Weise das Uebersehen desselben zu verhüten; daß, ferner, auf gleiche Art, alles was uns Gottes Wille zu vermeiden befiehlt, auch wenn er die Vermeidung desselben nicht befohlen hätte, unglücklich machen würde; daß also auf jede Weise, der Wille Gottes, das sicherste Kennzeichen sei, es hange etwas mit unserm Glück zusammen, oder stehe demselben entgegen; — würde dieses alles deutlich, faßlich und überzeugend vorgestellt: so würde damit sogleich die Veranlassung genommen, die Forderungen des Willen Gottes, für eben so beschwerliche, als an und vor sich unnütze Lasten zu halten, die uns sein Eigensinn aufbürden will, und der Verdruß über dieselben würde nicht gewissermaßen den Menschen nöthigen, sich einen oder mehrere der oben angegebenen Schlupfwinkel zu suchen, in welchen er sich vor seinen Pflichten verstecken könnte.

sten Mystik schwärmen wollen. Wollen wir ihn daher für seine Obliegenheiten einnehmen, so ist nichts sicherer, als daß wir ihm seinen Vortheil müssen bemerken lassen, der sich bei Beobachtung derselben für ihn ergiebt. Was für die Moralität Gefährliches oder Unrechtes im Gebrauch dieses Mittels liege, ist kaum abzusehen. Wenn uns einige Moralisten lehren, es sei die höchste Staffel menschlicher Vollkommenheit, alles Gute deswegen zu thun, weil es Gott will (um Gottes willen): so mögen sie sich wohl besinnen, was sie eigentlich sagen wollen, wenn unser eigener Vortheil hier durchaus nicht mit in Rechnung kommen soll. Sie werden doch das wenigstens zugeben, daß der Mensch, wenn er auch bei allen seinen guten Handlungen um Gottes willen, auf alles äußerliche Glück dieser Welt Verzicht thut, doch gewiß die Absicht habe, sein Glück in der Zukunft zu finden, oder — wenn er der Stoa ein wenig näher tritt — dies Glück in dem Bewußtsein seines eigenen Werths und was sonst die Natur der Tugend — die wir von Ausübung des Willens Gottes hier nicht unterscheiden — noch mit sich bringt, zu erhalten glaubt. So wird also der Mensch in seinen eigenen Vortheilen immer die erste und wichtigste Ermunterung zur Befolgung des göttlichen Willens und des Guten erhalten. Fänden sich auch wirklich einige solcher, — soll man sagen höchst rein oder höchst unrein? — gestimmter Seelen, die diesen Willen auch ohne die allermindeste Hinsicht auf irgend eine Art von Glück, doch noch für liebenswürdig und ausübenswerth hielten; so sind deren ihrer gewiß sehr wenige. Bei der bei weitem größern Zahl des Gegentheils, wird der Prediger so immer hinlänglichen Grund haben, dem Zurer auf seinen Vortheil zu verweisen, wenn er ihn zu der Befolgung des göttlichen Willens will antreiben. Damit aber der Zuhörer nicht meine, als habe Gott wohl auch einigermaßen sein Interesse dabei, wenn der Mensch seinen Willen ausübe, so muß er sorgfältig bedeutet werden, daß Gott bei unsern guten Thaten eben so wenig gewinne, als bei unsern gesetzwidrigen verliere, und daß er unmöglich für sich selbst etwas wünschen, fordern oder befehlen könne. Diese Erinnerung dürfte um so weniger überflüßig sein, ie mehr sonst wohl, das Wohlgefallen Gottes an unsern guten Handlungen, wie sein Misfallen an den bösen, allzusinnlich beschrieben wird; so nemlich als empfände er bei dem ersten die innigste und lebhafteste Freude, die er sonst nicht gehabt hätte, und bei dem andern würde er sehr betrübt und wehmüthig, wodurch der Gedanke, als fordere oder verbiete er um sein selbst willen, neue Verstärkung erhält. Der gewissenhafte Prediger muß aus allen Kräften dahin arbeiten, dem Menschen fühlen zu lassen, sein eigenes Glück sei bei allem, und in allem, was Gott von ihm wolle, die wichtigste Absicht. Dies Gefühl, ie lebhafter und stärker es wird, desto mehr muß es zur Tugend anregen, und man wird es alsdenn verstärken, wenn man deutlich zeigt, warum dies gefordert, und ienes untersagt werde. Aber freilich kommt man leichter damit weg, zu sagen: so will es Gott; als die Absichten desselben bei seinen Vorschriften zu verfolgen und dem Volke begreiflich zu machen.

Es ist eins der vortreflichsten Mittel, auf die Folgen seiner Handlungen den Menschen hinzuweisen, wenn man ihn zur Tugend geneigt machen will. Nur wär es zu wünschen, daß der Prediger

nicht

nicht allein bei denienigen Folgen stehen bliebe, welche sich in der alterentferntesten Zukunft erst äussern sollen. Oft liegt diese zu weit, als daß ihre Gegenstände dem schwächern Auge ganz so groß und wichtig scheinen sollten, wie sie es wirklich sind, und haben, nur in gewissen Stunden des Lebens allein, für den Menschen Interesse genug. Ueberhaupt hat das Nähere für uns mehr Anziehendes und Kraft, und schon um deswillen muß man die gegenwärtigen Folgen der Handlungen zu Hülfe nehmen, und so sehr es sein kann, dem Menschen nahe vors Auge rücken. Beständig weise man also den Zuhörer auf die Folgen seines Thuns und Lassens hin, die sich schon in dieser Zeitlichkeit äussern. — Eine Sache bei der man aber alle Behutsamkeit nöthig hat, um nicht mehr zu zerstören als zu bauen. Stellt man die Folgen anders vor als sie der Mensch im Gange der Dinge antrift, beschreibt man als gewisse, unausbleibliche feststehende Folge, was doch vielerlei Ausnahmen leidet, und giebt man nur immer für ebendieselbe Handlung einerlei Folge an, ohne den Zuhörer im Voraus mit den Abänderungen solcher Angaben bekannt zu machen, so ist man oft in Gefahr, seinen Zweck nicht nur durchaus zu verfehlen, sondern oft auch, eine ganz entgegenstehende Wirkung zu erzeugen. Ich glaube, daß hier die große Kunst des Predigers darin bestehen müsse, den Zuhörer die angegebenen Folgen mehr hoffen oder fürchten zu lassen, als mit Gewißheit zu drohen oder zu versprechen, wenn er nicht fruchtlos arbeiten will.

Die Folgen unserer Handlungen — dies kann die gemeinste Erfahrung auch bei einer getheilten und halben Aufmerksamkeit schon lehren, — treffen nicht in allen Fällen auf gleiche Weise zu, und
sind

sind bei gleichen Handlungen nicht von gleicher Beschaffenheit, Stärke oder Dauer, und oft scheinet es als blieben sie ganz aus. Auf Faulheit kommt nicht immer Dürftigkeit, auf Schwelgen nicht immer Krankheit, und eben so wenig allemal auf Fleiß Wohlstand und Vermögen, und auf Mäßigkeit fortdauernde Gesundheit. Je nachdem die Lagen, Umstände, körperliche Konstitution und vorzüglich das Verhältniß der guten und schlechten Eigenschaften gegeneinander, bei den Menschen verschieden sind, je nachdem sind es auch die Folgen ihrer Handlungen. So kann jemand, der durch seine Verschwendung in Armuth gerathen würde, durch Geschicklichkeit und Arbeitsamkeit dieser Folge vorbeugen. Und so überall. — Diese Bemerkung, so wie sie der Prediger selbst niemals außer Augen lassen darf; so muß er auch seine Zuhörer darauf aufmerksam machen. Geschieht das Gegentheil — ein häufiger Fall bei vielen Predigern, die sich schlecht auf die Dinge in der Welt und auf die Menschen verstehen! — so entstehen auf der einen Seite, falsche Vorstellungen im Vortrage, und auf der andern unausbleiblicher Schaden bei dem Zuhörer. Zwei Fälle kommen vorzüglich oft vor.

Oft verspricht der Prediger, seinen Zuhörern den Seegen Gottes, um sie desto leichter zur Frömmigkeit anzureizen. Entweder er bestimmt gar nicht, was darunter gemeint sei, oder er giebt seine Aeußerungen deutlich zu verstehen, daß er irdische Glücksgüter dabei im Sinne habe. Diese, meint der Zuhörer allemal, und vorzüglich denkt er dabei an Reichthum und Ansehen. Beide hoft er nun mit ehestem, vermittelst seiner Frömmigkeit zu erhalten — alles was er unternimmt, müsse

P 4

ihm

ihm gelingen, und seine größten Wünsche ihm gewährt werden. Daß er sich in seinen Hofnungen sicher oft betrogen sieht, ist leicht zu erachten. Vielleicht ist sein Nachbar, den er doch für gottlos hält, wohl gar glücklicher, wohlhabender und angesehener — desto mehr Ursache für ihn, mismuthig zu werden und nach kürzerm oder längerm Harren, mit dem gewünschten Seegen, die beschwerliche Frömmigkeit, wieder aufzugeben. Dies wird um so eher geschehen, je mehr der Prediger mit einer gewissen Zuverläßigkeit, unter diesem Seegen, Errettung von Krankheit, von Elend, Armuth u. s. w. verspricht, da der Erfolg so oft fehlt oder doch nicht nach Wunsch eintritt. — Gewiß eine der größten Thorheiten, solche Folgen anzugeben, von welchen man keinesweges wissen kann, ob sie Gottes Weisheit gut finden und eintreffen lassen werde. Zwar, man stemmt sich auf die Aehnlichkeit der Verheißungen bei den Israeliten, die man auch wörtlich anführt, aber man vergißt, daß diese doch eben deswegen für uns nichts erwarten lassen, weil sie ihnen gegeben sind.

Auf der entgegenstehenden Seite sollen Drohungen den Zuhörer, vom Bösen abhalten, und daher die Ankündigung der Strafen Gottes, Verlust des irdischen Glücks, der Güter, Gesundheit, des guten Namens u. s. w. Sonderbare Drohungen, da man zu andern Zeiten, den Mangel an äusserlichem Glück, beinahe als das untrüglichste Merkmal eines rechtschaffenen Christen angegeben, und den Besitz desselben fast zum Kennzeichen der Gottlosigkeit gemacht hat. Indessen schrecken sie vielleicht im Anfange, zumal wenn man merken läßt, die Erfüllung derselben werde den Fehlern auf dem Fuße nachfolgen. Hat aber der Zuhörer an sich oder andern, erst einigemal erfahren, wie wenig es mit dieser plötzlichen Erfüllung zu sagen habe, so wird er nicht selten um so leichtsinniger, je ängstlicher er vorher war; übersieht selbst diejenigen unangenehmen Folgen, die unmittelbar aus seinen Fehlern herflossen, und wenn sie ihm auch nun vorgestellt werden, so haben sie doch die Hälfte ihres Gewichts verloren.

Sollte auch ein oder der andere wirklich so gedankenlos sein, nicht zu bemerken, wie sehr die Folgen anders eintreffen, als sie angegeben sind, oder so frömmelnd, seine Zweifel zu unterdrücken: so wird doch in beiden Fällen leicht die Ungerechtigkeit veranlaßt werden, das Unglück der Nebenmenschen für den Beweis ihrer Gottlosigkeit anzusehen, wie hingegen, obgleich seltener, ihr Glück für das Merkmal ihrer Tugend.

Es ist nicht unbemerkt geblieben, wie wenig zureichend solche, nach angegebener Weise, gebrauchten Mittel sind, den Menschen zu bessern, und daher hat man zwei andere Dinge zu Hülfe genommen, durch welche, angeblichermaßen, alle die Ungleichheiten zwischen den Handlungen und den Folgen derselben, gehoben werden sollen; — das Gewissen und das Sterbebette. In diesen soll nemlich unausbleiblich Belohnung für Frömmigkeit und Tugend, und Strafe für Sünde und Laster gefunden werden. Daher der häufige Gebrauch dieser Dinge auf den Kanzeln; durch sie will man erreichen, was bei den andern Vorstellungen von Glück und Unglück nicht erreicht werden konnte. Und doch hat man sich auch hier sehr zu hüten, nicht mit Gewißheit, für jeden Fall, als unausbleiblich zu bestimmen, was im Lauf der Dinge doch oftmals ganz anders angetroffen wird.

Man läßt, der Regel nach, iederzeit den Frommen, den tiefsten und ungetrübtesten Frieden des Gewissens genießen, und auf seinem Sterbelager, sanft und still ins bessere Land hinüberschlummern: der Gottlose hingegen, wird von seinem Gewissen, wie von Höllenpein gemartert, und verscheidet unter den heftigsten Zuckungen und mit den fürchterlichsten Verwünschungen seines Lebens. Was das Sterben betrift, so braucht's nur gesunder Sinne, um zu bemerken, daß in tausend Fällen grade das Gegentheil statt habe. Hingegen kann der Ungeübte, die Vorstellungen von Ruhe oder Quaal des Gewissens, viel länger als wahr ansehen, da es hier nicht selten, einer genauen Aufmerksamkeit bedarf, das Gegentheil wahrzunehmen. Dies kann aber die unbehutsame Vorstellung selbst nicht rechtfertigen, wenn die Sache oft anders ist. Und das ist sie. Der ruchloseste Bösewicht hat nicht selten so ein ruhiges Gewissen — in der Wirkung gleich viel aus welcher Quelle — als hätte er Sünde und Verbrechen nie gekannt; ihr findet von den gedrohten Höllenquaalen allen, keine in ihm, selbst bei der genauesten Beobachtung nicht. Im Gegentheil aber sezt das zarte Gewissen, der gutmüthigen und frommen, nur allzuängstlichen Seele — und vielleicht über eingebildete Fehler — mit den größten Martern zu.

Diese angeführten Umstände werden zureichend sein, die sorgfältigste Behutsamkeit zu empfehlen, wenn die Vorstellungen von den Folgen der Handlungen, für die Moralität des Zuhörers, wirksam werden sollen.

Es giebt ein anderes, und vortrefliches Mittel, zur Beförderung moralisch guter Gesinnungen und Handlungen, bei welchem vielleicht nicht weniger
Be-

Behutsamkeit nöthig ist, wenn es nicht schädlich werden soll. Dies ist der Gebrauch tugendvoller Beispiele. Ein Mittel, welches, die Vortreflichkeit der Tugend darzustellen, und das Gefühl für Moralität zu erregen oder zu verstärken, viel wirksamer ist, als alles Raisonnement darüber. Um so viel mehr hat man Ursach bei dem Gebrauch derselben sorgsam zu sein. Bei dem Gebrauch der Beispiele aus der Schrift, hat man vorzüglich den Zuhörer zu bedeuten, daß Beispiele immer noch keine Vorschriften sind, und daß sie nicht ohne Bedachtsamkeit nachgeahmt werden dürfen, da die Lage des, der uns das Beispiel giebt, von der unsrigen sehr verschieden sein kann. Selbst das Beispiel Christi kann nicht überall, die Verbindlichkeit eines Gesetzes haben. Was die übrigen Personen der Schrift betrift: so dürfen nur diejenigen ihrer Handlungen empfohlen werden, die, nach den Vorschriften der Tugend, und nach der eigenen Entscheidung der Schrift, lobenswerth sind. Dies sind Dinge, die an und für sich selbst einleichtend genug sind, und doch vielleicht nur allzuoft übersehen werden. Uebrigens überlasse ich es dem Urtheil des Lesers, obs nicht manchen Schaden habe, einige Personen der Schrift, allzusehr zu erheben, die doch nicht ohne auffallende und herrschende Schwachheiten waren; ob es wenigstens nicht rathsamer wäre, diese Schwachheiten aufzudecken, damit der Zuhörer nicht für die seinigen allzuviel Entschuldigung darin fände, als sie vorsätzlich zu verheimlichen. Ebenfalls dürfte es wohl sehr ernsthafte Beherzigung verdienen, ob diejenigen Personen, die fast ohne Fehler waren, und die Handlungen, die einzig in ihrer Art sind, öfterer als andere, zu Beispielen gebraucht werden

den mögen, und ob der größere Theil der Zuhörer dadurch, eben so sehr zur Nachahmung, als zur Bewunderung und zum Erstaunen hingerissen werde?

Es ist zu bedauern, daß unsere Prediger, außer ienen, welche die Schrift giebt, keine anderen Vorfälle aus dem menschlichen Leben, als Beispiele für ihre Zuhörer brauchen. Es ist wahr, iene, die uns die Schrift giebt, erhalten von derselben bei dem Zuhörer ein gewisses Ansehen und Gewicht, welches andern fehlen dürfte; aber in einem andern Betracht verlieren sie doch wieder an Wirksamkeit. Theils, hat sie der Zuhörer zu oft gehört, als daß sie noch großes Interesse für ihn haben sollten; theils sind derselben zu wenig, als daß der Prediger die gehörige Auswahl, oder die so wichtige Abwechselung und Mannichfaltigkeit beobachten könnte, denn die Schrift hat freilich kein Exempelbuch, oder ein Magazin von Beispielen sein sollen, wie ohngefähr Anton Daveronlts historischer Katechismus, und theils dürfte auch der ungeheure Abstand iener Zeit aus dem die Beispiele genommen sind, von der gegenwärtigen, und die damaligen durchaus andere Lagen und Umstände, unter welchen sie geschahen, ihrer Wirksamkeit gewiß nicht förderlich sein. Der Zuhörer hört sie oft nur deswegen so gern, weil sie doch ganz artige alte Geschichten sind, ohne daran zu denken, daß sie Beispiel für ihn sein sollen. Ich weiß nicht, welches Vorurtheil den Prediger hindern sollte, neben den Beispielen der Schrift, sich auch anderer zu bedienen, die für unser Zeitalter und für den Inhalt seines Vortrags passend gemacht werden können. Beide Arten würden sehr gut miteinander verbunden werden, und nebeneinander bestehen können.

nen. Wenn iene das Ansehen des Alterthums und den Vorzug des Bekanntseins beim Volke haben; so haben diese den Reiz der Neuheit und des Unbekannten. Sie würden sich untereinander bestätigen, und den lebhaften Eindruck aufs Herz verstärken. Wenn man bedenken will, was für Albernheiten in den Zeiten der Finsterniß, Legenden und Kirchenmärchen erzeugt haben, warum sollte man zweifeln dürfen, daß der zweckmäßige Gebrauch guter Beispiele zu unsern Zeiten, nicht auf ähnliche Weise manches Gute bewirken sollte. Dadurch würde der Vortrag belebt und angenehm, vorzüglich für den größern Theil der Zuhörer, unsere Kirchen ein wenig voller, die Aufmerksamkeit gespannter, die Wiedererinnerung leichter, die Belehrung anschaulicher und sinnlicher, und die Eindrücke bleibender und tiefer. Ist dieser Nutzen davon zu hoffen, so ists warlich zu bedauern, daß man es sich kaum einfallen läßt hierin einen Schritt weiter zu gehen.

Es finden sich noch manche andere Mittel, obgleich von einer ganz andern Art, als die bisher erwähnten, wodurch man aufs wenigste den Menschen vom Bösen abhalten will. Viele Prediger glauben nemlich fast alles durch Strenge, Stürmen und Donnern, und viele, alles durch Flehen und Bitten, von ihren Zuhörer zu erhalten. Beides zu rechter Zeit und im gehörigen Maaße angewandt, kann die treflichsten Dienste thun, aber der wird fast immer seines Zwecks fehlen, der immer nur eins von beiden anwendet. Wer immer nur mit dem Hammer des Gesetzes pocht, der härtet durch Poltern, Drohen und Stürmen, seinen Zuhörer, gegen allen Ernst, ab. Die anfängliche Furcht verliert sich mit der Zeit, und hört mit

Gleichgültigkeit auf; denn wir werden auch mit den furchtbarsten Gegenständen nach und nach bekannt, und dann bald kalt gegen dieselben. Ohnedem ist fast ieder Mensch sehr abgeneigt gegen das, wozu man ihn mit einer Art von Gewalt zwingen will; es wird ihm bald durchaus gehäßig, und er fühlt so ein gewisses verborgenes Etwas, sich, so viel er kann dagegen zu sträuben. Gründe genug, diese Methode nur äußerst sparsam, und nie auf eine ausschweifende Weise, zu gebrauchen, ohnehin, da die Zeiten nun bald ganz dahin sein werden, wo es eine Ehre war, ein Gesetzprediger zu heißen. Nichts dringt sicherer, auch durch die verstecktesten und festesten Zugänge ins menschliche Herz als Sanftmuth und Liebe. Oft wird der bis zu Thränen, von einer liebreichen Vorstellung gerührt, bei dem alles Stürmen und Drohen, und alle Strenge nichts ausrichtete, als sein Herz nur desto fester zu verschließen. Wenn man dieses aber sehr häufig so weit ausdehnt, als müßte alle nachdrückliche Ermahnung, alle ernsthafte Warnungen und Vorstellungen vermieden werden, so dürfte man sich ebenfalls irren. Oft ist der Mensch schon so weit, daß er sehr ernstlich behandelt, erschüttert und vielleicht geschreckt sein will, wenn man hoffen soll, bei ihm etwas auszurichten. Verständige Prediger werden daher beides, Ernst und Liebe, nach Beschaffenheit der Umstände in Verbindung, oder iedes allein zu gebrauchen wissen, und desto sicherer eines guten Erfolgs gewärtigen können; nur daß der Ernst nie in Poltern und Stürmen, die Liebe nie in unzeitige Nachgiebigkeit und Gelindigkeit ausarte.

Hier verdienen noch die Strafpredigten besonders erwähnt zu werden. — Diese öffentlichen und vorsätzlichen Beschimpfungen einzelner Personen im Angesicht einer ganzen Gemeinde. Man weiß, wie geschickt manche Prediger in der Kunst sind, den und ienen im Angesicht seiner Gemeinde an Pranger zur Schau zu stellen, und das Deuteln, Flüstern und Fingerzeigen der ganzen Versammlung zu erregen, und wie oft sie diese Kunst in Ausübung bringen. Man sage, von den guten Absichten, die man bei dieser Art von Predigten vorgiebt, so viel als man wolle, man brüste sich sogar damit, zumal wenn man vornehme und obrigkeitliche Personen angegriffen hat, daß man sein Strafamt ohne Ansehen der Person ausgeübt, und den Amtseifer recht gezeigt habe, es ist doch gemeiniglich eine kleinere oder größere Animosität irgend in einem Winkel des Herzens versteckt, die diesen Predigten die Bitterkeit giebt, wodurch sie so kenntlich und so schädlich für die Moralität werden. Was allenfalls durch dieses bittere Strafen auf einer Seite gebauet werden konnte — angenommen nemlich, daß durch dieselbe überall etwas ausgerichtet werden könne — das wird auf einer andern doppelt wieder eingerissen. Denienigen dadurch zu bessern, auf den es gerichtet ist, mit welchem Grunde wird man das hoffen können? Vielmehr wird sein Herz rachsüchtig und heftig erbittert, gewinnt den Fehler, um dessentwillen es gestraft wird noch lieber, und nimmt sich recht fest vor, denselben, dem Prediger und aller Welt zu Trotz nimmermehr fahren zu lassen. Und bei den andern Zuhörern wird gewiß eben so wenig erbauet; wohl aber der Geist der unchristlichen lieblosen Beurtheilung, der Lästerung und der Schadenfreude aufgestört. Der muß gewiß ein heimtückisches und sehr verdorbenes Herz haben, welcher den Schaden dieser Predigten kennt, und sie doch hält, und selbst, wenn er ein Recht hätte sie zu halten, sich dieses Rechts nicht sehr gern begeben wollte. Noch ärger aber, da kein Prediger das Recht dazu hat. „Aber Christus" ‡ ‡ ‡ Freilich hat Christus die Pharisäer hart angegriffen, nun sind unsere Gemeinden keine Pharisäer, und der Prediger, nicht Christus. Es ist gewiß ein einfältiger Stolz des Predigers, wenn er sich hierin mit Christo vergleichen, und aus dem Beispiel desselben sein Recht schimpfen zu dürfen, herleiten will, da wir auf keine Weise in dem Fall und in der Lage sind, und auch niemals darein kommen können, in welcher er war. Zudem sollte man doch auch füglich nicht übersehen, daß diese Strafpredigten ein auffallendes Gegenstück zu dem Betragen Christi sind: „Wer unter euch ohne Sünde ist „der werfe den ersten Stein u. s. w."

Es ist zu bewundern, daß man von dem mancherlei Schaden, den diese Predigten angerichtet haben, den Groll und heimlichen Haß gegen den Prediger von Seiten des Beschimpften, und die völlige Schaamlosigkeit desselben, die unfreundlichen und schadenfrohen Urtheile, die durch dieselben veranlaßt werden, eben so wenig bemerkt hat, als das Unanständige und Unfeine in denselben. Vielmehr hat man sehr lange diese Predigten für außerordentlich erbaulich, und diejenigen für rechtschaffene und treue Diener Jesu Christi gehalten, die — kein Blatt fürs Maul nahmen, und ihre unlustige Laune an jeder einzelnen Person oder jeder einzelnen Menschenklasse ausließen, welche ihren Unwillen auf sich gezogen hatten. Flacius führt den Prediger Kaisersberg zu Strasburg mit in seinem Katalog auf, wahrscheinlich, weil er

das

das große Verdienst hatte, trefflich auf die Mönche schimpfen zu können. 29) Hingegen tadelt er diejenigen Prediger ein wenig bitter, die nicht so grob und unanständig schimpfen wollten. „Man sucht „izt" sagt er, „sehr mühsam, solche Prediger, „die alles sprechen, was die Großen wünschen; „die die Irrthümer angesehener Männer auf „eine gefällige Weise aufzuputzen wissen, und „die Laster so leicht und leise berühren, daß man „glauben sollte, es sei auf einige Gegenfüßler „gemeint. Diese künstlichen Predigtköche, die „allen Mäulern honigsüße und schmackhafte Ge„richte aus ihrer Küche auftischen, werden we„gen ihrer Gelehrsamkeit und Bescheidenheit „und anderer rühmlichen Eigenschaften bis an „den Himmel erhoben." 30) Nach ihm, ver-

langt

---

29) Er nannte diejenigen Mönche, die schwarz gekleidet waren, den Teufel, und die weiß gekleideten, seine Mutter — die Franciskauer, Diebe, wegen der Stricke um den Leib, und Narren, wegen des geschornen Kopfs. Man sieht durch welchen Ton man im fünfzehnten Jahrhundert, gefällig werden konnte, denn dieser Mann hatte Zulauf.

30) —— „Magno studio quaeruntur eiusmodi verbi „diuini ministri, qui ad placitum potentum omnia „dicant, errores magnorum virorum speciosa ali„qua glossa exornent: peccata hominum ita ob„scure atque generaliter stringant, vt omnes co„gitent, non sua, sed aliquorum hominum apud „Antipodes peccata, taxari. Isti artificiosi coqui „sacrarum concionum, & quibuslibet palatis, „mellea fercula proponentes, ab eruditione, à „modestia, aliisque donis in coelum vsque eve„huntur." Centuriator. Magdeburg. Tom. IX. in praef.

langt selbst, der mit Hofluft und Hofton so bekannte Andreä, von dem Prediger, daß er ein Grobian sein soll. Er spricht in seinem hundertjährigen Bedenken von Predigern, die so waren, wie sie der Psalmist beschreibt: Die Augen hätten ohne zu sehen, und Ohren ohne zu hören. „Mir gefällt alles wohl," sagen sie, „was mein „Herr und Fürst, mein Junker, mein Herr „Bürgermeister thut, unangesehen dasselbe er„schrecklich böse ist. Ja viel Prediger sind zu „dieser Zeit, die großer Potentaten und Herren, „welchen sie dienen, Speichel lecken; und wenn „ihnen, mit Urlaub, ein böser Stank entfährt, „so sagen sie, daß es besser rieche als ein Gra„natapfel oder Pomeranze." Man sieht, welche verunstaltete Begriffe, man sich von der Pflicht des Predigers gemacht, zugleich aber auch, daß es nicht ganz an verständigen Männern gefehlt habe, die, mit hündischer Beißigkeit, die Fehler einzelner Personen, auf der Kanzel anzufahren, eben für kein Verdienst, wenigstens für keine unentbehrliche Eigenschaft des Predigers hielten. Indessen fehlt es immer noch nicht an Leuten, die diesen blinden und unmäßigen Eifer, für das nothwendigste Erforderniß eines gewissenhaften Seelenhirten halten. Wollte man ihren Wünschen zu entsprechen suchen, so würde der Prediger nichts sorgfältiger zu betreiben haben, als durch ausgestellte Posten, alle Vergehungen seiner Gemeindekinder zu erfahren, die jede Woche erzeugt hat, um dann des Sonntags, auf der Kanzel das Rüggericht darüber zu halten. Dies würde alsdenn einen wichtigen Theil von der cura animarum ausmachen, die man immer so sorgfältig als ein einzelnes Stück, vom eigentlichen Predigen — ob aber

auch

auch mit Grund? — unterscheidet. Der eine Theil der Zuhörer würde alsdenn allsonntäglich gute Erschütterung für sein Zwerchfell, und der andere häufige Ergießungen seiner Galle haben, und der Prediger die süße Genugthuung sich für einen namhaften Helden und für einen Streiter für Frömmigkeit und Wahrheit halten zu dürfen.

Es ist wahr, der Prediger kann und soll auch auf keine Weise entübrigt sein, von den Fehlern und mannichfaltigen Vergehungen der Menschen zu reden, aber deswegen kommt er gewiß nie in die Nothwendigkeit Strafpredigten zu halten; denn es giebt sicher eine sehr merkbare und deutliche Grenze zwischen dem freimüthigen Tadel und ernsthaften Behandlung der Fehler und zwischen Injurien sagen und pasquilliren. Man kann Fehler sehr ernsthaft rügen, ohne deswegen Grobheiten herauszupoltern, zu schmähen, und ohne Personen zu nahe zu treten, und man ist sicher noch kein stummer Hund und kein Polsterprediger, wenn man kein Injuriant ist. Uebrigens ist die Polemik in der Moral durchaus gegen allen gesunden Menschenverstand und seine Sitten, und eben so gehäßig als die in der Dogmatik, und sticht sehr frappant zu der Sanftmuth ab, die die Sittenlehre des Christenthums von iedem Christen fordert. „— Helfet einer dem andern zurecht mit „sanftmüthigem Geist!"

Es ist so befremdend nicht, daß sich diese Predigten so lange erhalten haben, und schwerlich iemals ganz aufhören werden. So lange wenigstens, wird man ihre Schädlichkeit vergebens auseinandersetzen, als es Prediger giebt, denen ihre Erziehung, ihre Bildung und ihr gesellschaftlicher Umgang es leichter macht, eine Stunde zu schimpfen, als einen

Q 2

nütz-

nützlichen Vortrag zu halten, und die ihr Amt mis: brauchen, ihren Groll an ihren Gegnern auszulassen, und den lange im Herzen verhaltenen und gekochten Gift auf der Kanzel auszusprudeln, den sie bei jeder andern Gelegenheit nicht ausgeifern durften. Man rechne hieher noch, daß diese Predigten, dem grös: sern Theil der niedrigen Volksklassen, der pöbel: haft denkt und handelt, außerordentlich gefallen, und tausend Prediger kein ander Mittel wissen, diesem Pöbel sich gefällig zu machen, als diese Strafpredigten. 31)

Man kann es sehr willig zugeben, daß es je zu: weilen nöthig sei, iemanden wegen seiner, viel: leicht allzunotorischen Vergehungen, Vorhaltung zu thun; aber die Kanzel ist so wenig der schickliche Ort dazu als der Beichtstuhl. In den meisten Ländern hat der Prediger das Recht; einen solchen Menschen, zu sich kommen zu lassen — und hier mag er ihn so ernst: oder so liebreich ermahnen, als es die iedesmaligen Umstände erforderlich machen. Dies ist, in solchen Fällen, ohnstreitig das Zweck: mäßigste. Hat aber der Prediger dies Recht nicht; — wohl, so ist er außer aller Verschuldung.

Es verdient hier seine Stelle, was schon die alte sächsische Kirchenordnung hierüber anordnet. „Nachdem,“ — so heißt es — „den Pfarrern „und Kirchendienern mit Ernst auferlegt und
„ein:

---

31) Selbst oftmals demjenigen, auf den sie gerichtet sind. Ich erinnere mich, daß ein Bauer seinem Prediger, von dem er sehr unverkennbar in der Predigt war gezeichnet worden, einen halben Gulden gab mit dem Zusatz: „Da Herre; — weil „Er mich leztin so brav abgekanzelt hat.“ In den ersten Monaten meiner Amtsführung, bin ich mehrmalen von einigen Gemeindegliedern gebeten worden „die Leute mehr abzukanzeln.“ —

„eingebunden, daß sie in ihren Predigten, ihren
„eigenen Affect, mit Holhippeln, Poldern oder
„Schmähen nicht nachgehen, sondern sich aller
„christlichen Sanftmuth und Bescheidenheit nach
„der Lehre Pauli gebrauchen = = = ist solches al=
„lein auf die ärgerlichen Predigten gemeinet, da
„die Pfarrer aus Zorn und eigener Rachgier ihre
„eigenen Sachen, auf die Kanzel getragen, und
„mit Aergernuß der Gemein ausgestoßen, die
„Leute mit Namen genennt, oder sie sonst also
„ausgemählet, daß Männiglich wer sie sein,
„wohl verstehen können = = = welches wir hinfort
„zu dulden, keineswegs gemeint sind."

Daß man auch hier wieder den H. Geist, wie
eben bei den Verketzerungen, zur Schutzmauer
genommen hat, seine höchst sträfbare Wuth damit
zu schützen, kann man leicht erwarten. Selnecker,
erzählt in seiner „Erinnerung wegen der Flacianer
„Lästerung," daß ein Prediger zu Nordhausen
sehr arg auf den Rath daselbst gelärmt und ge=
scholten habe. Wie man denselben darüber zur
Verantwortung zog, so sagte er: man solle den
H. G. darum befragen, welcher ihm solches, ihm
unbewußt eingegeben habe. Der H. G. habe sie
nun einmal so und so genannt und gescholten; mit
dem möchten sie darüber rechten. Dergleichen Bei=
spiele stehen auch hier so isolirt nicht, daß man nicht
immer noch Konsorten dazu finden könnte, und das
selbst sogar noch in unserm Zeitalter. Man müßte
den Troß unserer Prediger sehr wenig kennen, wenn
man es unglaublich finden wollte, daß sich noch
viele, bei allem frommen und gedankenlosen Jargon
den sie hervorbringen, doch auf die Verheißung
stemmen, daß der Geist des Vaters ihnen einge=
be, was und wie sie lehren sollen.

Einige

Einige andere Hindernisse im Vortrage.

Was der Mangel an Popularität und Faßlichkeit im Vortrage, für ein großes Hinderniß werde, ist zu unsern Zeiten schon oft genug auseinandergesezt worden. Man kann die vortreflichsten, anwendbarsten Wahrheiten vortreflich und schön vortragen, man kann die brauchbarsten Regeln fürs menschliche Leben geben, und beides ist immer dem größern Theile der Zuhörer unbrauchbar, wenn es nicht verständlich und allgemein faßlich ist.

Es ist, seit der Reformation, eine lange Zeit verflossen, ehe es sich der größere Theil der Prediger beikommen ließ, daß ein großer Unterschied statt fände, zwischen der Sprache der Gelehrten untereinander, und zwischen der, die man mit dem Volk reden muß, und wie viel Zeit wird noch hingehen, ehe man die Grenzen dieses Unterschiedes, allgemeiner als bisher, kennen wird. Zwar Luthers großer Geist, konnte es nicht übersehen, wie viel und mancherlei Schaden aus den unverständlichen Predigten herkomme, und bei vielen Gelegenheiten äußerte er, wie sehr er die Prediger schäze, die diese Klippe zu vermeiden wüßten. Nach der Erzählung seines alten Tischgenossen, des Mathesius, war es eins seiner Leibsprüchelchen, welches er sehr oft brauchte: „Auf der Kanzel wären „das die besten Prediger; die pueriliter, tri„uialiter, populariter und simplicissime reden, „nicht viel fremde Fragen und der Widersacher „Argument regen und widerlegen, auch nicht „auf abwesende Obrigkeiten oder Münche und „Pfaffen und ihre Widerparten oder Abgünsti„gen einen Ruhr oder Schmiz geben." Nur, daß sich zum Unglück sehr wenige nach seinen Aeußerungen ferungen richteten. Gleich nach Luther gieng die Epoche an, und schon zu seiner Zeit, wo man auf den Kanzeln die Kirchenväter fleißig anzog, um dem Volke zu zeigen, daß es Leute gebe, die —— Kirchenväter hießen. Man plünderte sogar profane Dichter und Prosaiker, wie schon oben darüber eine Stelle der Centuriatoren angeführt ist, um seine heiligen Reden damit geschmackvoll und zierlich zu machen. Johann Wigand erzählt, daß er einen Prediger gehört habe, der — bei einer Traurede, wo ich nicht irre — den Ovid de arte amandi nicht weniger als zwanzigmal anführte. Wie ungemein populär müssen diese Predigten gewesen sein. Aber diejenigen in unsern Zeiten, waren gewiß um kein Haar besser, als die zu Wolfs Zeiten, und zu den Zeiten der Erscheinung der Messiade, so häufig gehalten wurden. Es war im schönsten Aufblühen der wolfischen Philosophie, als dieselbe die Kanzeln betrat, und allen Vorträgen das Gewand philosophischer Abhandlungen angezogen wurde, und die leichtesten und plansten Wahrheiten methodo scientifica nach mathematischer Form demonstrirt wurden. Welche erbauliche Prediger mögen aus der Schule eines Canz und noch mehr aus der Schule eines Carpzov herausgegangen sein. Nach dieser Epoche kam die klopstockische. Kaum daß die Messiade erschienen war, und Sensation auf das Publikum gemacht hatte, so wurden überall für die Kanzeln Epochen manufakturirt: man schwebte unter Engeln und Erzengeln in den höchsten Himmelsregionen, und man hatte den Verstand droben so sehr sitzen lassen, daß man sogar Predigten in ungereimten Hexametern hielt — und ungereimt waren sie freilich genug! Wenn auch in unsern Tagen, die eine Thorheit wie die

Q 4 andere,

andere, ihr Ende gefunden hat, so sind die Predigten um nichts verständlicher und besser, die blos aus Ausdrücken der dunkeln morgenländischen poetisch-prosaischen Sprache zusammengewebt sind, und welche die Unkunde, mit dem Namen einer biblischen, und wohl gar auch einer populären Predigt beehrt.

Man scheint es viel besser und leichter begriffen und auch viel richtiger angewandt zu haben, welche Arten von Sachen und Inhalt der Popularität im Wege stehen, und man läßt daher allenfalls wohl alle eigentlich gelehrte Dinge, aus dem Vortrage an eine gemischte Volksversammlung hinweg, so wie alles was zu weitläuftige und für das Volk doch unfruchtbare Untersuchungen veranlassen könnte; aber man scheint nicht eben so bald darauf gefallen zu sein, aus der Sprache, in welcher man mit dem Volke reden muß, ein eignes Studium zu machen, um ihr neben der Allgemeinverständlichkeit, auch die ganze Würde des Kanzelvortrages zu sichern, sie gleich weit vom Tändelnden und Kindischen als vom Niedrigen und Rohen entfernt zu halten, ihr alle Biegungen und Ausdrücke von Ernst, Sanftmuth, Zutraulichkeit, Belehrung und Rührung zu verschaffen, und sie mithin auch der gemischtesten Versammlung gefällig zu machen! Es ist traurig genug, daß man Jahrhunderte für Bürger und Bauern gepredigt hat, ohne darauf zu fallen, wie man ihnen verständlich und begreiflich zu werden, und eben dadurch seine Vorträge denselben angenehm zu machen habe, und noch mehr zu bedauern, daß auch itzt diese Bemühungen noch allzuoft verunglücken, und daß es noch so eine Menge von Predigern giebt, die dem Wort Popularität gar keinen Begrif unterzulegen,

zulegen, und den Abstand zwischen Katheder und Kanzel, ganz nicht aufzufinden wissen. Aber es giebt auch deren, die mit gutem Bedacht in ihren Predigten einen großen Aufwand von Gelehrsamkeit bringen, und so hochtrabend und unverständlich sprechen, als es ihnen möglich ist, damit der betroffene Zuhörer mit offenem Munde seines Predigers hohe Gelehrsamkeit anstaunen möge; oder damit einige halbstudirte Rathspersonen des Landstädtchens sehen können, welch ein omnis homo ihr Herr Pastor sei. Für diese Menschenart und für ihre Gemeinden ist nicht leicht etwas inständiger zu wünschen, als daß sie die Bewunderung nie finden möchten, nach der sie geizen. Es ist nicht zu leugnen, daß es allerdings ein betrübter Umstand sei, wenn ein Mann, den guten Schatz seiner mannichfaltigen Kenntnisse, an einem unbekannten Oertchen soll verrosten lassen, ohne damit zu wuchern, und ohne sich daran zu ergözen, daß ihn auch andere bemerken und schätzen; aber es ist doch in Wahrheit so unverständig als gewissenlos, die Einfalt des Zuhörers zur Bewunderung zu zwingen, und ihn darüber in dem Nothwendigsten zu versäumen. Diese stolzen und allgenugsamen Prediger, die nur, ihrem eigenen Wörtchen Ich zum süßen Geruch, so unverständliche Vorträge halten, und dabei in der Meinung sich wiegen, um so schöner und treflicher es gemacht zu haben, ie künstlicher und gelehrter sie es gemacht haben, sollten sich mit großen goldenen Buchstaben, die goldenen Worte Luthers in ihren Schreibepult anschreiben: „Fühlst du dich und läßst du dich dün„ken : : : als habest du es sehr köstlich gemacht „und treflich gepredigt : : : : bist du der Haar, „lieber, so greif dir selber an deine Ohren,

„und greifst du recht, so wirst du finden ein
„schön Paar, großer, langer, rauher Esels=
„ohren: so wage vollends den Kosten dran, und
„schmücke sie mit güldenen Schellen, auf daß,
„wo du gehest, man dich hören könne, mit Fin=
„gern auf dich weisen und sagen: Sehet, sehet
„da geht das feine Thier, das so treflich wohl
„predigen kann." 32)

Es sind der Ursachen mancherlei, warum es
vielen Predigern, selbst bei aller angewandten Mü=
he oftmals nicht glücken will, faßlich zu predigen,
welchen nachzuspüren, sehr nützlich werden könnte.
Schon die Gewöhnung an die kurze und präcise
Sprache der Kompendien und Systeme, und daß
man sich damit den besten und oft den größten Theil
des Lebens beschäftigt, und die völlige Unbekannt=
schaft mit der Sprache der niedrigern Volksklas=
sen, müssen es ihm außerordentlich schwer machen,
sich in den Ton hineinzustimmen, der ihnen allen
verständlich ist. Hierzu darf man rechnen, daß
der Prediger sich oft darinnen betrügt, etwas für
populär zu halten, was diese Eigenschaft gar nicht
hat. Alle die Worte, Ausdrücke, Redensarten,
Wendungen und Sachen, die seine Predigt aus=
machen, sind von der Art, daß sie allen denienigen
mit welchen er Umgang hat, außerordentlich faß=
lich sein würden, und so schmeichelt er sich, wür=
den sie es auch dem Volke sein. Aus diesen Ur=
sachen schon allein, dürfte es für jeden Prediger er=
forderlich sein, die Sprache seiner Gemeinde und
seiner Gegend zu studiren. Nicht daß er nun etwa
in dieser Sprache predigen sollte, hierauf nemlich,
könnten manche Vorschläge die man hier und da
gethan

---

32) Luth. Opp. Tom. I. p. 6. 7. Altenb.

gethan hat, leicht hinauslaufen — sondern nur, daß er sich nach dieser Sprache richten, die Bedeutungen ihrer Worte, Redensarten und Wendungen kennen lernen, die brauchbaren davon anwenden, die andern vermeiden, vermittelst dieser Kenntniß allen Zweideutigkeiten und Dunkelheiten desto glücklicher zuvorkommen, und also auch für diejenigen Menschen selbst faßlich werden könne, die weder vor Jahrtausenden im Morgenlande gelebt, noch außer ihrem Katechismus, Bibel und Gebetbuch viel mehr gelesen haben, als die Historia der heil. Genoveva oder des gehörnten Siegfrieds. Dieses Studium wird der Prediger um so sorgfältiger zu betreiben haben, je öfter es geschehen kann, daß selbst seine unwissendsten und einfältigsten Zuhörer, seine Vorträge als schön und recht sehr deutlich loben, von welchen sie fast gar nichts verstehen. Denn, frühzeitig mit einer großen Menge von verschiedenem Schall bekannt, die sie als eben so viel Wahrheit haben auswendig lernen müssen, gilt ihnen jeder dieser bekannten Töne, für eine Sache, ohnerachtet sie niemals an eine wirkliche Sache dabei zu denken gewohnt sind. Ist nun eine Predigt, aus diesen, dem Zuhörer längst bekannten Tönen und Worten zusammengesezt, mit welchen er dennoch keinen Begrif verbindet, so scheint sie ihm verständlich, ohne daß sie es wirklich ist. Dies wird der Fall auch sogar alsdann sein können, wenn diejenigen wenigen Worte, die den Hauptinhalt des Vortrags angeben, nichts weiter als den bloßen Schein des Verständlichseins haben, so sehr auch alles übrige wirklich verständlich wäre. Vielleicht, daß in diesen Umständen ein Grund liegt, warum sich so viele Prediger, nur mit Mühe oder gar nicht überzeugen können,

daß

daß sie den Ton noch lange nicht getroffen haben, in welchem sie allgemein verständlich werden.

Auffallend ists, hin und wieder Männer zu finden, die gewissermaßen die Unpopularität — man erlaube dieses Wort — in Schutz nehmen. Wenn sie auch nicht grade die Singularität so weit treiben, zu behaupten, daß man durchaus unverständlich predigen müsse; so halten sie es doch für sehr zuträglich, nicht so ganz deutlich sich zu machen, damit das Volk — im Nachdenken geübt werde. Man kann zugeben, daß es Kasualfälle, und gewisse besondere Lagen zuweilen erforderlich machen können, sich hiernach zu richten, um zuweilen einen oder den andern nöthigen Ausweg für sich zu finden; aber man wird dieser Meinung nimmermehr die Gültigkeit einer allgemeinen Regel zugestehen können. Kann man doch auch die schwersten Sachen, die unser Nachdenken Jahre lang beschäftigen können, mit den faßlichsten Worten vortragen. Man muß dies sogar, wenn der Zuhörer nachdenken soll. Denn wie soll er, und wie kann er richtig nachdenken, wenn er den Vortrag seines Predigers gar nicht, oder nicht richtig gefaßt hat, und wenn die Sachen, wegen ihrer Dunkelheit, nichts Anziehendes und Wichtiges für ihn haben können, welches sein Nachdenken erregt. Luther giebt hier eine ganz andere Regel. "Den gemei-
"nen Mann muß man nicht mit hohen schweren
"und verdeckten Worten lehren. Es kommen
"in die Kirche kleine Kinder, Mägde, alte
"Frauen und Männer, denen ist hohe Lehre
"nichts nütze. — Und wenn sie schon sagen:
"ey er hat köstliche Dinge gesagt; wenn man
"sie fragt: was war es denn? sprechen sie: ich
"weiß es nicht —— Man muß den armen Leu-
"ten

„ten sagen, scapha, scapha, — ficus, ficus; „sie faſſens dennoch kaum." 33) Es bedarf wohl keiner nähern Auseinanderſetzung wie wahr das geſagt ſei.

Es würde eine traurige Rechnung ſein, die Zahl und die Größe der Hinderniſſe fürs Predigt‑amt zu berechnen, die in dem Mangel an Popula‑rität liegen. Was hilft alles Predigen, wenn es dem größern Theil der Zuhörer unverſtändlich bleibt, wie eine Hieroglyphe, oder wenn dadurch zu ganz entgegengeſezten Begriffen, und zu einer völ‑

---

33) Beim Matthesius im Leben Luthers. — Man empfiehlt es izt, nachdem ein bekannter und ver‑dienter Schriftſteller Deutſchlands, dem es nie an Nachbetern fehlt, den Ton angegeben hat, ge‑wiſſe Lehren Chriſti, die Chriſtus ſelbſt abſicht‑lich ins Dunkele ſtellte, aus dieſem ehrwürdigen Dunkel nicht herauszuziehen. Der Gedanke iſt wohl eine Folge der mancherlei durchaus verwickel‑ten Streitigkeiten die über den modus dieſer gewiſ‑ſen Lehren geführt ſind. — Man kann ſehr gern zugeben, daß es beſondere Umſtände und Localität, manchem Prediger nothwendig machen können, über dieſe Lehren, blos mit den Worten der Schrift zu reden, und mithin dieſelben in ihrem Dunkel, in einzelnen Fällen zu laſſen. Uebrigens verdiente es doch aber wohl einer genauern Unter‑ſuchung, ob dieſe gefliſſentliche Dunkelheit Chri‑ſtus für jedes Zeitalter beobachtet wiſſen wollte, und wenn dies wäre, obs nicht rathſamer ſei dieſe Lehren ganz aus dem öffentlichen Vortrag zu ver‑weiſen, wenn ſie ohnehin niemand verſtehen ſoll, um die Gelegenheit zu unfruchtbaren und müßi‑gen Spekulationen abzuſchneiden. Man würde aber wohl ſich zuvor erſt darüber ein wenig aus‑einander zu ſetzen haben, ob, in wie weit, und warum Chriſtus gewiſſe Lehren ins Dunkel ſo ab‑ſichtlich ſtellte, und vielleicht auch — welche?

völligen Verwirrung derselben Veranlassung gegeben wird. Und was können unsere Christen bei allen diesen Vorträgen, an richtiger Einsicht in die Wahrheiten für Herz und Leben, an Veredlung ihrer Gesinnungen, und an Verbesserung ihrer Handlungen gewinnen, oder, wie eindrücklich, wie bewegend, und wie brauchbar für sie kann das sein, was sie nicht verstehen? In der That, es wäre besser gethan, gar nicht zu predigen, so würde das Volk wenigstens doch nicht glauben können, daß es sehr verdienstlicher Gottesdienst sei, stundenlang die Geduld der Ohren auf die Probe zu setzen. Und doch, wie viel giebts selbst solcher unwürdigen Prediger noch, die recht mit Mühe, die deutlichsten Gegenstände ihren armen Zuhörern, hübsch undeutlich zu machen suchen?

Ein anderer Fehler, der in einem großen Maaße, Hinderniß fürs Predigtamt werden kann, ist der, daß von ieher, so oft ganz fremdartige Dinge in die Vorträge ans Volk von unweisen Predigern sind verflochten worden. Zwar können diese Dinge trefflich geschickt sein, den neugierigen großen Haufen zu letzen und allenfalls seinen unbedeutenden Beifall zu erwerben, aber gewiß eben so sehr, den wahren Zweck der Vorträge aufhalten und die Aufmerksamkeit ganz auf die unwichtigen Gegenstände hinleiten. Mag ein Prediger den nutzbarsten Vortrag über wichtige Gegenstände gehalten haben, so wird er doch diesen Nutzen großsentheils zerstören, wenn er auch nur am Ende seiner Predigt so etwas fremdartiges beimischt. — Ein Fehler der immer noch sehr häufig ist. Denn es giebt ia der Prediger noch genug, die es mit großen Lobserhebungen und sehr umständlich erwähnen, wenn etwa ein neuer Kirchstuhl erbauet,

die

die Kirche von iemand mit einem neuen Altartuch, mit einem Kanzelüberhang beschenkt ist, oder ein Paar Orgelpfeifen reparirt sind. Ist der Prediger gar selbst von einigen Mitgliedern der Gemeine beschenkt worden, so versteht sich von selbst, daß er sich hübsch umständlich bedanken, und die anderen christlichen Seelen dadurch zur Nachahmung erwecken müsse. Andere, nehmen, bei Gelegenheit des Deems den die Juden im alten Testament geben mußten, Anlaß, sehr umständlich auseinander zu setzen, wie karg und filzig man ißo gegen Kirchendiener und Prediger sei, und wie sich darin die Welt so ganz verkehrt habe. Viele Prediger machen es sich auch zum Gesetz, alles in ihre Vorträge hineinzuweben, was nur ihnen Misfälliges, in ihrem Kirchspiele vorfällt. Ich habe einen Prediger gekannt — ein wahrhaft gutmüthiger und rechtschaffener Mann, nicht ohne Kenntnisse und nicht ohne guten Willen zu bessern — der immer gegen Tänze, Gastmähler, gegen die Vergnügungen des iungen Volks, gegen den Besuch der Wirthshäuser, deren er ein und das andere namentlich angab, und gegen hundert ähnliche Dinge recht ernstlich eiferte. Die meisten meiner Leser werden gewiß ähnliche Prediger genug kennen, die es sich warlich nicht beikommen lassen, daß diese Dinge außerhalb der Grenzen des Kanzelvortrags liegen könnten. Noch elender ists wenn ganze Predigten über Gegenstände gehalten werden, die nimmermehr in den Kanzelvortrag gehören. So hielt ein Prediger seinen Bauern eine ganze Predigt darüber, ob die Lilien, in dem herrlichen Text Matth. 6, 24. ein Zwiebel- oder Saamengewächs wären. In Wahrheit eine treflicke Naturpredigt. So ist noch im Jahre 1789

eine

eine ganze Predigt an einem Marientage gehalten worden: „Wie die Maria recht verehrt werden „müsse." Jeder Leser wird sich leicht diese Beispiele aus dem Kreise seiner Erfahrungen vermehren können. Wer in dem seltenen Fall wäre, es nicht zu können, dem wollen wir noch mit folgenden Beispielen, aus der Vorzeit dienen, die, hoffentlich, manchem nicht ganz unwillkommen sein werden.

Der bekannte Freund Luthers und Pfarrer zu Joachimsthal, Matthesius hatte den besonderen Einfall, vor seine Bergwerker das Leben Luthers in Predigten aufzustellen. Ein Einfall der so gradehin nicht zu tadeln wäre, wäre er nur zweckmäßig ausgeführt worden. Er sagt in diesen Predigten manches Gute, wie er überhaupt für seine Zeiten ein sehr nützlicher Prediger gewesen sein mag; aber er sagt auch vieles, was nimmermehr in die Schranken des Kanzelvortrags gehören kann. In der siebenten Predigt erzählt er, wie theuer ihm sein Tisch gekommen sei; er nennt diejenigen mit Namen, die ihn als einen armen Gesellen unterstüzt hätten; er vertheidigt und rühmt die Universität Wittenberg überall, sagt welch Jahr und Tag er dahin gekommen, wie alt er gewesen, und nennt die Professoren, bei welchen, und was er bei ihnen gehört habe. So erzählet er auch — welches er füglicher hätte sollen bleiben lassen — von Einigkeit und Uneinigkeit, zwischen Bürgern und Studenten, und wie einmal die Edelleute in eines Bürgers Hause, mit Bürgerskindern, eine Unlust und Lärmen angefangen, darüber von ordentlicher Bürgerschaft über die Köpf redlich gedroschen und die Nacht über beigeschlossen worden, darüber sie aus Rache dem Stadtrichter

das

das Haus bloquirt und seine Fenster eingeschmissen, und was der D. Luther dagegen gepredigt: 34) „Ich bin" sagte der Doktor auf der Kanzel, „ein geistlicher Mann, — wenn mir ein solcher „Störenfried vor mein Haus käme, wollt ich „mit meinem Hausspies zu ihm hinauswischen, „und meinen Hausfried und Gemach, wie ei=„nem Hausvater von Recht zugelassen und ge=„bühret, vertheidigen. Stieß ich meinen Spies „durch einen solchen Aufrührer, wollt ich still=„stehen und aufschreien: Hie Gottes und Kai=„serßrecht, vor denen beiden ich solche meine „Nothwehr und Hausschutz mit Ehren und gu=„ten Gewissen, christlich und rechtlich verant=„worten wollte." Er fährt fort zu erzählen, wie es am Tische bei Luther hergegangen sei, wie derselbe, mit einer Fastnachtsmummerei Schach gespielt, gesungen und gesprungen habe. — Ge=schichtchen die seine Bergleute, wohl nicht immer auf die beste Art mögen benuzt haben.

Von dem D. Bugenhagen erzählt der Leibarzt des sächsischen Hofs, Matthäus Ratzeberger 35)

ein

---

34) Eine Stelle, die neuerlichst ein berühmter Doktor einer berühmten Universität, bei dem Bogen Gedrucktes, welchen er, bei einer, der von Mathesius erzählten, ganz ähnlichen Gelegenheit, herausgab, füglich hätte zum Motto brauchen können.

35) In dem Manuscript, von welchem er gewöhnlich als Verfasser ausgegeben wird, und welches von Seckendorf öfters gebraucht ist. Indessen, obgleich obige Anekdote dem lieben D. Pommer, und dem damaligen Benehmen der Wittenberger Theologen, so unähnlich nicht sieht, darf man doch nicht verbergen, daß der Inhalt des Manuscripts

ein kleines Geschichtchen, das hier seine Stelle verdient. Nachdem nach Gefangennehmung, Johann Friedrichs von Sachsen, Herzog Moritz bekanntlich den Churhut erhalten hatte, so sei derselbe bald darauf nach Wittenberg gekommen, und habe den angesehensten Lehrern daselbst alle Gnad ansagen und dieselben, namentlich den D. Bugenhagen und Melanchton reichlich beschenken lassen. Dadurch habe er bald bei allen Gelehrten in Wittenberg, eine große Gunst erhalten, und sie hätten ihren alten Herrn ganz vergessen. Da soll es nun der gute D. Pommer auf der Kanzel gar arg versehen haben. Er ermahnte nemlich, beim Schluß des gemeinen Gebets, die Gemeinde, für die weltliche Obrigkeit zu beten, und daß sie insbesondere für den gnädigsten Herrn und Churfürsten beten müßte, mit Fleiß. — „Doch meine ich" sagt er „nicht unsern alten Churfürsten, Herzog „Johann Friedrichen, sondern den itzigen Churfür„sten, unsern gnädigsten Herrn Herzog Moritzen; „der ist ein rechtschaffener, gütiger und milder „Fürst, und hat neulich dem Herrn Philippo „und mir, einem ieden eine Pumpmütze voller „Thaler geben lassen." Diesem lieblichen Beispiele, handeln noch itzt viel Prediger sehr ähnlich, wenn sie etwa von dem Herrn Kirchenpatron ein wenig reichlich sind bedacht worden.

Wer etwa nicht weiß, wie man bei vornehmen und reichen Herren, in der Predigt um Geschenke mit guter Art betteln und sich verächtlich machen müsse,

---

keine vollendete historische Glaubwürdigkeit habe — und Hr. Matthäus Ratzeberger oft ein wenig windbeutele und verläumde, ob es gleich mit beiden so ganz arg nicht sein mag, als einige vorgeben.

müsse, der kann es ein wenig aus folgendem Stück einer Landtagspredigt von Polycarp Leyser, die er im Jahre 1602 zu Leipzig herausgab, abnehmen. Man wird dies Stück noch besser verstehen, wenn man sich erinnern will, daß Leyser im Ruf des Geizes und mit Andreä und Chemnitz wegen seines Reichthums und Zusammenscharrens verschrien war. Dieses vertheidigte er damit, daß ihnen alles freiwillig gegeben wäre, und sie dafür rechtschaffen zur Aufrechthaltung des wahren Glaubens gearbeitet hätten. „Wo kommen doch," heißt es in dieser seiner langen Predigt, „wo kommen doch „die schönen neuen Thaler hin, die uns Gott „noch aus den Bergwerken bescheeret und die „von Jahren zu Jahren geschlagen werden, und „die sich doch also aus dem Lande verlieren, daß „man schwerlich bisweilen etliche wiedersehen „kann. Da kommen die Krämer, die uns ihre „theure Waare anhängen, die doch in wenig „Zeit, zu lauter Haderlumpen werden, und „nehmen für dieselben die schönen herrlichen „Thaler hinweg. — — — Da muß es alles „um fremd Getränk und stattlich Essen ausge„geben werden, also daß wir alles an Hals „hengen und durch die Gurgel jagen. Es kan „nicht leicht eine fürstliche oder hohe Standes„person etwas neues haben, es wills der Edel„mann nachthun." Und einige Seiten weiter hinter: „Die armen Prediger — ich rede nicht „von denen, die an etlichen Orten stattlichen „Ackerbau haben, sondern von denen, so in den „Städten ihr trücken Geld haben, — die kön„nen das Ihre nicht steigern. Ja, da die Leu„te vorzeiten milde und freigebig gewesen sind, „uns es bisweilen in Städten gute Accidentia

„gegeben, damit einer desto besser hat fortkom-
„men können, da ist man itzo entgegen karg
„und filzig, und hat sich ein Prediger desselben
„wenig zu erfreuen. So bedenke man nur,
„wenn ein Pfarrer oder Superintendent 150
„oder 200 Gulden, samt etlich wenig Scheffel
„Korns — das doch schier oftmals halbe Trös-
„pen ist — zum Einkommen hat, und ist dar-
„neben mit einem Tisch voll Kinder von Gott
„dem Herrn geseegnet, und er soll gleichwohl
„auch bisweilen etwas bei Gevatterschaften,
„Hochzeiten und sonst zu Ehren thun, auch
„über das nothwendige Bücher zum Studieren
„kaufen, wie ists doch möglich, daß er sich
„darauf erhalten könne. Noch viel übler stehts
„um die armen Schuldiener, die müssen von
„früh Morgens, bis gegen Abend in der Schu-
„len, bei der unbändigen Jugend in Staub und
„Stank den ganzen Tag abmatten, und haben
„doch gar einen geringen Sold, so gering, daß
„kein Junker der nur einen oder zween Söhne
„hat, seinen Paedagogum so geringlich hält,
„daß sie kümmerlich den Tisch davon haben kön-
„nen. Und ist da recht bei ihnen Eselsarbeit
„und Zeisichens Lohn. Wo nun nicht diesem
„Mangel geholfen wird, so ist nicht zu vermu-
„then, daß es um das Kirchenwesen einen gu-
„ten Bestand haben werde. Denn gedenke ihm
„ein ieder selbst nach, wenn ein so geringer Sold
„gegeben wird, und es merken solches dieienige,
„die Gott mit einem guten ingenio begabt hat,
„so begeben sie sich nicht auf das Studium theo-
„logiae, — ein ieder gedenket, was soll ich
„theologiam studieren, wenn ichs hoch darin-
„nen bringe, so werde ich etwa ein Superinten-
„dens,

„dens, und habe doch nicht mehr im Jahr, als
„200 Gulden Besoldung; dabei kan ich nicht
„viel erobern, so lerne ich gleich so ehe was an=
„ders, daß ich mich auch ehrlich erhalten könne,
„hat mir doch Gott eben so wohl ein gut inge=
„nium gegeben als einem andern. Und das
„ists, was Lutherus gesagt hat, man werde das
„Evangelium in Teutschland aushungern." —
Wer noch mehr solcher erbaulichen Exempel haben
will, der wird sie in verschiedenen ältern Predigt=
sammlungen nicht vergebens suchen; sogar bei ver=
schiedenen itzigen Predigern würde er sich nicht
ganz umsonst bemühen, wenn er nur sogleich auf
veränderten Anstrich und Farbe rechnen will.

Es ist leicht abzusehen, daß ein Prediger dem
einen oder andern Theile seiner Zuhörer fast immer
in dem Maaße verächtlich oder lächerlich wird, in
welchem er solche fremdartige Dinge mit hinein=
zieht, wenn er auch wirklich noch einem dritten
Theile gefällig dadurch werden sollte. Aufs we=
nigste, wird doch der geringere Nutzen dieser frem=
den Dinge, den größeren verhindern, den man in
eben der Zeit durch bessere Vorträge hätte erreichen
können. — Uebrigens wäre sehr zu wünschen, es
möchte iemand die Grenzen genau abstecken, inner=
halb deren sich der Kanzelvortrag halten müßte.
Vielleicht dürfte dies selbst denienigen unserer heu=
tigen Naturprediger sehr ersprieslich sein, die viel
öfterer bloße trockene Physik oder Naturgeschichte
vortragen, als daß sie zugleich auch den morali=
schen Zweck immer im Auge behielten, zu dessen
Erreichung sie hinarbeiten sollten.

Um vieles nützlicher würden unsere Predig=
ten ohnstreitig werden, wenn die Prediger sich ie=
desmal einen, den Bedürfnissen ihrer Zuhörer an=
gemessenen

gemessenen Zweck, vorsezten, zu dessen Erreichung alles in ihren Vorträgen hinarbeitete. Seit langen Jahren sind leider unsere Predigten nichts gewesen, als ein unfruchtbares, dürres Gerippe, von Haupt= und Unterabtheilungen, wodurch die faßlichsten und leichtesten Wahrheiten entstellt, und das Behalten wie das Eindrücklichwerden derselben dem ungeübten Gedächtnisse und dem Herzen des gemeinen Mannes, unmöglich gemacht wurde; und unsere Homiletiken die unnüze Anweisung ein solches dürres Gerippe recht künstlich zusammenzusetzen; und dem armen Volke eine ganze volle Stunde etwas vorzuplaudern, wovon es für Herz und Leben nicht den mindesten Gewinn ziehen konnte. 36) Und, leider, ist das um so vieles noch

nicht

---

36) Wie erbaulich und nüzlich zu ihren Zeiten die Predigtmethoden, als etwa die nach den Akademien genannten, die Wittenberger, Jenaische, Leipziger, geweien sein mögen, kann man denken. Und deren will man doch so ein dreißig Stück zählen. Welche brauchbare Prediger müssen wohl damals gebildet worden sein. — Noch ersprießlicher, wo möglich, war die Manier, die zu Erasmus Zeiten üblich war. Man gab das Thema an, erzählte dann einige ganz und gar nicht hingehörige Sachen, gleichsam zur Vorrede, rief die Heilige Jungfrau an, und wiederholte das Thema, das auf alle mögliche Vorträge hätte passen können, so allgemein war es, — dann wurde das Evangelium ein bischen vorgenommen — auf einmal ein Paar theologische Fragen aufgeworfen, und zulezt mit der Erzählung einiger Wunder oder einiger Legenden beschlossen, um den schläfrigen Zuhörer hübsch munter nach Hause zu schicken. So erzählt es Erasmus. Den Lesern zu Gefallen, die den Mann überall zu schäzen wissen, setzen wir seine Worte im Original her.

— „Audivi proposito themate, praefationis loco

nicht gebessert, daß nicht noch häufig beide, Homiletiken so gut als Predigten, das nemliche sein sollten. Man sieht es so vielen Predigten recht deutlich an, daß sich ihr Verfasser keinen bestimmten Hauptzweck vorgesezt hat, den er bei seinen Zuhörern erreichen will, außer demienigen, welchen er seinen ehemaligen Anweisungen zufolge wirklich erreicht — solch eine Menge von Tönen zusammenzuschaffen, daß er dadurch seine Zuhörer, zur Ermüdung, zum Gähnen, und zulezt glücklich zum Schlaf zwingen kann. Uebrigens predigt so mancher Herr Pastor, lediglich deswegen, weils Sonntag ist, und weil doch einmal gepredigt sein muß. Hat er allenfalls noch einen Zweck, so ist es der, dieses oder ienes Mitglied in der Gemeinde, mit dem Strafamte heimzusuchen — ob das Mitglied sich grade den Sonntag in der Kirche finde oder nicht — das thut zur Sache so viel nicht. Aus diesen Ursachen wird auch so manche Predigt ein Galimathias von hundert oder mehrern einzelnen Sätzen, die untereinander und mit dem angegebenen Hauptinhalt, kaum näher zusammenhangen, als mit den meisten andern Wahrheiten, die allenfalls zu einem Kanzelvortrag benuzt werden könnten. Daher weiß auch der größere Theil der Zuhörer sehr selten,

„quaedam narrarent, quae a themate erant alienissima — his peroratis & inuocata virgine matre, thema repeterent, quod ipsum erat vulgare, i. e. ad quoduis argumentum aeque quadrans. — Post haec exponebant eius diei euangelium, sed in transcursu, velut obiter — tum proponebatur ex abrupto quaestio theologica. Postremo loco addebant narrationes vel miraculorum vel fabularum — — — hic scilicet est illorum excursus, ad reficiendos iam lassos auditorum animos." Erasmus in Eccles. p. 307.

so recht eigentlich, worüber der Vortrag ist gehalten worden. Ist er besonders aufmerksam, und wohl schon von Kindheit an dazu angehalten worden, so ists die sogenannte Proposition, und die zwei oder drei Haupttheile der Predigt, die der Prediger allemal eben so gewissenhaft beobachtet, als wären sie eben so wichtig, wie ein Glaubensartikel, ob schon oft die Natur des Thema's und der Proposition keine Abtheilungen zuläßt. Was er sich übrigens noch merkt, ist etwa hie und da, ein oder der andere abgerissene und vielleicht nicht einmal brauchbare Gedanke, der, so isolirt und vereinzelt wie er da steht, eben so wenig wirken kann, als ein Rad einer Maschine, oder mehrere die nicht ineinander greifen, das Getriebe in Bewegung setzen können. Solche Predigten sind demnach fast durchaus verloren, und das blos deswegen, weil sich der Prediger keinen andern Zweck festgestellt hat, als den — zu predigen. Vielleicht liegt auch hierin ein nicht unwichtiger Grund, warum in Predigten dieser Art so viel Schwankendes, Unbestimmtes, Einseitiges und Halbwahres angetroffen wird, welches ebenfalls wieder nicht ohne nachtheilige Folgen bleiben kann. Durch diese Bestimmung eines gewissen zu erreichenden Zwecks, der nach den Bedürfnissen der Gemeinde gewählt wäre, würde zugleich ein anderer Fehler wegfallen, den man ebenfalls nicht unter die Seltenheiten zählen kann. Man findet nemlich oft, daß Prediger ihren Gemeinden Dinge vorpredigen, die vielleicht auf niemanden in derselben passen. Von den Pflichten der Obrigkeit, auf einem Dorfe, wo die höchste und einzige Obrigkeit der Schöppe ist — von der rechten Anwendung des Reichthums, wo die Zuhörer alle blutarm sind u. s. w.
— solche

— solche Fälle kommen zu tausenden vor. So las ein Prediger in dem 1790ten Jahre, bei Gelegenheit einiger Unruhen unter den Landleuten in einigen Gegenden Deutschlands, vor seinen Bauern den Fürsten und regierenden Herrn eine rechte derbe Lektion. — Der Beweis würde sehr überflüssig sein, daß auch diese Vorträge großentheils verloren sind, wenn man auch eigentlich wohl nicht sagen kann, daß sie unmittelbar schaden.

Es ist ein Fehler vieler, besonders älterer Prediger, den Vortrag bis zu einer ungebührlichen Länge, und öfters weit über eine Stunde hinaus fortzusetzen. Vielleicht aus der löblichen Absicht, seinen Zuhörern recht viel Gutes zu sagen. Indessen kann diese Absicht immer nicht hindern, daß man sich durch allzulange Vorträge, den Nutzen nicht selbst vergeben sollte, den man sonst hätte stiften können. Zwar läßt sich, für alle Fälle, nicht füglich angeben, wie lange eine Predigt dauern soll. Dies wird immer auf manche besondere Umstände, auf das größere oder geringere Interesse, das man wahrscheinlich bei den Zuhörern, nach Beschaffenheit des Gegenstandes vermuthen darf, und auf die Art ankommen, wie interessant man denselben zu behandeln geschickt ist. Im Ganzen aber wird die Regel immer gelten, kurz zu predigen; es sei denn, daß man glauben wollte, es beruhe mehr darauf, wie lange, als darauf wie gut man seinen Vortrag halte. Man weiß ja, wie schwer es selbst Geübten wird, einen ununterbrochen fortlaufenden Vortrag, genau zu verfolgen, und sich desselben nachher noch deutlich und bestimmt bewußt zu sein. Wie unmöglich muß es dem großen Haufen werden, der so wenig an ernste Wahrheit als an das Nachdenken darüber gewöhnt ist. Man kann daher bei langen Vorträgen sichtbar die Ermüdung bemerken. Wenns zu lange dauert, helfen sich die Männer gewöhnlich mit Plaudern und die Frauen mit Schlafen. Im Anfange der Predigt findet man daher insgemein sehr viel Aufmerksamkeit, die sich aber immer, ie länger, ie mehr verliert. Wer auch wirklich mit seiner Andacht bis zu Ende einer langen Predigt ausdauert, der hat doch selten ein so treues Gedächtniß, daß er nicht das Erstere über das lezte sollte vergessen haben. Was er behält, sind ein Paar verstümmelte Brocken, die er nun sehr oft, ganz der Meinung des Predigers entgegen deutet. — Sein Gedächtniß ist überladen, und eben dadurch verwirrt worden. Man wird daher auch, nur sehr selten iemanden finden, der Liebhaber von langen Predigten wäre. In der That, liegt hieran mehr, als mancher nicht glauben wird. — Die schon mehrmalen angezogene, und in verschiedenen Stücken, wirklich vortrefliche, altsächsische Kirchenordnung, verdient auch hier wieder mit Recht erwähnt zu werden. „Die Pfarrer sollen ermanet und mit „Ernst dahin angehalten werden, weil Gottlob an „Predigten und Anzahl derselben nicht Mangel, „dazu lange Predigten nicht bauen, dadurch das „Volk zum Gehöre entweder verdrossen gemacht, „oder ehe sie das lezte fassen, das erste wieder „vergessen, daß sie nicht lange predigen, son„dern ihre Predigten also anstellen, daß sie an „Sonn- und Feiertagen — — aufs längste „nicht über eine Stunde, desgleichen auch die „Nachmittage- und Werktage-Predigten eine „halbe

„halbe Stunde — — sich erstrecken, damit die
„Zuhörer, bei gutem Willen behalten werden,
„und dieselben, mit Fleiß besuchen." 37)

Demjenigen, der unsere Zuhörer, oder auch
den Menschen überhaupt nur kennt, kann es kei‑
nesweges unbekannt sein, wie viel an dem äußerli‑
chen Anstand des Predigers auf der Kanzel, an
seinem Ton, Stellung, Geberden, und Bewe‑
gungen liege, wenn der Nutzen des Predigtamts
befördert werden soll. Es ist sehr zu bedauern, daß
der Troß unserer Prediger, diesen Umstand ganz
außer Augen läßt. Man sollte es doch warlich
für so unbedeutend oder gleichgültig nicht halten,
wenn man auch nur dem Zuhörer seinen Vortrag
dadurch gefällig machen könnte, auf guten An‑
stand, Gestikulationen und Deklamation, alle Mü‑
he zu wenden. Denn wie viel hat der Prediger
gewonnen, wenn er hierdurch seinen Vortrag ge‑
fällig machen kann. Der größte Theil der Zuhö‑
rer findet in diesen Dingen die Beweise, die bei
ihm am meisten gelten und überzeugen, denn er
hängt am Aeußerlichen auf eine sehr sichtbare Wei‑
se. Wer nur bemerken will, wie viel das Volk
auf eine große und äußerliche Person sieht, und
wie viel es von einer solchen erwartet, der möchte
schon hieraus manches Gute lernen, und den Fleiß
um so weniger sparen, welchen man auf Anstand
und

---

37) Luther scheint das zweckwidrige langer Predig‑
ten recht gut gekannt zu haben. Man erzählte
ihm einmal, ein Prediger sei mit seinem Priester‑
rock an einem Nagel hängen geblieben. „Ich dach‑
„te mirs wohl," war seine Antwort, „daß er wä‑
„re angenagelt gewesen, weil er nicht aufhören
„konnte."

und richtige Deklamation zu wenden hat. Wenn es sonst erbaulich wäre, so könnte man eine sehr ansehnliche Rolle von Fehlern dieser Art aufsetzen, wodurch Prediger ihren Vortrag dem Zuhörer widerlich machen. Der eine hustet bei dem fünften oder sechsten Worte wie ein Schwindsüchtiger; ein andrer lächelt bei jeder längern Pause die Gemeinde an, ein andrer grinzt oder benimmt sich wie ein Weinender oder verzerrt das Gesicht auf hundert andere Arten. Wer mags dem Zuhörer unter solchen Umständen verübeln, wenn er mehr Anreizung zum Lachen oder zum Eckel, als zu ernstlichen Betrachtungen bei sich findet. Oder wer mag sich des Verdrusses erwehren, wenn der Prediger von Empfindungen des Herzens redet, und dabei an seinen Bauch greift; oder wenn er uns die großen Verdienste Christi um das Menschengeschlecht vorstellt, und dabei seine Hände ruhig und sittsam neben dem Pulte seines Evangelienbuchs liegen läßt; oder wer mags ohne Unwillen hören und sehen, wenn der Redner in jedem Erheben und Sinkenlassen des Tons, in jeder vornehmen Erhebung und Wendung seines Haupts, in den Bewegungen seiner Hände, seiner Augen und der Haltung seines ganzen Körpers, dem Zuhörer seine ganze Bedeutsamkeit und das volle Gewicht seines Ichs fühlen läßt. Man darf hier insbesondere den todten kalten Ton nicht ungerügt lassen, in welchem so mancher Prediger seine auswendig gelernte Predigt hersagt. Er nimmt sich irgend eine Säule eines Chors oder die Kirchthür, oder auch den gemahlten Engel an der Wölbung der Decke zum Gegenstand, welchem er seine Worte vorbetet, oder vorsingt. Der Zuhörer, selbst der Unwissende fühlt es, wie wenig seinem Prediger

die

die Sache am Herzen liege, und fühlt das langweilige, dem singenden oder betenden Mann zuzuhören, und daher plaudert er lieber mit seinem Nachbar, oder ist mit seinem Nachdenken bei seinen Geschäften zu Hause. Und wenn die gehaltene Predigt auf das treflichste und musterhaft ausgearbeitet wäre, und den Zuhörer unwiderstehlich mit sich fortgenommen hätte, im Fall sie mit Herzlichkeit und Wärme wäre gehalten worden, so ist sie izt doch ganz umsonst ihm vorgesagt. — Ein andrer, dem kalten eintönigen Herbeten, ganz entgegengesezter Fehler, ist das entsetzlichste Schreien und Brüllen, an welches sich viele Prediger gewöhnt haben, und welches mit den heftigsten Bewegungen und einer oft fürchterlichen Anschwellung aller Muskeln verbunden ist. — Ein betrübtes Ding für die Ohren der Zuhörer, die nahe bei der Kanzel ihren Sitz haben: aber ein durchaus unausstehliches Ding, wenn der Ihhalt des Vortrags vielleicht gar Sanftheit, oder stillen Ernst und ruhiges Nachdenken erforderlich macht. — Ich habe einen Prediger gekannt, der so heftig auf der Kanzel in Flammen gerieth, daß er, sich selbst unbewußt, seinen Priesterrock auszog, und Schulmeister und Bauern der Gemeinde erwarteten stracklich, daß er Rock und Peruque ebenfalls ablegen würde. Indessen, so unanständig und höchst empfindlich für ein gebildetes Gefühl diese Heftigkeit und dieses Schreien ist, so ist es doch der Aufmerksamkeit des großen Haufens, der dieses zuweilen sogar gerne hat, lange nicht so hinderlich, als ienes kalte Hersagen. Daher fehlts auch diesen Schreiern, die vor den Mauern zu Jericho gute Dienste hätten thun können, oftmals nicht an Beifall und Zulauf, mitunter sogar auch nicht an Bewunderung.

Mas

Was äußerlicher guter Anstand, und erträgliche Deklamation über den Menschen vermögen, das kann man öfters an dem Prediger sehen, der sich beides eigen gemacht hat. Wenn er auch für Kenner schlechte Vorträge hält, so wird er doch von Nichtkennern und Halbkennern gern gehört und geschäzt, und bei Armenpredigten und ähnlichen Gelegenheiten wird man bemerken können, um wie vieles er mehr würke, als diejenigen seiner Amtsbrüder, welchen diese Eigenschaften fehlen. Hergegen fehlt es demjenigen oft an Zuhörern, der vielleicht den strengsten Eigensinn des Kenners befriedigt, dem aber körperliche Schwäche, oder eine fortdaurende Verwahrlosung seines Anstands und seiner Sprache, eine gewisse Nachläßigkeit und Schläfrigkeit oder eine gewisse Widrigkeit im Vortrage geben.

Der Mangel dürfte zu verschmerzen sein, welchen wir an Anleitungen zu gutem Anstand, zu richtiger Gestikulation und Deklamation des Predigers haben; aber desto weniger das, daß der Prediger es nur allzuoft an der erforderlichen Aufmerksamkeit und Uebung in diesen Stücken fehlen läßt, wodurch doch, wenn beides anhaltend fortgesezt würde, hierin sehr vieles gebessert werden könnte.

Fünfter

Fünfter Abschnitt.
Ueber die äußerliche Einrichtung des Gottesdienstes.

Daß in der itzigen Einrichtung unsers Gottesdienstes, manche Fehler enthalten sind, die die Frucht des Predigtamts stören, aufhalten, oder gar vereiteln können, ist eine Behauptung, die niemand seltsam finden wird; und daß bei einer bessern und mehr zweckmäßigern Anordnung, manches Gute mehr erreicht werden könne, als bis izt beabsichtigt ist, hängt genau mit derselben zusammen. Sinnlich wie der Mensch ist, wird er durch äußerliche Dinge gewaltig angegriffen, und, wenn sie gehörig angelegt und gebraucht werden, kann man ihn dadurch oft unendlich leichter dahin bringen, wohin man sich vorgesezt hat, als durch das umständlichste und gründlichste Raisonnement. So wird man auch hier seine Andacht entflammen, seine Empfindungen verstärken und manche heilsame Eindrücke so tief ihm einprägen können, daß sie der Fluß der Zeit sogleich nicht abspülen wird: so wird man den Wahrheiten, von welchen man ihn überzeugen will, eine günstige Aufnahme sichern, sie leichter in seine Empfindungen einweben und die beabsichtete Anwendung derselben auf seine Handlungen beförbern können. Aus diesen Gründen sollte eine zweckmäßige und fruchtbringende Einrichtung unsers Gottesdienstes, ein vorzüglicher Punkt sein, auf welchen das Augenmerk gerichtet

werden

werden müßte, und es ist gewiß kein unbeträchtliches Verdienst unserer Zeiten, daß dieses izt mehr als iemals geschieht. Mancherlei Mängel sind, wie ieder gern gesteht, in unserm Gottesdienst, und es verräth nichts so sehr ihr Dasein und ihre Menge, als daß ieder unberufene Verbesserer sich kräftig genug fühlt mit ans Werk Hand anzulegen, und, wo nicht gut, doch wenigstens besser es zu machen glaubt, als es bisher war. Trift man doch in den meisten Städten Deutschlands, wenn sie nur durch etwas mehr als durch bloße Ringmauern sich von Dörfern unterscheiden, selbst auf den Herbergen der Schuster, Schneider, Leineweber und anderer Handwerker, so gut als in den Assembleen und Redouten der Herren von Stande, große Geister in Menge — doch auch mit unter wohl manchen wirklich guten Kopf — die über die Abstellung mancher Fehler unserer Liturgien ziemlich laut werden, und, nicht unmaasgebliche, Vorschläge zu deren Abstellung zu thun erbötig sind. Und selbst auf Dörfern findet sich hin und wieder ein Schulze, ein Richter, oder ein Müller von Lektüre, der in der Schenke den horchenden Bauern mit kräftigen Faustschlägen auf den Dekkel des Bierkrugs beweiset, daß er, die Sache gar anders angreifen würde, so er Ordnung zu stellen hätte, als der Pfarrer. Denn daß der Pfarrer an allem Schuld hat, versteht sich bei ihm von selbst.

Schon aus der Betriebsamkeit dieser Verbesserer mag man beurtheilen, ob die Vorschläge zur Unzeit kommen, die von mehrern Männern, welche die Fehler unserer kirchlichen Einrichtungen beim Gottesdienst kennen, zu einer bessern Liturgie gethan sind. Wären auch dieselben nicht immer

an

anwendbar, wie es denn freilich manche nicht sein dürften, so dienen sie doch dazu, auf diesen Gegenstand aufmerksam zu machen oder Aufmerksamkeit zu erhalten.

Es scheint der Beförderung des Guten sehr hinderlich, daß unter den gethanen Vorschlägen, selbst die besten und allgemein anwendbaren, in den meisten Gegenden protestantischer Länder so lange nicht eingeführt werden können, als die Landesobrigkeiten solche Veränderungen unstatthaft finden, oder doch durch ihr Ansehen nicht unterstützen. In einigen Ländern darf der Prediger, kraft eigener Gewalt auch kein Jot verrücken; und in andern, wo er mehr freie Hand hat, steht doch das immer nicht in seiner Gewalt, die Verfassung des Gottesdienstes ganz zu ändern und umzuschmelzen. So unangenehm das scheint, so ist es doch, vor der Hand, in mancherlei Betracht nicht undienlich. Dem Unverstand der Prediger, für den alles Neue, eben weils neu und modisch ist, einen unwiderstehlichen Reiz hat, wird dadurch ein nöthiger Kappzaum angelegt, mancherlei Verwirrung erspart, und den Vorschlägen selbst Zeit gelassen mehr noch zur Reife zu kommen. Man kann es mit Billigkeit den Landesherrschaften nicht zumuthen, jeden ungesalzenen oder doch noch nicht bewährten Vorschlag ins Werk zu setzen, obgleich wahr ist, daß, wenn manche trefliche Vorschläge hie und da kaum bemerkt werden, der Grund oft in dem einzigen Umstand liegt, daß es — keine Finanzoperationen sind. Jedoch hat Deutschland auch Fürsten, die auch hier willig ihre Hand und ihr Ansehen der Beförderung guter Einrichtungen geböten haben, und die Hofnung ist nicht ungegründet, daß eine richtige Politik es

S immer

immer mehr einsehen werde, wie sehr das wahre Glück des Staats, auf guten Unterthanen beruhe, und daß der Fürst für sich selbst sorge, der bedacht darauf ist, der Moralität derselben auf jede Weise förderlich zu sein. Indessen mag das Reden und Schreiben immer bleiben, wenn es nur dazu dient, den Werth oder Unwerth des Vorhandenen zu prüfen und immer mehrern die Augen zu öfnen. Ohnedem müssen die Vorschläge allemal der Ausführung voran gehen, und der Wunsch nach Verbesserung erst in gewisser Maaße erregt und allgemein gemacht werden, ehe er befriedigt werden darf.

Wenn die äußerliche Form unsers Gottesdienstes nicht vergebens sein und auf den Menschen wirken soll, so muß sie ihm wichtig, interessant und anziehend sein. Hier ist natürlich am meisten darauf zu sehen, wie nächst den Zeit- und Ortsumständen, das Volk beschaffen ist, welchem die Religionswahrheiten durch liturgische Anordnungen versinnlicht, verstärkt und eindrücklich gemacht werden sollen. Da in verschiedenen Zeiten sich die Umstände und Lagen, wie die Meinungen, Kenntnisse, Denkart, und Geschmack der Menschen ändern, so sieht man schon daraus, daß liturgische Verfassungen, die Jahrhunderte hindurch keine Abänderung von Belang erlitten haben, unmöglich zulezt noch denselben Werth besitzen können, den sie vielleicht vermittelst ihrer Wirksamkeit im Anfange hatten. Daher schon mußten es sich die ersten Reformatoren angelegen sein lassen, dem damals vorgefundenen Ritual, so viel sie nemlich bei ihren überhäuften und unruhigen Geschäften dran kommen konnten, eine andere Einrichtung zu geben. Sie bildeten sich aber gewiß nicht ein, daß ihre An-

Anordnungen, die nur die Bestimmung hatten, den ersten und dringendsten Bedürfnissen abzuhelfen, so gut es sich damals thun ließ, eine unabänderliche Norm für ewige Zeiten sein sollten. Sie lassen es selbst deutlich genug merken, wie wenig sie einen solchen Gedanken hatten. Desto trauriger ists, wenn dennoch diese ersten bei der Reformation gemachten Einrichtungen, in einigen Ländern gesetzlich geworden sind, und es einer Ketzerei gleich geachtet wird, nur im mindesten von denselben abzugehen. Wäre seit mehrern verflossenen Jahrhunderten noch nichts mangelhaftes, nichts einer Verbesserung bedürftiges in unserer Liturgie gefunden, so müßten in Wahrheit die ersten Einrichtungen durchaus unfehlbar gewesen sein — aber wer darf das von irgend einer menschlichen Einrichtung sagen! — oder es ist der traurigste Beweis, daß wir durch beinahe drei Jahrhunderte nichts klüger geworden sind, oder aber aus dem unüberlegtesten und ungerechtesten Eigensinn alle Verbesserung hassen. Einer von den beiden leztern Umständen mag wohl bei denienigen eintreten, die es für gottlos halten, an diesen ersten, obgleich treflichen, Anfängen, etwas ändern zu wollen.

Abgesehen davon, wie viel Werth und Brauchbarkeit für unsere Zeiten, die ersten liturgischen Einrichtungen haben mögen, würden sie schon um deswillen einer Aenderung müssen unterworfen werden, um das ewige Einerlei zu vermeiden, das uns am Ende aufs höchste zuwider wird. Die immerwährende Einförmigkeit in allen Theilen unsers öffentlichen Gottesdienstes, die Predigt gewissermaßen ausgenommen, die beinahe allein eine Veränderung macht, wird unsern Christen, gegen denselben leicht eine Gleichgültigkeit beibringen, die

am Ende oft in Ekel ausartet und allen beabsich:
teten Nutzen derselben durchaus aufhebt. Das
Volk weiß schon lange im Voraus, was kömmt.
Gebete, Kollekten, Gesänge, selbst mehrere sogenannte Hauptlieder, Texte aus den Evangelien
und Episteln, sind ihm schon von früher Jugend
an bekannt — es weiß sie auswendig. Sonder:
bar, daß man grade diesen Umstand zu einem Grund
brauchen will, warum man wenig oder gar *nichts*
ändern müsse, da er vielmehr ein Grund vom Ge:
gentheil ist. Bei einer so langen Bekanntschaft
mit diesen Dingen wird man so daran gewöhnt, daß
man nichts wichtiges darin findet — man wird
gleichgültig. Warlich, das toujours perdrix je:
nes französischen Abbé war aus dem Innersten der
Menschenseele gesprochen. Abwechselung will der
Mensch überall, und bedarf sie auch. Sagt ihm
die wichtigsten Wahrheiten; sagt sie ihm so stark,
so schön, so eindringend wie es möglich ist, aber
sagt sie ihm nur ein halbes Jahr durch wöchent:
lich einmal — er wird zulezt für Verdruß verge:
hen, wenn es nicht in seiner Macht steht, das
Anhören zu vermeiden. Ordnet für ihn die feier:
lichsten Handlungen: anfänglich mögen sie sein
ganzes Herz fassen und bis zu hellen Thränen be:
wegen — sie nehmen seine Seele ein, sie erschüt:
tern ihn bis ins Innerste — aber nach Verlauf ei:
nes Jahrs denkt er kaum noch daran, daß sie da
sind, so wenig sind sie ihm wichtig geblieben.
Man könnte sicher behaupten, daß ein großer Theil
Zuhörer in unsern Gemeinden von dem ersten Liede
bis zu dem lezten, ruhig schlafen würde, wo nicht
das Aufstehen des andern Geschlechts beim Verle:
sen der evangelischen und epistolischen Texte, und
das Hauptlied etwa, weil es weniger bekannt ist,

daran

daran hinderlich wäre. Daher wird man finden, daß der Schlaf sich erst unter dem sogenannten Glauben vorzüglich einstellt. Bei der Predigt wachen manche wieder auf, hören auch allenfalls, wenn sie fleißige Achtunggeber sind, die Predigt an, aber nach Endigung derselben findet sich der Schlaf unter dem Kirchengebet aufs neue wieder ein. Andere die nicht schlafen, sind gedankenlos, wenn sie nemlich ihre Gedanken nicht etwa spazieren führen, oder unterhalten sich mit dem Nachbar. Welchen Nutzen darf man von der Predigt erwarten, wenn der Zuhörer durch nichts für dieselbe ermuntert, aber wohl durch vieles eingeschläfert, seine Aufmerksamkeit nicht erregt, und sein Herz für den Vortrag wichtiger Wahrheiten nicht geöfnet und nicht eingenommen ist. Auch dann, wann er hört, hört er mit einer Gleichgültigkeit, bei der man es unmöglich verkennen kann, daß sie gar nicht drauf fällt irgend etwas Wichtiges zu hören, was für Leben und Wandel brauchbar sei — welches auch oft wohl im Ernst der Fall sein mag. — Daher bringt er denn auch nichts aus der Predigt nach Hause (so nennt ers), es müßte denn der Pfarrer etwa derb geschmält haben. Nach der Predigt war wieder nichts, was ihn interessirte und das Vorgetragene in ihm bevestigte. Alles ist ihm schon bekannt, dieselbe Kollekte und Gebet auf den Sonntag, derselbe Seegen ein für allemal, den er im Jahr leicht einige hundertmal gehört, und nachgebrummt haben kann, wenn viele Festtage in seinem Lande sind. — Er macht seine Kopfneigung, Sie ihren Knix, beide freuen sich aufs lezte Amen, und kommen so gedankenleer, so ohne gute Empfindungen und Entschlüsse von dem Gottesdienst, als hätten sie demselben gar nicht beigewohnt, gewiß

aber

aber nicht ohne neuen Zusatz für ihre Gedankenlosigkeit und Gleichgültigkeit. Wir klagen und schreien immer über die Unaufmerksamkeit unserer Zuhörer in den sonntäglichen Versammlungen, über die wenige Lust zum Worte Gottes, aber wir werden gewiß so lange fortschreien können, ohne etwas auszurichten, bis daß man die Menschen besser behandelt. Macht doch diese unveränderliche Form des Gottesdienstes selbst dem Prediger einen gewiß nicht kleinen Theil seines Amts zu einer wahren Taglöhnerarbeit. Niemand darf sich darüber wundern; es kann nicht anders sein. Er hat zehn bis zwanzig oder noch mehr Jahre auf ieden Sonntag dasselbe gesungen, gebetet, gelesen, gesprochen, und hat er ein Filial dabei, wo iedesmal ebenfalls Gottesdienst gehalten wird, so ists so schlimm und noch ärger als hätte ers vierzig bis sechszig Jahr gethan. Den Verdruß, welchen ihm das endlich erregen muß, oder wenn er den nicht hat, die Gleichgültigkeit in die er hineingestimmt wird, merkt man den ganzen Gottesdienst hindurch, und er ist, trotz aller Mühe, die er anwendet, oft nicht im Stande derselben loszuwerden. Die Feierlichkeit, welche der Prediger bei seinen liturgischen Verrichtungen haben sollte, ist nur selten zu treffen, aber gemeinhin das Ueberbleibsel einer anfänglichen Gewohnheit, nachmals in erzwungene Künstelei und Affektation übergegangen, in der man das Unnatürliche sogleich findet, als man darauf zu merken Lust hat.

Dieses immerwährende Einerlei im Gottesdienst, außerdem daß es den Zuhörer wie den Prediger auch einerlei, schläfrig und verdrossen macht, und die Frucht des Vortrags mehr zurückhält als befördert, hat auch noch diesen Schaden, daß es

unsere

unsere Christen noch in der Meinung bevestigt, so und nicht anders müsse der Gottesdienst gehalten werden, so sei es nothwendig, so wolle es Gott haben. Dieser Gedanke scheint dem Volke sehr natürlich, da man sich nie unterstanden hat auch nur eine Sylbe darin zu ändern. Darum bestärkt es sich auch in dem thörichten Gedanken, daß etwas Gottgefälliges und Verdienstliches darin liege, dem Gottesdienst beizuwohnen, sich das alles vorsingen, vorlesen und vorsagen zu lassen, und dabei geduldig zuzuhören. Dies ist auch der vorzüglichste Grund, warum es die gottesdienstlichen Versammlungen besucht, denn daß es darum hineinkommen sollte, sich zu erbauen, gute Regeln fürs Leben zu sammeln, die wichtigsten Wahrheiten von allen Seiten näher kennen zu lernen, und, kurz, den Gottesdienst nicht als Zweck, sondern als Mittel anzusehen, warlich daran werden Prediger lange zu arbeiten haben, ehe sie das erreichen.

Man hört izt so häufig klagen, die Kirchen würden nicht mehr so fleißig besucht, wie zu der Väter Zeiten, man merke es von Jahr zu Jahr beinahe, daß die Zahl abnehme, die Leute giengen nicht mehr so fleißig und gern zum H. Abendmahl u. s. w. Eins wie das andere ist wahr. Es mochte freilich zu den Zeiten der Reformation hierin gar anders sein als gegenwärtig. 38) Aber woher? —

S 4   Viele

---

38) Vorzüglich gilt dies von dem Besuch der Vorträge. Die Bürger zu Wetzlar baueten ihrem Prediger eine tragbare Kanzel, um sie nach Erforderniß an einen hinlänglich geräumigen Ort zu sezzen, da die Kirche die Menge der Zuhörer nicht mehr fassen konnte. An andern Orten mußte der Prediger den Gottesdienst, aus gleicher Ursach auf dem Felde halten. S. Abrah. Scultets An-

Viele fangen an den und jenen Fehler unsers Gottesdienstes einzusehen, und aus Unbesonnenheit und Uebereilung bleiben sie ganz heraus. Sie haben auch wohl so viel begriffen, daß eigentlich Gott keine Gefälligkeit und kein Dienst mit dem Besuch desselben geschehe, und obs einen andern Zweck gebe, das wissen sie nicht, denken nicht daran, oder haben es auch wohl so verstanden — Denn auch diese leichte Wahrheit wird unbesonnen genug vorgetragen — daß es Gott gar nicht einmal gerne sähe, und mithin bleiben sie ganz heraus, da es ihnen ohnedem sehr lieb ist, es nun ohne alle besorgliche Gefahr thun zu können. Ists möglich, daß unter solchen Umständen das Predigtamt nützen kann, wenn der eine Theil aus Eckel und Widerwillen gegen den Gottesdienst die Kirchen nicht besucht, und ein anderer, zwar kömmt, aber darum gewiß nicht weniger Widerwillen hat, nur daß er glaubt ihn ertragen zu müssen?

Wozu nun unsere gegenwärtige liturgische Verfassung izt noch ist? — das ist schwer zu sagen, wenn man nicht sagen will, sie sei dazu, um uns den Werth einer bessern schätzen zu lehren. Anstatt daß sie das Herz bewegen, den Gedanken an Gott anschaulich und lebhaft gegenwärtig machen, die Wahrheiten des Vortrags verstärken, ihren Einfluß befördern, der Seele, zur langen Aufbewahrung, tief eindrücken, und in dieser Hinsicht, die

Sinn

---

nalen ad a. 1522. Wer aber meint deswegen schon die Lust zum Worte Gottes in der damaligen Zeit hoch preisen zu müssen, der ist doch so ganz sicher nicht, eine Verwechselung zu machen, und das für Trieb nach guter Lehre und Gottesdienst zu halten, was nur Eckel gegen das Alte, und Begierde nach dem Neuen war.

Sinnlichkeit des Menschen gehörig benuzen sollte; so gewöhnt sie ihn vielmehr zu Gedankenlosigkeit und Schläfrigkeit, und zu ienen rohen Begriffen von Gott und Gottesdienst, die dem Predigtamt und seinem Nuzen, die größten Hindernisse in den Weg legen. Das unbewegliche Einerlei derselben macht es dem Prediger durchaus unmöglich sie seinen Absichten gemäß einzurichten. Sie ist eine Maschine, wo kein Rad ins andere greift und mithin keins das andere treiben und bestimmte Zwecke erreichen kann. Jedes macht ein Stück vor sich. Es können leicht in Städten und Dörfern, im Jahr hundert Vorträge gehalten werden, und der Prediger findet zu keinem unter allen, eine Kollekte oder ein Gebet in seiner Agende, die sich zum Vortrage schickten, und in seinem ganzen starken Liederbuche, keinen Gesang, den er brauchen könnte. Es entsteht demnach ein unordentliches Wesen, wobei eins das andere nur stört. Oder den Fall gesezt, der Prediger fände alles nach Wunsch, Kollekten, Gebete und Lieder, so ist doch immer der sogenannte Glaube, der zwischen dem Hauptliede und dem Vortrag tritt, und die guten Wirkungen unterbricht, die das Hauptlied hervorgebracht haben möchte, wo er sie nicht ganz aufhebt. Es ist ein ehrwürdiges Lied, dieser Glaube — seine Gedanken sind gewaltig und groß — selbst seine Melodie ist ernsthaft und erhaben, und dem Inhalt angemessen: aber das hindert warlich nicht, daß nicht durch Länge der Zeit und Gewohnheit die Melodie schleppend und verdrießlich, und der Inhalt alltäglich und nichtssagend geworden wäre. Im Sommer dient er dem Zuhörer statt Wiegenlied, ihn in Schlaf zu lullen, und im Winter läßt er ihm Zeit es wahrzunehmen, daß die grimmige

mige Kälte seine Füße frieren macht. — Obs wirklich schicklich und anständig sei für eine christliche Gemeinde, ob zweckmäßig für ihren Gottesdienst, jedesmal ihr Glaubensbekenntniß abzusingen, darüber wollen wir mit niemand streiten, ob wohl die Gründe für das Zweckmäßige und vielleicht gar für das Nothwendigsein desselben, uns so wichtig nicht scheinen, als man sie angiebt; auf jeden Fall aber wird es doch nicht immer dasselbe Lied sein müssen, wodurch das Glaubensbekenntniß abgelegt wird, und auf keine Weise sein schicklicher Platz zwischen dem Hauptlied und dem Vortrag sein, welche genau zusammenhangen sollen. Muß er gesungen werden, so kann es mit vielfältiger Veränderung und früher geschehen. Prediger und Zuhörer fühlen, wie sehr das Lied langweilt, und werden beide ermüdet und verdrießlich darüber. Denn auch bei dem Prediger, wird durch den Glauben, nicht selten alles Feuer, worin er sich bei manchen Stellen des Hauptgesanges gesezt fühlte, wie durch Wasser ausgegossen — mit Ungeduld wartet er auf das Ende desselben, und weil er lange vergebens wartet, so muß er sich der Schläfrigkeit überlassen, die alsdenn seiner ganzen Predigt ihren Stempel sehr sichtbar aufdrückt. Für den Zuhörer behält sie dann nur die Hälfte ihres Nutzens. In der That, wer die äusserliche Verfassung des Gottesdiensts nicht von früher Jugend an schon kennte, der müßte glauben, sie wäre mit Fleiß dazu gemacht, das Gute zu schwächen, was durch einen zweckmäßigen Vortrag erreicht werden kann. Denn wenn Prediger und Zuhörer sich durch die erstern Schwierigkeiten durchgewunden, und beim Vortrage das Ihrige gethan haben, so giebt dem leztern doch das Kirchengebet,

chengebet, das an manchen Orten schlechthin nicht unter einer Viertelstunde hergelesen werden kann, Zeit genug das Gute was er gehört und gefaßt hat, mit Muße wieder zu verlähnen. Die treflichste Predigt verfehlt auf solche Weise ihres Zwecks. Ich gestehe es, daß mir die Gründe nicht einleuchten, daß das öffentliche Kirchengebet wieder ein wesentlich und durchaus nothwendiges Stück unsers Gottesdienstes — ich will aber gern zugeben, ein schickliches — sei? — Und wär es das, warum solls denn so lange dauern?. Christus befiehlt ausdrücklich, nicht mit so vielen Worten und so lange zu beten. — „Macht nicht viel Plapperns wie die Heiden." Der Weise! Er kennt den Menschen nur allzuwohl, als daß er nicht wissen sollte, es sei ihm unmöglich, bei einer so langen Unterhaltung mit Gott, immer gleich feurige und ernste Andacht zu behalten, zumal wenns Formulare und dazu immer die nemlichen Formulare sind. Die Kirchengebete beweisen, es wie treflich diese herrliche Vorschrift, gleich gut in den Eigenschaften Gottes als der Natur des Menschen gegründet, befolgt sei. 39) Wir nennen alle Bedürfnisse mit Namen, komplimentiren mit landesherrschaften und Gerichtsobrigkeiten, bitten Gott unbedingt um Dinge, von welchen wir nicht verstehen, ob sie fürs Allgemeine der Welt gut und nützlich

---

39) In gewissen Ländern ist das Kirchengebet nur durch successive öftere Erweiterungen zu der langen Länge gediehen die es hat. Man vergleiche die Kürze des Kirchengebets in Chursachsen zu Polycarp Leysers Zeiten im Anfange des 17ten Jahrhunderts, und die Ausdehnung desselben im Ausgange des 18ten —.

lich sind, und die guten Eindrücke der Predigt schwächen sich, verlöschen, die Moralität des Zuhörers leidet durch die unverständigen Bitten, oder auch, — ein noch häufiger Fall — dadurch, daß er nicht auf das Gebet hört, selbst dann kaum, wenn er, wie auf Dörfern geschiehet, überlaut nachbetet, denn es geschieht doch nur in einem leeren, gedankenlosen Zustand.

Man sieht es an dem Betragen unserer Christen, was ihr Kirchengehen und Predigthören, Singen und Beten ihnen genutzt hat. Gleich nach Beendigung des Gottesdienstes geht der Bürger und Taglöhner in Städten, in die Schenken und Wirthshäuser und trinkt sich — zur Erholung von dem sauern Dienst, den er Gott geleistet hat — satt, bis es etwa zu Hause Tischzeit ist, und ergötzt sich an schmutzigem Scherz und Zoten, und wohl gar an Handgreiflichkeiten — auf Dörfern aber bleibt die christliche Versammlung vor dem Kirchhofe, und macht ihre Bemerkungen über tausend Dinge. Wahr ists, daß immer noch an Festtagen und Sonntagen, die meisten Greuel geschehen, und selbst unsere Polizeigesetze, so streng sie auch an manchen Orten sind, können dem nicht wehren. Daraus schon ergiebt sich, wie wenig der ganze Gottesdienst dem rohen Haufen Nutzen gebracht habe. Mancher betet sein Vaterunser, wenn er ein fleißiger Kirchgänger ist, in einem Jahre blos an Sonn- und Festtagen beinahe tausendmal. 40) Wenn dadurch keine Gedankenlosigkeit einreißt, so muß er in Wahrheit keine Gedanken

---

40) Nemlich in denjenigen Ländern, wo viele Festtage gefeiert werden, und mit Einschluß der Morgen- und der Tischgebete, wo das Vater unser von dem Volk nicht leicht versäumt wird.

ken mehr haben. Die Erfahrung lehrts aber. Er betet so andächtig: Unser täglich Brodt gib uns heute, und läßt, zwei Augenblicke darauf, seinen lezten Groschen beim Kartenspiel, wofür seine hungernden und nackten Kinder Brod und Bedekkung hätten haben sollen. Das wirkt die Religion des Geistes und der Wahrheit, wenn sie in ein so elendes und vernunftloses Geräusch und in nichtssagende Gebräuche ist umgestürzt worden, die weder Kraft noch Liebe zum Guten erzeugen. Aber das Predigtamt ist hier unschuldig. — Es ist so leicht nicht, daß seine Kraft sich durch Gebräuche durcharbeite, die dem Volke leer und sinnlos geworden sind.

Wäre es auch der einzige Fehler in unserm Gottesdienst, daß seine Theile in keinem richtigen Zusammenhang mit einander stehen, keiner die Wirkungen des andern verstärkt, und nicht vorzüglich alles darauf hinarbeitet, den Nutzen des Vortrags zu befördern, so verliert er auch schon durch diesen einzigen Fehler seine Feierlichkeit, sein Erbauliches, und seinen Endzweck. Einzelne Stükke können, einzeln genommen, vortreflich sein, in Verbindung mit andern wirken sie nichts, oder wenig, oder schaden sogar, wenn die Wirkungen der einzelnen Theile sich untereinander zerstreuen und zerstören. Wie wenig aber unser Gottesdienst zusammenhange, mag jeder leicht selbst sehen. In einigen Ländern ist, wenigstens an Festtagen, und wenn Abendmahl gehalten wird, diese Ordnung. Erst, das zwar schöne aber so schwer zu verstehende Lied: Komm H. Geist erfüll' die Herzen rc. Dann das sogenannte Kyrie, welches schon eine Art Glaubensbekenntniß enthält; dann singt der Prediger Gloria in excelsis deo, damit doch wenigstens

nigstens etwas da sei, wovon man ganz gewiß versichert ist, der Bürger und Bauer verstehe es nicht; (deutsch darf das ia nicht gesungen werden, damit nicht eine gefährliche Neuerung eingeführt werde, oder das Feierliche in dem Lateinischen verloren gehe!) und die Gemeinde stimmt ein zweites Glaubensbekenntniß an, mit dem bekannten, an und für sich schönen Liede: Allein Gott in der Höh sei Ehr. Alsdann kollektirt der Prediger einen kurzen Spruch der Bibel, der sich etwa auf alle mögliche Vorträge in der Welt, aber nur nicht zu dem seinigen schickt — singt das Gebet, welches blos aufs Evangelium Beziehung hat, und hinter her wird der epistolische Text vorgelesen. — Das Hauptlied, etwa vom christlichen Leben und Wandel, weil keins sich näher paßt, — das Evangelium, etwa von der Speisung der 5000 Mann, nun der Glaube, und also zum drittenmal ein Glaubensbekenntniß — die Predigt, vielleicht von Vorsicht im Genuß der Freuden des Lebens, die erst einen Eingang hat, nach welchem das Lied folgt: Liebster Jesu wir sind hier — ein Gesang, der so allgemein, und so oft gesungen ist, daß niemand mehr daran denkt, was er singt. — Vater unser — Evangelium — Predigt — Beicht und Absolution. Kirchengebet — einige Abkündigungen und Danksagungen oder Proklamationen (damit der Zuhörer ia nicht weiter an die Predigt denke) Vater unser — Schlußsprüchlein u. s. w. Genug dies um zu urtheilen. Mit wie viel Dingen wird der Zuhörer überschüttet, deren keins leicht mit dem andern paßt, und an seiner rechten Stelle steht — wie viel vereinzelte Gedanken — lauter Fragment — nirgends irgend ein Hauptzweck sichtbar der erreicht werden soll. Hat nun der schwache Zuhörer bei

aller

aller ihm möglichen Aufmerksamkeit, nur einen oder zwei gute Gedanken aus der Predigt gerettet, sind nur einige gute Empfindungen erregt worden, die über den Seegen und Ausgangsvers hinausdauren, und allenfalls ein frommer Wunsch erweckt worden, so ist das alles was man erlangen kann, und man hat Ursach damit zufrieden zu sein. Wer im Stande wäre zu berechnen, wie viel Gutes mehr gestiftet werden könnte, nur dadurch daß eine vernünftige Abwechselung in unserm Gottesdienst, und alles so eingerichtet wäre, durch gehöriges Zusammenhalten, einen Zweck zu befördern, und auf der andern Seite wieder die Hindernisse fürs Predigtamt in eine Summe bringen könnte, die aus Versäumniß von beiden herrühren, der würde über das eine wie über das andere erstaunen müssen.

Insbesondere verhindern auch die evangelischen und epistolischen Terte manches Gute bei dem öffentlichen Kanzelvorträge. Hätten sie auch wirklich alle das Alterthum, das von einigen vorgegeben wird, und wären sie schon lange vor Karl dem Großen da gewesen, desto eher sollten sie nun einmal aufhören, und wenigstens hätte man am Alterthum das Beispiel nehmen sollten, sie nicht gesetzlich zu machen. Wundersam genug, daß das noch für uns verbindlich sein soll, was Karl aus Noth und um dem dummen Klerus aufzuhelfen, feststellen mußte. Warlich kein Kompliment für unsere itzigen Prediger! Man beruft sich in so vielen Dingen immer auf Luthers Autorität; warum mag man doch in diesem Punkt ihm nicht gefolgt sein. Er war besonders mit den epistolischen Terten, obgleich aus ganz eigenen Gründen nicht zufrieden, und einige Männer nach ihm, die sich

von

von dem Strom ihrer Zeiten nicht fortschwemmen ließen, dachten sehr ähnlich. Unter andern meint der bekannte Danhauer wohl nicht unrecht, man könne statt der vielen evangelischen Texte die blos von Wundern redeten, auch wohl einige andere wählen. In welcher Absicht immer nur dieselben Texte? Soll das Volk etwa, wie man sonst oftmals gesagt hat, desto besser wissen auf welchen Hauptsatz und Hauptgegenstand es seine Aufmerksamkeit zu richten habe, um dadurch der Predigt mehr Eingang zu verschaffen; so müßte man erst wahrscheinlich machen, daß das Volk vorher daran denke, den Hauptsatz herauszusuchen und ihn zu finden verstehe. Und könnte es das auch, so würde man ja nur immer ein und eben dieselbe Wahrheit über ein und eben denselben Text treiben müssen, sonst hat es seinen Hauptgegenstand vergebens gesucht; und am Ende würde es doch dies bei jeden andern Texten, wenn sie nur feststehend wären, eben so gut können. Ueber diese Perikopen, werden so viel trefliche Stücke des Neuen Testaments, so viele faßliche, schöne Stellen desselben, die alle Eigenschaften eines guten Textes eher haben, als keiner vielleicht von allen bisher üblichen, versäumt, und bleiben so ungenuzt liegen als wären sie gar nicht vorhanden. Das Volk, sagt man, kann sie zu Hause nachlesen. Wohlweislich gesprochen! Aber das kann es mit unsern gewöhnlichen Texten eben so gut, und Erklärungen derselben und Betrachtungen darüber noch darzu, welches bei andern, als Text anzunehmenden Stücken, der Fall nicht wäre. Das Volk ist mit unsern bisherigen Texten schon so bekannt, daß es lieber auf dieselben gar nicht hören würde, wo es nicht glaubte, daß keine andere genommen werden dürften. Dies ist

auch

auch die Ursache, daß es sehr unwillig zu sein scheint, wenn statt der üblichen Perikopen andere Texte eingeführt werden sollen, ob es sich gleich, wenn es geschehen ist, bald darüber wieder zufrieden giebt. Wer da weiß, wie falsch das Volk manche Schriftstellen versteht und anwendet, wie oft es darin Bestätigung seiner Thorheiten, seiner Meinungen, seines Aberglaubens, seiner verkehrten Religiosität und unzähliger anderer Dinge findet, der würde auch in diesem Bezug, einen gewiß nicht unbeträchtlichen Nutzen davon hoffen, wenn mit den Texten öfter abgewechselt, und dadurch dem Zuhörer zu näherer und richtigerer Einsicht in wichtigere Stellen der Schrift verholfen werden könnte. Wie vortheilhaft aber eigne Wahl der Texte für den Prediger wäre, ist eben so wenig zu verkennen, als das, wie hinderlich es für seinen Vortrag ihm sein müßte, Jahr aus Jahr ein, immer dieselben Abschnitte zu Texten zu haben. Er soll jedesmal das vorstellen, was das Bedürfniß seiner Gemeinde erfordert, — seine Texte im ganzen Jahr hindurch geben ihm dazu oft nicht den geringsten Anlaß; er muß demnach, um es aus denselben herausholen zu können, erst hinein zu tragen suchen. Alles was wir Wahrheit nennen, hängt gewissermaßen zusammen, und wenn auch nur eine einzige Wahrheit im Text läge, so wäre man freilich im Stande, mehrere andere anzuknüpfen; aber wie unnatürlich ist das, wie umständlich für den Prediger, und wie verdrießlich für den Zuhörer, der anfangs immer nicht rathen kann, wo es hinaus will. Dadurch werden unsere Texte zu einer wirklichen Spielerei. Wären aber auch hundert vortrefliche Wahrheiten darin, deutlich und klar enthalten, was hilfts dem Prediger,

ger, wenn es grade diejenige nicht ist, die er zu behandeln für gut findet. Könnte er seinen Text sich wählen, so wär er sogleich da, wohin er zu sein wünschte, und alles Feuer das in seiner Seele verschlossen wäre, könnte stark in seinen Vortrag überströmen. Izt aber muß er erst mehrere Wahrheiten zusammensetzen, und daraus eine Brücke bauen, und erst, wenn diese vollendet ist, kann er auf derselben zu der Wahrheit hinkommen, von welcher er reden will, und das heißt dann — ein transitus. Dabei vergeht dem Prediger nicht selten die Lust zu reden, und für den Zuhörer ist, wo nicht die Lust zu hören, doch gewiß mit einem zweckmäßigern Text eines der besten Mittel für sein Gedächtniß zur Wiedererinnerung des Gehörten, ganz verloren.

Will man ferner den Inhalt mancher Gesänge, und mancher öffentlichen Kirchengebete in nähere Erwägung ziehen — wie unendlich vieles auch da wieder, was sichtbar und auffallend, das Gute, was das Predigtamt schaffen soll, auf mannichfaltige Weise stört. Wie viel verschobene, falsche Begriffe von tausend Dingen, welche häßliche und abscheuliche Vorstellungen von dem Gott der Liebe und der Barmherzigkeit, von den Pflichten der Menschen, von der Welt, von seiner Religion und seinem Christenthum, von dem Werth seines Lebens, von Teufel, Himmel und Hölle, von den Dingen in der Welt, und von unzähligen andern Gegenständen. Und hätten sie nur den einzigen Fehler, daß sie so kindische, und nach den elendesten menschlichen Idealen geformte Vorstellungen von Gott veranlaßten, so sollte schon deswegen alles daran gesezt werden — nicht etwa, sie nur aus dem öffentlichen Gottesdienst zu verweisen, sondern

dern sie dem Volke ganz und gar aus den Händen zu winden. Wie unerbaulich unsere Sammlungen von sechs bis achthundert geistreichen und erbaulichen Liedern sind, davon ist schon bis zum Ueberfluß oft geredet worden, seltener aber davon, wie sehr sie alles Gute zerstören, welches ein gewissenhafter und verständiger Prediger hervorbringen will. Laßt ihn etwa von der grenzenlosen Liebe Gottes reden, laßt sie ihn so groß und so faßlich beschreiben, als es sein gespanntester Gedanke erreicht, laßt es ihn beschreiben wie abscheulich es sei, sich das liebevollste Wesen, als das rachsüchtigste Geschöpf zu denken, oder ähnliche Vorstellungen machen, was wird es für Frucht schaffen, so lange das Volk noch in seinen Liederbüchern singt:

>Warum wilst du dan zornig sein
>über uns arme Würmelein;
>weist du doch wohl du treuer Gott
>daß wir nichts sind dann Erd und Koth:

so lange es noch in dem großen Grimm Gottes, in den hellen Feuerflammen, im Zorn und in der Rache desselben, seine höchste Andacht findet. Was können seine Begriffe von dem allgütigsten Geiste sein, so lange er in seinen Gebetbüchern, so mit demselben reden muß, als könne das zarte Wesen nur durch bittre heiße Thränenströme erweicht, nur durch wundgerungene Hände, durch Seufzen ohne Unterlaß, bewegt werden, dem armen Menschen zu helfen, und seinen Zorn über ihn fahren zu lassen; oder so lange er noch jeden größern Unglücksfall seines Landes und seiner Familie für einen Ausbruch der Wuth desselben zu halten gewöhnt wird. Laßt den Prediger seiner Gemeinde deutlich und lebhaft das Thörichte, das Sündliche, das Gefährliche des Aberglaubens zeigen; wie stark wird dann der Aberglaube seines Pfarrkindes erschüttert werden, wenn er in seiner häuslichen Andacht, bei iedem Nordlicht vielleicht, das Lied „bei Erscheinung eines sonderbaren Kometen" von Paul Gerhard singt:

Herr was hast du im Sinn?
Wo denkt dein Eifer hin,
von was für neuen Plagen,
soll uns der Himmel sagen,
was soll uns armen Leuten
der neue Stern bedeuten u. s. w.

wo mit der beschwerlichen Weitschweifigkeit und Umständlichkeit eines alten Mütterchens, alle das Unglück hergerechnet wird, was ein solcher Prophet am Himmel weissage; oder sein Morgenlied, worin ihn der Teufel hat fressen wollen, und sein Abendlied, worin er für Gespenstern und Nachtgeistern in allem Ernst sehr bänglich ist; oder wenn ihm bei Vorlesung der Geschichte „von Jerusalems jämmerlicher Zerstörung," die Kometen, feurige Lufterscheinungen und feurige Roß und Wagen, alle aufgeführt werden. Nach solchen Geschichten mag man lange gegen den Aberglauben reden; das Volk bleibt bei seiner Meinung, denn diese Geschichten gefallen ihm so wohl, daß es um alles in der Welt die Wahrheit derselben, die man ohnehin nicht einmal antasten darf, nicht hingeben würde. Oder laßt den Prediger in Städten von der Duldung gegen Andersmeinende reden, so wahr und warm als ein Herz voll Menschenliebe davon reden kann, was für Frommen bringts, wenn er in dem öffentlichen Kirchengebete, beten hört: „Mache dich auf Herr zu richten — „zerschmeisse du die Köpfe deiner Feinde, sammt „ihrem

„ihrem Haarschedel!" — Barmherziger Gott, welch eine entsetzliche Bitte! Ob iemand im Ernst Gottes Feind sein könne? Die Frage fällt dem gemeinen Manne nicht ein; er sieht dieienigen dafür an, die nicht glauben, was sein Prediger ihm sagt! In der That, es ist traurig, daß durch Gesang und Gebet, aller blinder Aberglaube, unter welchem Titel er auch vorkomme, und die ungeheuersten Meinungen und Begriffe, so fest in die Religion des Volks verwebt werden, daß alles was man zur Ausrottung desselben versuchen kann, fruchtlos bleiben muß. Wir dürfen deswegen nicht ungerecht gegen den Werth derselben sein, wenn wir in ihnen so manches große Hinderniß fürs Predigtamt finden. Sie mögen !erbaulich und schön sogar, für die Zeiten ihrer Verfasser gewesen sein, und überaus brauchbar, nach den Kenntnissen, Meinungen, Sitten, Vorstellungen und Sprache der damals lebenden; und daß manche, obgleich wenige, noch iho, und mehrere von ihnen unter gehörigen Abänderungen noch brauchbar sein würden, kann man sehr gern gestehen: doch hindert das nicht, sie für unsre Zeiten in ihrer ihigen Form tadelnswerth und dem Predigtamte und seinem Nuhen höchst nachtheilig zu finden. Denn, ohne in Anschlag zu bringen, daß in so vielen Gesängen und Gebeten, statt einer herzlichen vertraulichen Sprache, eine pöbelhafte herrscht, und bei andern statt einer faßlichen und leichten, eine unverständliche und räthselhafte, so werden gewiß schon die angeführten Ursachen iedem Gewissenhaften zu ihrer Abstellung hinlänglich scheinen. So viel Schwierigkeiten es auch an mehrern Orten haben würde, sie aus dem öffentlichen Gottesdienst zu verweisen, so wird es doch zuverläßig noch mehrere haben, sie von dem häuslichen Gebrauch auszuschließen, und gleichwohl ist dieses so nöthig als ienes. Was bisher für die häusliche Andacht der niedern Volksklassen von gutmeinenden Schriftstellern gethan ist, ist dazu nicht hinreichend. Denn wenn auch ihre Erbauungsbücher alle erforderlichen Eigenschaften besäßen: so fehlt ihnen doch die, daß sie dem kleinen Bürger und Bauer nicht interessant genug dazu sind, daß er sie mit seinen bisherigen vertauschen sollte. Wie diesem Umstand abgeholfen werden könne, ist hier nicht unsers Orts, weiter auseinanderzusetzen und den Projektmachern unserer Zeiten füglich zu überlassen.

Was insbesondere die Gesänge betrift, so ist nicht nur der Inhalt und Sprache derselben, sondern auch die Gesangsweise in unserm öffentlichen Gottesdienst auf keine Weise für gleichgültig zu halten, wenn durch diese der Nutzen des Vortrags anders gewinnen kann. Kann die Melodie gewisse Empfindungen mit aufregen helfen, die der Andacht förderlich sind, kann sie gute Eindrücke mit verstärken, kann sie der Seele eine Stimmung geben, in welcher sie zu einer vortheilhaften Aufnahme großer und wichtiger Wahrheiten sehr empfänglich ist, so thut man gewiß unrecht, hierdurch der Andacht des Zuhörers nicht zu Hülfe zu kommen. Daß sie es aber könne, wird keinem beifallen zu leugnen, der die Gewalt der Tonkunst über unser Herz mit guten Ohren und Sinnen nur irgend iemals aus einer Passion, einem Oratorium oder einem Te deum laudamus, oder sonst irgendwo her hat kennen lernen. Wenigstens wird man ihre Kraft die Andacht zu fördern, alsdenn nicht in Zweifel ziehen können, wenn man nicht in Zweifel ziehen kann, daß sie dieselbe stören könne. Und wie leicht

leicht kann sie das! Welch eine unausstehlich widrige Empfindung, für ein nur halb geübtes und feines Ohr, einen ernsten wichtigen Gesang, vielleicht Tod, Leiden und andere dunkele Auftritte enthaltend, und eine Melodie dazu orgeln hören, so leicht und frölich wie sie an den Ufern der Garonne getrallert wird; und wiederum, eine Melodie so langsam und schwermüthig, zu einem Inhalt eines Gesangs, der von den feurigsten Hofnungen belebt und von der höchsten Entzückung gehoben wird, oder Töne, schmeichelnd und gefällig, zu Worten voll Ernst und hoher Erhabenheit. Dies ist ein Gegenstand in unserm Gottesdienst der kaum bemerkt worden, und doch so wichtig ist. Selbst ein sehr großer Theil des gemeinen Mannes empfindet etwas vom Wohlklang oder Misklang einer Melodie, wenn er auch den Grund nicht aufsuchen und sich darüber verdeutlichen kann. Wie sehr die niedern Volksstände, und wie es scheint das weibliche Geschlecht vorzüglich, Sinn für Tonkunst haben, das kann man aus den Stückchen sehen, die auf den Gassen mit so viel Theilnahme getrallert werden, und gewiß nicht bloß scherzhaften und frölichen Inhalts sind. In einigen Gegenden von Deutschland lebt und webt der Landmann sogar in Musik, wie z. B. in Thüringen. Ueberdem, so sinds ja nicht bloß Rohe und Ungebildete, ohne Ohr und Empfindung, die an unserm Gottesdienst Theil nehmen, es besuchen ihn ja Männer die Geschmack und Empfindung haben, deren Andacht zu stören man sich sehr hüten sollte. In vielen katholischen Kirchen, ist neben dem Sinnlichen das ihr Gottesdienst hat, ein großer Theil der tiefen Andacht gewiß der vortreflichen Musik zuzuschreiben. Wem es begreiflich ist, wie viel hieran gelegen sei, der wird auch das leicht sehen, daß in unsern Gemeinden müsse Sorge getragen werden, dem männlichen unverheiratheten Geschlecht das Schreien und Gröhlen, und dem verheiratheten weiblichen die widrig durchdringend hellen Stimmen abzugewöhnen. Man hört, zumal in großen Bauerngemeinden, die tiefsten aus hohlem Schlund gegurgelten Laute, und die schneidendsten und spizzesten Töne, mit sanften, schmelzenden Stimmen, in einem so unausstehlichen Gemisch untereinander, daß es kaum möglich ist, ohne längers Gewohntsein, dabei auszuhalten. Kommen noch gar die falschen Künste eines ungeschickten Orgelspielers dazu, der unaufhörlich in den krausesten und buntesten Manieren, die Gelenkigkeit seiner Finger figuriren läßt, oder vielleicht von Tonkunst so wenig weiß, daß er auch die Melodie nicht einmal gehörig führen kann, wie man öfters auf Dörfern findet, so muß man für Verdruß vergehen. Gewiß, es macht unserm Zeitalter wenig Ehre, daß in unsern Konzertsälen und Schauspielhäusern bei Opern und Operetten, für die treflichsten Spieler und Sänger gesorgt ist, und niemand daran denkt, für die erhabensten Gegenstände die der Mensch hat, etwas ähnliches zu thun. Wie leicht könnte wenigstens so viel geschehen, daß der Gesang mit richtiger Melodie gespielt und sanfter und anständiger gesungen würde, wenn nur auf Dörfern, wie in kleinern Städten, wenigstens keine andere Kantoren und Organisten genommen würden, als die ihren Schulknaben früh genug das Schreien abgewöhnten, oder vielmehr, sie nur nicht dazu anhielten, und, wenn die Melodien in allzuhohe Töne hinaufstiegen, so viel wüßten, sie einige Töne tiefer zu transponiren. So lange aber unsere Dorf= und Stadtkantoren und

Orga=

Organisten, noch so elend gesezt sind, daß sie, um nebenbei noch etwas zu erwerben, zu Jahrmarktszeiten in Bierschenken fiedeln, oder bei Hochzeiten Gassenhauer zum Tanz bearbeiten müssen, läßt sich gewiß wenig für eine Verbesserung des Singens beim Gottesdienst erwarten. Auch könnten Prediger, auf mehrerlei Weise, nach Verschiedenheit der Umstände, dann und wann, manches hierzu mit beitragen, wenn nur viele nicht so gehörlos wären, daß sie nicht das mindeste davon fühlten, wie eine Melodie gehe und wie ihre Gemeinde singe. Glückliche Taubheit! Dem Prediger, dem sie fehlt, wird sicher, nicht selten, in seinem Stuhl warm werden bei den Künsten seines Organisten, bevor sein Ohr nicht durch lange Uebung hinlänglich kastrirt ist. Man war im Alterthum gegen diesen Punkt nicht so gleichgültig, als man es izt, unter uns ist. Zwar, so viel man davon errathen kann, hatten die ersten Christen, wenige und vielleicht gar keine melodische Gesänge — ihre Psalme mochten mehr recitativartig gesprochen werden; aber Ambrosius, oder irgend etwa einer unter seinem Namen, gab sich schon um die Verbesserung des Kirchengesangs Mühe. Er sammelte die Ueberbleibsel der damaligen zerrütteten griechischen Musik, deren wenig, und die gewiß so kostbar nicht waren, als sie izt unsere Tonkünstler anpreisen wollen, um sie bei dem Gottesdienst einzuführen. Im fünften Jahrhundert, ließ Frankreichs Sieger, Klodwig, Sänger aus Italien kommen, durch welche die römischen Antiphonien in den gallischen Gottesdienst gebracht wurden. Pabst Gregor der Große und Pabst Vitalian wollten sich beide um die Musik beim Gottesdienst verdient machen. Ersterer führte bessere Lieder ein und verfertigte auch das erste Antiphonarium zum Gebrauch der Geistlichen, und der leztere brachte zuerst Instrumentalmusik in den Gottesdienst, indem er eine Truppe römischer Musiker errichtete, die von ihm den Namen hatte. In dem nachstfolgenden Jahrhundert werden auch schon Orgeln erwähnt. Auf einer von Pipin zu Compiegne angestellten Versammlung i. J. 757, schenkte der griechische Kaiser dem fränkischen König, durch seine Gesandschaft, eine Orgel. Dieser ließ sie in der Kirche des H. Kornelius zu Compiegne aufstellen. Der Gebrauch der Orgeln kam aber erst am Ausgange des neunten Jahrhunderts mehr in Gang. Doch aber sollen sie in der Gestalt, wie sie izo sind, vor dem vierzehnten Jahrhundert nicht gewesen sein. Guido von Areggo, der Benedictiner, im eilften Jahrhundert, änderte die gregorianische und bisher beim Gottesdienst übliche Singart aufs neue, unter Protection des römischen Bischofs Benedicts des 9ten, so wie er überhaupt sehr große Verdienste um die Musik gehabt haben soll, ob ihm gleich — welches uns hier sehr gleichgültig ist — von einigen ein Theil derselben entzogen und andern zugeschrieben wird. Genug hier zu unserer Absicht, daraus zu sehen, daß man in den rohesten Zeiten des Christenthums, diesen Theil des öffentlichen Gottesdienstes nicht aus dem Auge ließ, obgleich Prachtliebe ohne Zweifel ihren sehr großen Antheil mag daran gehabt haben. Es müssen gewiß äußerst trübe Köpfe gewesen sein, welche die Orgeln und alles was Musik hieß, ganz aus dem Gottesdienst verbannt wissen wollten, und lieber, wo möglich, die Gesänge ganz ohne Melodie gesungen hätten. Hieher gehören mehrere Gönner der Mystik, die ihr, man kann leicht rathen woher, gar nicht günstig waren. Die alte Kirchenordnung zu Frankfurt am Main, meinte auch, das Musiciren störe die Andacht, Peter Patiens aber, der damalige Prediger, zu dessen Zeiten sie dort eingeführt wurde, hielt es nicht dafür. Auch Luther war in diesem Punkt gar nicht gleichgültig. Wenigstens dafür sorgte er, daß für seine guten Gesänge, so sehr als es nach damaliger Zeit anginge, gute Melodien verfertigt würden. Er brauchte dazu mehrere Komponisten, und unter andern und vorzüglich, den damals so berühmten Baiern, Ludwig Senfli. 41) Es wäre nicht undienlich sein Beispiel hier nachzuahmen!

In denienigen Ländern, wo wegen der Menge der Festtage, häufig Gottesdienst gehalten wird, ist die damit verbundene Menge der Predigten, auch eine Unbequemlichkeit mehr für den Nutzen des Amts, vorzüglich zu gewissen Jahrszeiten, wo der Festtage in der Woche beinahe mehr sind als der Arbeitstage. Die Zuhörer werden des allzuvielen Predigens gewiß herzlich überdrüßig, und der Prediger mit ihnen. Dieser redet, und iene hören zuviel. Wäre der Prediger auch mit der schönsten Wohlredenheit und die Zuhörer mit der besten Aufmerksamkeit versehen, zu gewissen Zeiten müßten sie dennoch ermüden, denn auch des Besten wird man, bei häufigem Genuß, endlich satt. Um Ostern herum hat mancher Prediger vielleicht zehn Vorträge auszuarbeiten, und wenn er mehrere Gemeinden zu versehen hat, wohl zwanzigmal öffentlich aufzutreten, und das binnen 14 Tagen. Dazu fällt um diese Zeit in vielen Ländern die sogenannte Konfirmation der Kinder, die zum erstenmal das Abendmahl genießen, das Beichtsitzen,

die

die Vorbereitungs- und Ermahnungsrede dabei, und das öftere Sprechen einerlei Worte bei Austheilung des Abendmahls. Das ist wahrhaftig zu viel Arbeit, als daß ein Mann dabei nicht äußerst angegriffen und laß werden sollte. Und hätte er auch so viel Kraft unermüdet zu bleiben, so wirds bei seinen Zuhörern nicht der nemliche Fall sein. Zwar, weil sie es für ein opus operatum halten, oder, vielleicht weil sie nicht wissen, was sie mit dem Ueberfluß an Zeit begehen sollen, so besuchen sie wohl den Gottesdienst, aber sie nehmen sich auch dagegen die Freiheit zu schlafen — denn es schläft sich so schön in der Kirche — zu scherzen, zu gaffen und ein traulich Gespräch mit dem Nachbarn zu halten, Wirthschaftsangelegenheiten abzuthun, die Wünsche um Sonnenschein oder Regen sich einander zu offenbaren, oder — mit Ungeduld auf das Ende des Gottesdienstes zu warten. Der Prediger, der das unmöglich ganz unbemerkt lassen kann, sieht es, wie wenig seine Mühe Frucht schaffet, und wird wenigstens dadurch zugleich mit läßig. In der That, die vielen Festtage sind ganz dazu gemacht um dem Zuhörer das Anhören der Predigten sehr zu verleiden, zumal wenn der Prediger noch die Thorheit begeht, und stundenlange Vorträge hält, oder noch drüber, weils doch einmal — Festtage sind. Die Lustbarkeiten, die an diesen Tagen üblich sind, oder die zu viele Ruhe, der häufige Genuß besserer Speise und Getränke, der Verdruß aus Mangel an Beschäftigung, und der gewöhnlich längere Schlaf, setzen ohnehin schon das Volk in eine Stimmung, die nicht dazu gemacht ist, aufmerksam und andächtig zu bleiben. Man findet nicht selten, daß nach Verlauf der Festtage, mehrere

Sonntage hintereinander, die Kirchen bei weitem so voll nicht sind, als in der Festzeit und sonst. Leicht zu erklären! Vielleicht würde man gar, wenn sie besucht werden sollten, die alten Strafen von einigen Schillingen, oder einigen Pfunden Wachs zu erneuern Ursache haben, wenn nicht ohnehin schon das Volk für das gänzliche Hinwegbleiben durch seinen Begrif vom Gottesdienst bewahrt würde. Schon um der Ursachen willen, die in den angegebenen Umständen enthalten sind, dürfte man es für den Nutzen des Predigtamts und für die Moralität des Volks vielleicht eben so vortheilhaft finden, wie für das größere Einkommen des Staats den Ueberfluß der Festtage wenigstens zu vermindern, wenn man es allzubedenklich fände, sie ganz und gar abzuschaffen. Unter gewissen Umständen wärs vielleicht auch am rathsamsten, dergleichen erst jedesmal im Jahre anzuordnen, und den Tag dazu zu bestimmen, zu andern Zeiten aber wieder auszusetzen. Es mag immer aus guter Meinung fliessen, wenn man das Ansehen der vielen Feste damit entschuldigt, daß doch an denselben noch bei manchen frommen Seelen vielerlei Gutes gestiftet und mit Seegen gearbeitet werden könne — mag wahr sein; man sollte aber doch auch überlegen, daß bei tausend und wieder tausend andern Seelen, eben dadurch, der Gottesdienst, wo möglich noch gleichgültiger, die Ohren für die Predigt noch verstopfter, und die Lust sie anzuwenden noch schwächer werde.

Es liegt am Tage, wär unser Gottesdienst voll ächter Feierlichkeit und Erhabenheit, aber faßlich für jedermann, voll Würde, aber ohne Künstelei, kurz, aber doch vollständig in seinen Theilen, mit wenigen Gebräuchen, aber die wenigen voll Bedeutsamkeit,

deutsamkeit, gesorgt darin für die Sinnlichkeit des Volks, aber auch für den Geist des gebildetern Mannes, zusammenhängend in allen seinen Theilen, alles Fremde davon abgesondert, und durch schickliche und anständige wie durch öftere Abwechselungen der Gefahr, gleichgültig zu werden, nicht ausgesezt, mit einem Wort, wäre unser Gottesdienst zweckmäßig, wie er sein sollte und könnte; so würde gewiß nicht allein der Nußen der Predigt außerordentlich dadurch gewinnen, sondern überhaupt wahre Religion und ihre Lehren mit dem Gottesdienst zugleich ehrwürdiger und wichtiger, die feindseeligen Anfälle eines bittern Spottes auf dieselbe gebrochen und minder wirkend, die halbe Aufklärung unter den mittlern Ständen für das Christenthum nicht so gefährlich, der Prediger selbst weniger verächtlich, unsere Gotteshäuser von Leuten aller Stände und Meinungen zahlreicher besucht und reine Frömmigkeit unendlich dadurch gefördert werden. Aber wessen Augen werden in unserm Zeitalter diesen Gottesdienst sehen?

Sechster

Sechster Abschnitt.
Einige Schwierigkeiten
welche
die Wirkung der Kanzelvorträge aufhalten.

Manche nicht unwichtige Schwierigkeit für die Wirkung der Kanzelvorträge, liegt schon in unserer deutschen Bibel. Wenigstens ist es gar nicht zu übersehen, wie oft derselben Verständlichkeit und Faßlichsein fehle — die erste Eigenschaft, die sie fürs Volk haben muß. 42) Schon sogar sind mehrere einzelne Worte und Wendungen dem größesten Theile des gemeinen Mannes durchaus dunkel. Dadurch wird der Prediger sehr häufig genöthigt seinen Vortrag zu unterbrechen, und die Kraft beweisender Stellen zu entwickeln. Vielleicht kann er es kaum vermeiden, sich auf solche Stellen einzulassen, die einen beträchtlichen Vorrath von exegetischen, historischen, und vielleicht gar von kritischen Kenntnissen nothwendig machen, obgleich kein verständiger Prediger dieselben ohne die dringendste

---

42) „Aber die Heil. Schrift ist doch deutlich" — Und doch hast du zwei bis drei Jahr Exegese darüber gehört, und gleichwohl bleibt dir so manches dunkel, und so vieles noch zweifelhaft. Die Mathematik ist auch deutlich — jedoch nur unter gehörigen Beschränkungen — und nicht gleich dem Augenblick für jeden. — Am Ende ist hier auch gar nicht einmal von der Schrift, sondern von ihrer deutschen Uebersetzung die Rede.

genöste Noth, gebrauchen wird. Denn diese Erklärungen werden dem größern Haufen der Zuhörer durch ihre künstliche Zusammensetzung, doch wieder zu langweilig. So geht sehr oft der Beweis mit der beweisenden Kraft, nebst einem großen Theil des Vortrags und seines Zusammenhanges verloren. Das schlimmste ist, daß der Zuhörer sogar die dunkelsten Stellen recht gut zu verstehen glaubt. Daher vergißt er selbst die leichtesten und behaltbarsten Erklärungen, und erklärt alsdenn ganz nach seiner eigenen Weise. Man kann denken wie sonderbar diese seine Weise sein möge, da sie nach seinen Erfahrungen und Kenntnissen, und in seiner Jugend durch die Kunst eines ungeschickten und unwissenden Schulmeisters ist gebildet worden. Vielleicht hat selbst sein unweiser Prediger daran mit bilden helfen; denn es giebt deren, die noch in jeder Predigt — wahrscheinlich um recht biblisch zu predigen, oder aber, eine so gute Manier, eine ganze Stunde etwas sagen zu können, sich nicht zu vergeben — eine ganze Konkordanz erschöpfen, und Sprüche auf Sprüche häufen, die weiter nichts mit einander gemein haben, als die Aehnlichkeit eines einzigen Worts. Auf den Gedanken wird dem Volk wenig geholfen, und aus eigener Regung fällt es noch viel weniger darauf, daß viel Nachdenken, Kenntniß, Vorsicht und Behutsamkeit zum rechten Verstehen seiner Bibel erforderlich sei. Daher findet man auch so häufig, daß dasselbe alle seine Thorheiten, seinen Aberglauben, seine mystische und apokalyptische Schwärmereien, wie alle seine anderweitigen singulären und albernen Meinungen aus seiner Bibel zu bestätigen und sogar zu schützen weiß. Nun wird man leicht erachten, wie höchst schwer es dem Prediger wer-

werden muß, gegen Irrthümer des Volks zu arbeiten, die durch das Ansehen der Schrift geheiligt und dadurch in seine Religion eingeflochten sind, und wie oft alles vergeblich ist, was er nur dagegen unternehmen kann.

Man kann aus guten Ursachen dafür halten, daß diese Schwierigkeiten, mit der Zeit, wohl nicht ganz wegfallen, doch sehr erleichtert sein würden, wenn wir einen Bibelauszug hätten, welcher in einer durchaus verständlichen Uebersetzung, vorzüglich zum Gebrauch fürs Volk, und zum öffentlichen Gebrauch in Kirchen und Schulen, zweckmäßig bearbeitet, und allgemein — eingeführt wäre. 43) Ein solches Werk würde, in ieglichem Be-

---

43) Für eine gewisse Klasse von Lesern, ist es vielleicht nicht unnöthig zu erinnern, daß eine neue Bibelübersetzung, und ein daraus gemachter Auszug, immer noch keine neue Bibel ist, und daß weder durch das eine noch durch das andere, dem Werth und Ansehen der Schrift, der mindeste Abbruch geschehe. Man hat sogar nicht nöthig in Abrede zu sein, daß Luthers Uebersetzung der Schrift, eins der herrlichsten und der größten Menschenwerke war, ohne darum zu übersehen, daß es eben so wenig für alle Zeiten als für ieden Zweck, gleich brauchbar sein konnte. — Es ist aber leicht abzusehen, daß es vielen, allen Vorstellungen zu Trotz, doch zu unverzeihlich arg scheinen wird, ein solches neues Werk, sogar zum öffentlichen Gebrauch und allgemein eingeführt zu wünschen. Indessen sei es zu ihrem Trost, daß man für ein Paar Jahrhunderte auf diese Hofnung wohl noch wird Verzicht thun müssen.

Wir haben einige Bibelauszüge, deren Werth oder Unwerth hier nicht zu erörtern ist. Die Verfasser derselben mögen es sehr gut gemeint haben. Dennoch aber ist bei einem derselben, die große

Betracht, fürs Volk den größten Nutzen erwarten lassen. Seine fast einzige Geistesnahrung, würde ihm geniesbarer, und die Lehren seines Christenthums würden mit deutlicherer Einsicht und völliger von ihm erkannt werden. Man sollte in der That dahin arbeiten, dies Einzige, was der arme Laie für seinen Geist und sein Christenthum hat — denn außer seiner Bibel, was hat er noch? — ihm so brauchbar zu machen, als es nur geschehen könnte. Denn, frei heraus, was soll ihm eine Schrift, in welcher er zwar die Aussprüche Gottes enthalten glaubt, und die er auch als eine solche verehrt, die er aber oft gar nicht, und oft ganz falsch versteht, ob er sie auch gleich je zuweilen richtig verstehen mag. Dies verleitet ihn natürlich, dieselbe auch ganz falsch, — oder gar nicht, anzuwenden, da er hingegen, wenn er sie durchaus verstände, sie nicht ohne großen Vortheil für sein Leben und für sein Herz brauchen würde. Denn wer wollte nicht Gottes Aussprüche und seinen Willen verehren, wenn er ihn einmal erkannt hat?

Eine andere Schwierigkeit, ist in der außerordentlich großen Unwissenheit des Volks enthalten, welche selbst die wenigsten unserer Schriftsteller

---

Summe wirklich zu bedauern, die darauf gewandt wurde. Denn wenn ein Auszug weiter nichts ist, als ein Abdruck der Lutherschen Uebersetzung, mit einigen armseeligen Veränderungen, einigen wenigen Weglassungen, und einigen sparsamen und magern Noten unter dem Text, so möchte die Brauchbarkeit, und der nach dieser Brauchbarkeit zu bestimmende Werth derselben, so groß nicht sein. Vielleicht wär es hinlänglich das A. T. auf 6 bis 8 Bogen zusammenzuziehen, die 3 erstern Evangelien in eins zu fassen u. s. w.

steller fürs Volk ganz zu kennen scheinen. Eine der ersten Ursachen derselben, liegt in den jämmerlichen Schulanstalten. Zwar wir haben Schulverordnungen in mehreren Ländern, die aber genau so gut sind als die Schulen selbst. Daher in diesen elenden Anstalten so oft auch nicht das geringste, was zur Verstandesentwickelung beitragen könnte — eitel Auswendiglernen, Hersagen, und Einbläuen — in diesen drei Hauptpunkten ist fast alles erschöpft. — Alle unsere Vorschläge zur Verbesserung haben im Ganzen noch wenig glücklichen Erfolg gehabt. 44)

---

44) Nichts helfen alle Vorschläge, wenn dabei auf die Chatoulle des Fürsten gerechnet wird, — und viele Fürsten rechnen auch die Staatseinkünfte zu ihrer Chatoulle — und eben so wenig alle die Formen, die man unsern Schulen giebt, so lange dieselben mit Bedienten, verabschiedeten Soldaten, und verarmten Leinwebern oder Schneidern besezt werden — und so lange noch Fürsten sich finden, die jedes Gesindel, zu Schullehrerstellen, für ausserordentlich taugliche Subjekte halten. „Was!" antwortete ein Fürst in Deutschland, einer Gemeinde, die sich über ihren Schulmeister beschwerte, und Beweise beibrachte, daß derselbe seinem Amte nicht vorstehen könne. „Was! — Nicht „vorstehen können? — Und hat doch sonst die „Kerle zusammengehauen, wie alt Eisen?" = = Der Herr Schulmeister waren nemlich zuvor Korporal gewesen. — Solcher Schatten gibts noch überall sehr viele neben dem Licht einiger wohlthätigen Anstalten. Es ist schön oben ein Vorschlag gethan zur bessern Versorgung der Schulen; dem hier noch einer beigefügt werden soll, von dem sich vielleicht nicht ohne Grund viel Gutes erwarten ließe, wenn er würde ausgeführt werden.

"Es giebt nemlich der Kandidaten des Predigtamts viele, die bis zur Versorgung in ein Predigt-

Wenn Knaben oder Mädchen unter dem Volk, das 14te oder 15te Jahr etwa erreicht haben, so gehen sie von dieser Zeit an nicht mehr in die Schule. Hat das Kind seinen Katechismum, aus Furcht vor dem Stock oder aus wahrem Mangel an Geistesthätigkeit, sein auswendig gelernt und kann ziemlich gut lesen, so hat es einen guten Grund gelegt. — Das Kind geht nun sein Jahr oder seine vier Wochen, wie es die Sitte des Orts mit sich bringt, zum Prediger, um zum Genuß des Abendmahls zubereitet zu werden. — Denn das ist die lezte Hand, die zur Bildung dieser Menschen angelegt wird; — wenn nun das geschehen ist, so ist alles geschehen. Nun brauchen entweder die Aeltern ihre Kinder selbst, oder der Knabe wird aufs Handwerk gedungen, oder als Viehjunge, und
das

amt oder auch in eine Schulstelle, erst einige Jahre zum wenigsten, in Schulen nützlich werden könnten. Eine Sache, die sehr vielen, die wegen ihres Unterhalts in Verlegenheit sind, sogar erwünscht und für sie, wenigstens eben so vortheilhaft sein möchte, als eine Hofmeisterstelle bei einem Jäger, Müller, Pachter, Amtmann oder selbst bei einem ungesitteten Landjunker, mit dem Gehalt von jährlichen 30 Thalern. Neben Vortheilen von mancherlei Art, würde dieser Vorschlag freilich auch seine Beschwerlichkeiten haben, die aber, wenn auch einige nicht könnten abgestellt werden, gegen den zu hoffenden Nutzen nur geringe sein würden. Einen ähnlichen Gedanken hatte schon Luther einmal. „Wenn ich," sagt er, „Ordnung in den Kirchen zu stellen hätte, ließ „ich mir gefallen, daß man keinen zum Diakon, „oder Pfarrer erwählet, er hätte denn zuvor ein „Jahr oder drei in Schulen, neben guten Kün„sten, den Katechismum die Kinder fleißig ge„lehrt." Beim Matthes. 12te Pred.

das Mädchen als Dienstmagd oder als Kinderwär:
terin vermiethet. Nun da der Unterricht erst recht
angehen, wenigstens fortgesezt werden sollte, weil
izt Knaben und Mädchen erst in die Welt kommen
und mit der Welt und ihren Lastern und Verwilde:
rungen näher bekannt werden, izt hört der Unter:
richt, und alles Bilden an ihrem Geist fast ganz
auf. Sollte sie, der Vater oder der Dienstherr
etwa noch ein Bischen unterrichten, so würden Va:
ter und Dienstherr in große Verlegenheit kommen,
was man ein Kind noch lehren sollte, das seinen
Katechismus gelernt hat. Daß Knabe und Mäd:
chen keinen eigenen Drang habe sich unterrichten
zu lassen, wird man ohne Mühe glauben. Sie
danken ihrem Gott, daß sie einmal dem tyranni:
schen Birken: oder Haselzepter des Schulherrn ent:
laufen sind, daß sie nicht mehr auswendig lernen,
nicht mehr Langeweile haben, nicht mehr gebläuet
werden, und nach Herzenslust vergessen dürfen,
was sie gelernt haben, und verlangen nach keinem
neuen Unterricht. Es bleibt nun für die weitere
Bildung ihres Verstandes und Christenthums wei:
ter kein Mittel, als in die Kirche gehen und ——
eine Predigt anhören. Dies ist demnach fast das
einzige Mittel, wodurch der Verstand der iungen
Menschen bearbeitet werden soll. Ich sage das
einzige. Zwar es giebt ia an vielen Orten Kate:
chismusprüfungen, die mit iungen Leuten dann und
wann sonntäglich angestellt werden; allein man
weiß ia, wie sie beschaffen sind, und wie oft sie
gehalten werden. Auch hat das iunge Volk seine
Bibel — wir haben schon davon gesprochen —:
aber hierin ließt es so lange nicht, als nicht mit
dem 30ten, 40ten oder 50ten Jahre seine Andachts:
periode angeht, oder wenn es darin ließt, so ists

die

die Geschichte der drei Männer im Feuerofen, die Stücke aus Esther, — oder bei düstern Gemüthern, wenn sie etwas älter sind geworden, den Ezechiel, die Offenbarung u. s. w. — Es hat auch sein Beicht- und Kommunionbuch, oder sonst ein Paar Erbauungsbücher, aber von welchen Verfassern? in welcher Sprache? mit welchen Vorstellungen? und ohnedem nicht öfter gebraucht, als einen Tag, vor dem iedesmaligen Abendmahlsgenuß. 45) Es soll demnach alles auf die Kanzelvorträge

---

45 Leider haben wir noch keine einzige Anstalt, in welcher nach verflossenen Schulwochen, das iunge Volk von tausend nützlichen Dingen unterrichtet würde, die es nothwendig wissen muß. — Eine große Lücke, die noch auszufüllen ist — und welche so leicht ausgefüllt werden könnte, wollte man nur für würdigere und brauchbarere Prediger sorgen, wollte man die unnützen, höchst schädlichen Betstunden, die an vielen Orten Sonntags Nachmittags gehalten werden, abschaffen und sie zum Unterricht fürs unwissende Volk anwenden — Volksschulen könnte man das nennen — wollte man selbst sogar zu diesem Behuf, etwas von der Menge unserer Predigten abbrechen und hierzu verwenden. — — Dies würden die herrlichsten, wohlthätigsten Institute für die Menschheit werden. Hier könnte man sich ganz nach dem Faßungskreis des Volks richten, hier könnte man blos für die iedesmalige individuelle Lage des Dorfs, der Gemeinde, oder des kleinen Landstädtchens — denn ich weiß nicht, ob man diese Schulen auch bis auf größere Städte ausdehnen dürfte? — arbeiten; hier könnten schädliche Vorurtheile zerstört, die iunge Saat des Aberglaubens und andere Thorheiten, aus dem Verstande ausgejätet, die nöthigsten Naturkenntnisse, wenn man anders will, beigebracht, und vor allen Dingen die unwissenden iungen Leute unterrichtet werden, was sie künftig bei der Wahl des Ehegatten, und was sie

vorträge ankommen. Was soll aber der Kanzel=
vortrag auf Menschen wirken, die vom fünfzehn=
ten bis zum zwanzigsten Jahr gar nicht aufmerken,
und nach dieser Zeit eben so wenig recht aufmerken
können; denen auch der kleinste, leichteste, faßlich=
ste Vortrag zu lang und zu schwer ist, deren
Ver=

als gewissenhafte und verständige Väter und Müt=
ter zu thun hätten bei Erziehung der Kinder, und
so würde das Verderben ganzer Geschlechter ver=
hütet werden können. Obrigkeiten dürften sich hier
kein Gewissen machen, selbst Zwang zu gebrau=
chen, um das junge Volk zum Besuch dieses Un=
terrichts anzuhalten, — in der Folge würde er
schon von selbst überflüßig werden. Selbst ältere
Personen, die als bloße Zuhörer diesen Unterricht
besuchten, würden durchaus — ich sage es freimü=
thig — mehr Gutes lernen als aus allen unsern
Predigten. Aber wo sind die Anfänge zu solchen
wohlthätigen, gemeinnützigen Anstalten? Und wä=
ren sie da, wer kann bürgen, daß in den Jahrhun=
derten, die die ersten zarten Keime zu ihrer Ent=
wickelung bedürfen, diese Keime nicht tausendmal
wieder zernichtet werden? — Denn gewiß es müs=
sen ganze Generationen erst im Strom der Zeit
hingehen, ehe einmal des Etwas zur lezten Völ=
ligkeit und Vollendung gedeihen wird. —
Was bis izt fürs Volk geschieht, das geschieht
durch Schriften, vermittelst deren manche Men=
schenfreunde, fürs Volk — zuweilen auch für ih=
ren Geldbeutel, hinlänglich gesorgt glauben. Nur
Schade, daß sie von äußerst wenigen gelesen und
von noch wenigern verstanden werden. So wohl=
feil auch einige derselben sind, so sind sie doch für
den größten Theil des Landmanns und des Hand=
werkers zu theuer. Auch der Wohlhabende findet
sie oft noch zu hoch, weil nemlich sein Wohlstand
nicht selten mit seinem Geiz zusammenhängt. —
Am Ende ists auch immer eine große Frage, ob
die niedern Volksklassen gar durch Schriften be=
lehrt werden sollten?

Verstand in einem todten starren Schlaf liegt, die mit dem Verlauf der Zeit, immer mehr Aberglauben, Roheit, Wildheit und Vorurtheile in sich saugen, und denen folglich nichts mehr entgegen sein kann, als Dinge die ihren Geist betreffen — Dinge, zu welchen sie eben so wenig Kraft als Lust haben, und deren ganze Aufmerksamkeit darin vollendet ist, den Prediger eine ganze Stunde mit aufgestüztem Arm anzusehen, und mit verschlossener Seele — zu hören. Mit einem Wort — die Menschen kommen viel zu unwissend aus den Schulen, als daß die Kanzelvorträge auf sie wirken könnten. Fast haben sie durch den schlechten Unterricht das Vermögen, oder doch die Lust verloren, den bessern anzunehmen. Daher auch, weil diese Menschen fühlen, daß nichts weniger für sie brauchbar sei, als dieser Kanzelvortrag, die Unleidlichkeit, die sie so oft bei demselben beweisen, und die den Prediger oftmals so verdrießlich bei seinem Vortrage macht. Nicht zu bewundern: denn wer sollte nicht verdrießlich, oder wenigstens nicht niedergeschlagen und muthlos werden, wenn er sieht, wie träg und schläfrig seine wenigen Zuhörer, bei den wichtigsten und größten Wahrheiten sind, die er ihnen vorträgt, und wenn ihm der höchst geringe Nutzen, den er mit allen seinen Vorträgen stiftet, nicht unbemerkt bleiben kann. Und wenn er sich zuvor die größte Mühe gegeben hätte, so wird er in dieser Mühe nachlassen — und warlich es wäre zu verzeihen. Erasmus hat Recht: 46) „Welcher Prediger," sagt er, „wird

„es

---

46) „Quotum enim quemque reperias (in sacerdo-
„tibus) tam patienti stomacho, qui diu retinere
„possit in docendo studium, alacritatem atque ar-
„dorem, si conspiciat, e tam multis tam paucos

„es verdauen, und immer gleichen Fleiß behal=
„ten, und in gleicher Wärme bleiben, wenn er
„sehen muß, wie wenige die Vorträge besuchen,
„und unter diesen wenigen, noch wenigere, bei
„welchen die angewandte Mühe nicht undankbar
„ist. Einige sind berauscht und wissen nicht was
„sie hören, bei andern ist in Mienen und Be=
„wegungen der Eckel recht unverkennbar ausge=
„drückt, sie gähnen, husten, rülpsen und räus=
„pern sich; andere benehmen sich etwa eben so,
„wie im Schauspielhause, wenn sie die Sprün=
„ge eines Akteurs mit ansehen, die meisten schla=
„fen und einige schnarchen sogar recht aus Her=
„zens Grunde, weil sie sich den Magen über=
„pfropft haben. Sie warten nur darauf, ob
„nicht etwa etwas Lustiges und Schnurriges mit
„unterlaufe, was sie ihren Trinkbrüdern beim
„Schmause wieder erzählen können. Noch är=
„ger

„venire ad concionem, tum in his paucis tam
„paucos in quibus non laudatur opera, dum
„alii crapula graues audientes non audiunt, alii
„toto vultu totoque corpore taedium praefe-
„runt, oscitantes, screantes, ructantes, obtuſ-
„ſlentes; alii non alia facie concionantem au-
„scultant, quam solent histrionem in theatro sal-
„tantem; plerique dormitant, nec desunt qui al-
„tum etiam stertant, quod distento ventre ve-
„niant in concionem. Qui — — tantum expe-
„ctant si quid festiuum aut ridiculum excidat,
„quod in coena recitent combibonibus, — Quam-
„quam his quoque peiores, qui non veniunt vt
„discant, sed vt captent quod calumnientur, nec
„hunc animum dissimulant, sed risu rictuque in-
„terdum & sibilo produnt & murmure — — —
„Et miramur si concionatores habemus parum
„diligentes? — An non meminimus & illos esse
„homines? — "

"ger aber sind diejenigen, die, nicht um belehrt
"zu werden, sondern um etwas wegzuschnappen,
"was sie durchziehen können, die Predigten be-
"suchen, und diese Absicht sehr unverhohlen
"durch Rümpfen und Lachen, und zuweilen gar
"durch Brummen und Zischen zu verstehen ge-
"ben." — So waren die Zuhörer zu Erasmus
Zeiten, und, etwas weniges abgerechnet, sind sie
heut zu Tage beinahe noch eben so. "Und wir
"können uns wundern," fährt Erasmus fort,
"daß wir so nachläßige Prediger haben? Wol-
"len wir denn vergessen, daß sie auch Menschen
"sind?" —

Es dürfte überhaupt eine sehr wichtige Frage
sein, ob die Vorträge ans Volk, zumal in der
Form, die sie in unserm öffentlichen Gottesdienst
izt haben, das wirksamste Mittel zur Belehrung
desselben, und zu Veredlung seiner Gesinnungen,
sein möchten. Schon das strenge Zusammenhangende in denselben, wodurch sich wenigstens der
gute Prediger von dem Schwätzer, so sichtlich unterscheidet, ist für den größern Theil des gemeinen
Mannes gewiß nicht gemacht, so faßlich auch
übrigens der Vortrag sein kann. Sein Gedächtniß wie sein Verstand, beides ist zu ungeübt, den
ganzen Gebrauch von den Vorträgen machen zu
können. Das eine kann so eine lange Reihe von
Vorstellungen nicht aufbewahren, und der andere
dieselben nicht bearbeiten. Es sind demnach nur
immer einzelne Stücke, die behalten werden. Aber
eben durch dies Zerstückeln und Ausreissen aus dem
Ganzen, werden oft ganz andere Vorstellungen in
der Seele erzeugt, als sie der Prediger erzeugen
wollte. Natürlich: die Ordnung in der die einzelnen Stücke standen, ihre Zusammenstellung und ihr

Ver-

Verhältniß gegeneinander, ist dem Zuhörer verloren gegangen. In dieser Hinsicht dürfte der bekannte Vorschlag, die Vorträge durch Verse aus Liedern zu unterbrechen, nicht übel sein, wenn nemlich die Verse so gut gewählt werden könnten, daß sie mit wenigen Worten, deutlich und rührend, und ohne Nebengedanken zu veranlassen, die die beabsichtete Wirkung zerstreuen könten, das wiederholten, was der vorhergegangene Abschnitt der Predigt enthielt — aber wo sind die Liederbücher, die zu diesem Endzweck Vollständigkeit genug hätten? — Dies würde sowohl dem ungeübten Gedächtnisse außerordentlich zu statten kommen, durch Melodie und Versifikation, als auch durch beides die guten Wirkungen des Vortrags auf Herz und Leben sehr erleichtern.

Wenn auch dieser Schwierigkeit durch den angegebenen Vorschlag ganz abgeholfen wäre, wie es doch nicht ist, so blieben derselben gewiß noch mancherlei übrig, die nicht unwichtig sein möchten. Der Kanzelvortrag ist nemlich gar zu oft, wie einerlei Saamen auf ein verschiedenes Land. Laßt das Land das ergiebigste, und den Saamen den besten sein, welche Früchte wird man erwarten dürfen, wenn der Saamen auf viele Stellen nicht hingehört, und in anderen doch nicht ganz seine rechte Stelle findet? — Die Stände, Lagen, Umstände, die verschiedenen Alter der Menschen, sind in ungeheuren Abstufungen von einander verschieden, und hierdurch muß nothwendig eine große Verschiedenheit an Interesse, an Neigungen, Wünschen, Gefühlen und selbst an Meinungen, Irrthümern und Vorurtheilen entstehen, welche doch unmöglich alle gleich glücklich nach einer und eben derselben Manier behandelt werden können. Soll nun

nun der Prediger Vorträge halten die gleich gut für alle seine Zuhörer passen und brauchbar sein sollen, so wird er es nicht vermeiden können, sich mehr auf allgemeinere Grundsätze einzuschränken, und auf Lehren und Anweisungen, die auf den ganzen gemischten Haufen gleich gut anwendbar gemacht werden können. Es ist wahr, auch diese müssen vorgetragen werden, und können und sollen viel Gutes bewirken. Aber der Mensch wird sehr selten ganz dadurch getroffen; eben weil die Lehren so allgemein sind, und dem Zuhörer schon so bekannt und alltäglich scheinen, wirken sie weniger auf ihn. Er glaubt zwar, daß das Gesagte für seinen Nachbar, für diesen und jenen, und für alle übrigen Versammelten vielleicht sehr brauchbar sei, nur übersieht er, daß er sich im gleichen Fall befinde. Hergegen lehrt es die Natur der Sache und die Erfahrung, daß der Mensch nie überzeugender belehrt, nie inniger gerührt und kräftiger erschüttert wird, als alsdenn, wenn der ganze Vortrag ganz allein für ihn und für seine Umstände gemacht zu sein scheint, ganz seiner Lage angepaßt ist, und sich vielleicht selbst bis auf manche seiner kleinern Umstände bezieht. Da sieht er, daß alles ganz für ihn ist, er empfindet mit, er versteht aufs genaueste was ihm gesagt wird, — denn so findet es sich alles in seiner Lage und in seinen Erfahrungen. Darum kann ihn auch nichts näher treffen. Je näher und eigentlicher man aber seinen Vortrag den besondern Lagen des Zuhörers anschmiegen könnte, desto fester könnte man ihn halten, ihm alle seine Schlupfwinkel versperren — er kann keine Entschuldigung aus seinen Umständen hernehmen, — nichts auf seinen Nachbar schieben; es ist ganz, es ist alles für ihn.

er kann sich nicht loswinden. Allerdings können geschickte Prediger hierin Etwas, aber auch nur Etwas thun, und ie mehr sie die große Kunst verstehen, alles im nahen Bezuge auf die besondern Lagen des Zuhörers zu bringen — die Kunst zu individualisiren könne man es benahmen — desto mehr werden sie demselben alles wichtig machen und desto mehr Gutes stiften. Aber was hier auch geschehen mag, so wird es immer mangelhaft sein, und vielerlei Schwierigkeiten zurücklassen. Will der Prediger mehr allgemeinere Vorträge halten, so treten alle Schwierigkeiten ein, die wir bemerkt haben, und noch mehr — der Zuhörer glaubt alles von Herzen und entschlüpft der Anwendung. Will er etwa nur für besondere Stände, Lagen und Umstände predigen, so werden die ändern, die nicht in diesen Lagen, Ständen und Verhältnissen sind, glauben, daß sie etwa nichts gebrauchen können. Will der Prediger für Jünglinge reden; so werden die Männer sich für berechtigt halten, nicht zuzuhören — will er fürs Gesinde reden, so werden die Herrschaften oft davon Anlaß nehmen ihre Dienstboten lieblos zu beurtheilen, oder sich ungestümm zu beklagen, oder sich zu freuen, daß demselben der Text gelesen ist — u. s. w. Und doch muß der Prediger zuweilen nothwendig für einzelne Stände und Lagen Vorträge halten. Noch mehr: was diesem deutlich ist, ist ienem dunkel — was diesem auf den ersten Anblick als Wahrheit sich anbietet, das fordert bei ienem erst eine sehr umständliche Auseinandersetzung, dem scheint leicht was einem andern höchst schwer dünkt; dieser wünsche das schon vergessen zu können, was ienem noch sehr neu und wichtig ist, dieser wird bis zu Thrä-

nen

nen durch das gestimmt, wobei ein anderer noch sehr kalt bleibt, dieser will ernsthaft und streng, ein anderer gütig und sanft behandelt sein u. s. w. Mit Einem Wort, unsere Vorträge können leider nie allen angemessen sein, denn fast alle sind untereinander in allem verschieden, und der Prediger kann es daher nicht vermeiden, vieles zu sagen, was für viele gar nicht, und wieder für viele nur halb zu gebrauchen, und daher gar nicht oder nur halb interessant für sie ist.

Man könnte hier auch, ohne unbillig zu sein, unsere heutige Aufklärung, und das Schreien und Lärmmachen darüber, zu den Umständen rechnen, die den Nutzen der Kanzelvorträge erschweren. — Es mag seine guten Folgen haben, daß man in unserm Zeitalter, den ersten Satz des Descartes, in seiner ganzen Ausdehnung in Ausübung bringt. Es ist so manches zur Sprache gekommen, das man sonst ruhen ließ, und so manches nach einer wiederholten Prüfung als falsch befunden worden, darüber man schon ausgemacht hatte; es ist bei Lehren und Meinungen manche neue Seite ins Auge gefaßt, und aus verschiedenen Gesichtspunkten näher betrachtet worden; es ist vielleicht sogar mehr reine sichere und brauchbare Wahrheit abgeschieden, und mehr wahre Duldung befördert worden, als durch alles Räisonnement darüber, und es hängt hiermit wahre Aufklärung sehr genau zusammen. Aber das ist in Wahrheit zu bedauern, daß viele dunstige Aufklärer alle ihre ungesalzenen und unschmackhaften Einfälle, Meinungen und Thorheiten für himmlischreine Aufklärung ausbuden, und zu ihrer Waare Abnehmer in Menge finden: und noch mehr ist zu beklagen, daß dieser Dunst der Aufklärung recht sorgfältig bis zu dem ge-

gemeinen Manne verbreitet wird, anstatt daß es recht sorgfältig verhütet werden sollte, sie bis dahin kommen zu lassen. Diese Aufklärung und die Pfrieme in der Hand, machen sehr oft einen wunderseltsamen Kontrast, und stiftet den mannichfaltigsten Schaden. Sie erzeugt bei den Laien aufs wenigste Zweifelsucht und Ungewißheit in allen wichtigen Wahrheiten, und bleibt in so fern gewiß nicht ohne mancherlei schädlichen Einfluß. Diese Aufklärung würde freilich nichts hindern, nichts schaden, wenn die Menschen das ganz wüßten, was sie leider nur immer halb wissen — wenn sie nicht allzuoft, nur in der großen Kunst bestände, alles zu zerstören, ohne das mindeste dagegen aufzubauen — wenn man erwägen wollte, daß es mehrere, sehr wohl zu bestimmende Grenzen geben dürfte, wo sie fürs erste beim Volk aufhören müßte; wenn man erst das, was für den Fassungskreis dieser oder jener bestimmten Volksklasse gehört, zuvor festsetzen, und sich vor allen Dingen wohl darüber bedenken wollte, durch welche Mittel sie erzeugt werden müsse, und worin sie eigentlich bestehe. Aber man nimmt herzlich wenig Hinsicht auf diese Umstände, und so wird das arme Volk durch allzuhelles Sonnenlicht ganz geblendet, und kann vor lauter Licht nicht sehen. Man läßt ihm auch kaum Zeit sich zu besinnen, und in gehörigen Stufen in seiner Erkenntniß und deren Berichtigung zuzunehmen, man überladet seinen Kopf, und man überladet es selbst mit Dingen, für welche es noch gar keine Fassungskraft hat, und dadurch wird es sicherlich verwahrloset. Sein wenig geübter Verstand geräth in Verwirrung, es vermag das Gute von dem Schlechten nicht immer gehörig, oder gar nicht auszusichten,

es

es wirft oft den guten Saamen zu Hausen weg, und behält statt desselben den Saamen zum Unkraut zurück, und weiß oft zulezt nicht mehr, was es meinen und dafür halten, und was noch tausendmal schlimmer ist, er weiß auch nicht mehr was es thun oder lassen soll. Es wird ihm oft alles genommen, und an der Stelle des Genommenen, erhält es nichts, oder nichts Bessers wieder.

Es ergiebt sich von selbst, wie schwer es werden muß, durch den Vortrag zu wirken, wenn das Volk durch die erhaltene Aufklärung verdorben ist, wenn keine Begriffe mehr da sind, bei welchen man es festhalten und von welchen man ausgehen kann, wenn es nicht mehr deswegen den Gottesdienst abwartet um sich belehren zu lassen, sondern um den Kritiker zu machen, und sich mit vieler Selbstgenügsamkeit schmeichelt, längst über das hinaus zu sein, was ihm sein Prediger sagen könne, wenn es vielleicht gar schon gelernt hat, sein Christenthum gering zu schätzen, und den Prediger zu tadeln, der nicht in die Trompete seiner Aufklärung mit hineintrompeten will.

Wenn auch die Seuche einer ungesunden Aufklärung in einer Gemeinde, gar noch nicht so weit um sich gegriffen hätte, daß sie über alle Grundsätze hinaus wäre, deren man zur Ruhe des Lebens und zur Tugend nicht entrathen kann, so kann doch der Prediger in eine sehr mißliche Lage kommen, wenn die Gemeinde nur einigermaßen zahlreich ist, denn in vielen Punkten werden alsdann die Stimmen in derselben sehr getheilt sein. Die Streitigkeiten über das was Religion ist und was es nicht ist, welche Vorstellungen dazu gehören, und welche davon zu sondern sind,

sind, sind schon längst nicht mehr die Sache, die blos den Theologen und den Prediger angeht — sie sind Sache des Publikums geworden und werden es fast täglich noch mehr. Wird doch in Zeitungen von mancherlei Art und Gestalt, in Journalen und fliegenden Blättern darüber geschrieben, und in Gesellschaften und Zusammenkünften davon gesprochen, und dadurch für viele fast unmöglich, nicht Notiz davon zu nehmen. Das möchte gut sein. Aber das ist wohl schlimm, daß die wenigsten geschickt sind, den kalten und richtigen Untersucher zu machen, und die meisten bald Parthei nehmen, ie nachdem sie nun einem Schriftsteller, der sich des großen Worts bemächtigt hat, oder aber ihren Vorurtheilen folgen. Jede Parthei glaubt nun die Wahrheit rein und sonnenklar ergriffen zu haben, und macht an den Prediger die Forderung, daß er nach seiner Meinung reden soll. Ganz begreiflich: — aber nichts desto weniger eine gefährliche Klippe, an der er, nur mit äusserster Vorsicht, ohne zu scheitern, vorbeischiffen kann. Denn was nun? Soll er Parthei nehmen, so wird er die entgegengesezte anders denkende Parthei sehr beleidigen. Soll er Wahrheit reden? — Schon gut, was ist denn izt Allen Wahrheit? — Damit wär er um kein Haar weiter. Soll er sich blos auf das einlassen, was beide Theile als Wahrheit anerkennen? — wie wenig wird dessen sein, und wie unbefriedigt wird die eine oder andere Parthei bleiben, die von manchen andern Gegenständen auch zu hören wünscht — obgleich dies, überhaupt zu reden, immer noch das rathsamste sein dürfte. Alle Partheien wollen vielleicht Christuslehre hören, — denn

X wer

wer die nicht hören will, scheint zur Zeit noch nicht in unsere Kirchen zu gehören — aber keine kann sich mit der andern darüber vereinigen, was Christuslehre ist. Glücklich ist hier der Landprediger — denn es liegt am Tage, daß das Gesagte größerntheils nur von Städten gilt — dessen Gemeinde noch in der ehrlichen Einfalt des Glaubens ihrer Väter wandelt. Denn wenn er hier nur die Unwissenheit heben kann — aber freilich, wie schwer ist das! — so hat er doch übrigens wenig weiter zu thun, als das offenbar Falsche abzusondern, das Rohe zu runden, das Dürftige, das in seinen ersten Keimen liegt, zu entwickeln, und hat — geht er mit Vorsicht und Behutsamkeit zu Werke — wenig zu fürchten, daß er es der oder iener Parthei nicht recht werde gemacht haben.

Wollte man den Vorschlag thun, wie er neuerlich wirklich gethan ist, für zwei christliche Partheien, besondere Lehrer anzustellen, so muß man doch sogleich bemerken, daß auch hierdurch das Unheil eher vergrößert als demselben abgeholfen werden dürfte — angenommen nemlich, daß auch nur die entfernteste Hofnung da wäre, denselben iemals ausgeführt zu sehen. Wornach wollte man denn die Grenzen der Abtheilung so genau angeben, daß nicht immer noch, nach abgesonderten Partheien, Partheien übrig blieben, und wo alsdenn diejenigen hinzustellen, die es mit keiner von beiden konstituirten, oder die es mit beiden hielten? Ueberdem würde hierdurch der dringendste Anlaß gegeben, zu zehn und zu zwanzig andern neuen eigentlichen Sekten, und mithin auch zu eigentlichem Sektenhaß, und Sektenverfolgungen, und

in

in wenig Jahren könnten die Zeiten wieder zurück=
kehren, wo auf allen Kanzeln, die gallichten Krie=
ge der Polemik mit den Gegenpartheien geführt
würden. So viel würde alsdenn auch der unwis=
sendste Tagarbeiter wieder lernen, daß es Be=
schimpfung für seinen Glauben und seine Mei=
nung sei, wenn andere anders glauben und mei=
nen, ohnerachtet er von dem Einen wie von dem
andern nichts wüßte. Izt lebt er glücklicher und
läßt glücklicher leben, er habe gesunde oder unge=
sunde Begriffe — er kennt entweder kein Gegen=
theil, oder es ist ihm nie so ins Licht gestellt, daß
es ihm ärgerlich wäre, oder aber man reizt ihn
doch zum mindesten nicht in iedem Vortrag, daß=
selbe zu verfolgen. Lieber bleibe es also, wie es
ist. Es ist wenigstens nicht das Aussehen, als
ob man neue Sekten mache, um wieder — Ver=
einigungsversuche machen zu können.

Einige einzelne Stücke.

Statt zu fragen, "warum unsere Kanzelvorträ=
ge nicht mehr genuzt haben, könnte man vielleicht
mit gleichem Recht fragen, warum sie nicht mehr
geschadet haben. Denn ihr Inhalt sowohl, als
ihre mancherlei Formen, sind oft nur allzusehr da=
zu gemacht gewesen, recht viel Schaden für die
Moralität anzurichten, und wenn derselbe in einem
geringern Maaße ist angerichtet worden, so dürf=
te man es wohl dem guten eigenen Gefühle der
Menschen, ihrer Ehrliebe, dem Guten was sich
bei ihrer ersten Erziehung mitunter fand, und
manchen andern Umständen danken, die ihren Grund
in den Verbindungen der Menschen untereinander,
in ihren bürgerlichen Verfassungen und Gesetzen,
in ihrem Temperamente Anlagen und Neigungen
haben. Das Beste vielleicht, was durch eine
lange Reihe von Jahren unsere Vorträge genuzt
haben, dürfte sich darin beschränken, daß sie, wie
ein schwacher Damm, die lezten Ausbrüche der
Roheit und Wildheit mit aufhalten halfen, dem
Eindringen einer völligen Sittenlosigkeit unter dem
rohen und sinnlichen Volkshaufen wehrten — bei=
de Stücke sind allerdings nicht so unwichtig anzu=
sehen — und einen gewissen Anstrich von Fröm=
migkeit und Sittsamkeit im Aeußerlichen hervor=
brachten. Manche einzelne Wahrheit und gute
Lehre hat manches einzelne Gute erzeugt — frei=
lich immer sehr schäzbar, aber doch nur einzelne
Aehren, auf einem großen Felde, das, wenn es
überall recht bebauet wäre, überall reichlich Frucht
bringen

bringen könnte. Aber dafür hat man auch, statt den Verstand zu belehren und zu überzeugen immer nur Glauben erzwingen wollen, und, statt auf das Herz zu wirken, die Einbildungskraft verschoben — und auf unsern Universitäten, wird zur Bildung des künftigen Predigers —— Homiletik gelesen, und recht viel kostbares de inuentione, de elaboratione u. s. w. kommentirt.

———

Es ist izt, und wohl nicht ohne guten Grund und Recht, ein so beträchtliches Verdienst geworden, gemeinnützig zu werden; wer könnte das nun wohl mehr werden, als der Prediger — der Mann der an der Moralität des rohen Volksklumpens poliren soll — wenn er sein Amt mit den erforderlichen Kenntnissen, mit Ueberlegung und mit Wärme verwaltete? Wären alle unsere Prediger Männer, deren Kopf helle und deren Kenntnisse vollwichtig genug wären, die Grenzen zwischen Theologie und Religion ziemlich genau aufzufinden, diese auf ihre simpeln, großen und faßlichen Grundsätze zurückzuführen, und dem Zuhörer allein vorzutragen; die Unterschiede zwischen den Lehrwahrheiten und ihren Verhüllungen oder Verstümmelungen iedesmal glücklich zu entdecken; sich von alten und neuen, vorgefaßten und ungegründeten Meinungen gleich leicht loszureissen — Männer, die vor allen Dingen, Menschenkenntniß, dies nothwendige und doch so selten anzutreffende Erforderniß hätten, um ihrem Zuhörer glücklich beizukommen, ihren Begierden und ihrer Sittlich-

X 3   keit

keit iede Ausflucht zu nehmen, und ieden Ausweg zu verrennen; die sich auf die feinsten und verborgensten Neigungen und Schwächen des menschlichen Herzens, und auf das was zur Besserung desselben dient, verständen, die mit den Meinungen, Vorurtheilen und Begriffen ihrer Zuhörer bekannt wären, und sie, wenn sie schädlich sind, so unmerklich zu untergraben wüßten, daß sie von selbst fielen, und im Gegentheil, sie dazu anwendeten, um der schwachen Vernunft derselben damit auszuhelfen, und manchen guten Zweck leichter zu erreichen, die den Unterricht in dem was der Mensch wissen muß, mit dem was ihm zu thun obliegt, iedesmal so fest zu verbinden verständen, daß es niemanden einfallen könnte, beides zu trennen; die, ie nachdem es die Umstände erforderlich machten, Ernst, Liebe, Bitten, Ermahnungen, Vorstellungen und Belehrungen, zu gebrauchen wüßten, und diesem allen, durch ihr untadelhaftes Leben und durch völlige Gewalt über die Sprache, rechten Nachdruck geben könnten: — wenn unsere Prediger alle so wären, wie wohlthätig und bessernd würden ihre Vorträge werden, und wie nützlich alle ihre Bemühungen!

Wenn es auch izt unter unsern Predigern, mehrere würdige Männer gibt, die diese angegebenen Erfordernisse, größerntheils besitzen, so darf man doch nicht sogleich erwarten, daß der Nutzen ihrer Vorträge so sichtbar in die Augen springen, und izt schon so besonders groß sein werde. Das Gute ist izt erst in seinen ersten und schwachen Anfängen sparsam und vereinzelt, und dem Volke, sind die wirksamern Lehren und Wahrheiten noch neu und fremd; wenn sie aber wirken sollen, so

müssen

müssen sie ihm alte Freunde geworden sein, mit welchen es recht vertraut geworden ist. Der Saame, der izt im Aufkeimen ist, bedarf einer längern Reihe von Jahren, bevor er zur Reife einer vollendeten Frucht gedeihen kann, zumal da er sich durch alle die falschen verschobenen und schädlichen Vorstellungen, Meinungen und Vorurtheile durcharbeiten muß, mit denen das Volk durch die lange Gewöhnung vertraut geworden ist, und die es für so sehr verdienstlich hält. Zudem hat Luther Recht, wenn er es für ein schweres Ding hält „alte Hunde bändig, und alte Schälke fromm „zu machen, daran doch das Predigtamt arbei= „tet, und viel umsonst arbeiten muß." Und eben daher, weil dies so schwer ist, kann es auch nicht anders, als langsam damit von statten gehen. Hieraus kann man zugleich sehen, wie viel oder wenig unbillig oder unüberlegt der Vorwurf ist, den man seit einiger Zeit, den sogenannten neuen Lehrern und Predigern schon mehrmalen gemacht hat, daß nemlich, trotz aller ihrer neuen Anstalten, Verbesserungen, Lehren und Lehrarten, doch unter den Menschen nichts Gutes mehr hervorgebracht sei, als ehedem. Es ist ohnehin Anmaßung, hierüber entscheiden zu wollen, da man schwerlich mehr wird angeben können, als dieses, daß noch nichts Gutes merkbar und in die Augen fallend geworden sei, man müßte denn im Stande sein, die Summe alles Einflusses und aller Wirkungen, die bei jedem einzelnen Menschen, in besonderem Bezug auf seine Anlagen, Neigungen, Fähigkeiten und anderweitige Umstände, von den Vorträgen des einen und des andern Theils hervorgebracht sind, richtig und genau zusammenzu-

bringen,

bringen, um alsdann beide Theile genau miteinander vergleichen zu können. Und am Ende erfordert es auch die Billigkeit, nicht zu übersehen, daß das Gute was gestiftet werden könnte, durch viele äußerliche Umstände mannichfaltig und stark verhindert werden könne, ohne daß es in der Gewalt des Predigers steht, diese Umstände zu ändern oder hinwegzuschaffen.

———

Wenn uns iemand, der Kenntnisse und Hülfsmittel dazu hätte, eine pragmatische Geschichte, der religiösen Einrichtungen, Gebräuche, Sitten und Gewohnheiten liefern wollte, von den rohen Zeiten der christlichen Barbarei an, bis über Zwingli und Luther hinaus, der würde uns ein überaus schätzbares und lehrreiches Werk geben. Besonders angenehm müßte ein solches Werk dem Prediger sein, schon in so fern, als es einen Beitrag, zur allgemeinen Geschichte der Hindernisse der Moralität abgeben dürfte, welchen er, da er als Geschichte der Hindernisse der Nutzbarkeit des Predigtamts angesehen werden könnte, mit eben so großem Nutzen als Vergnügen gebrauchen würde. Vielleicht ist es dem Leser nicht entgegen, hier ein und das andere Probestück zu finden, welches es ihm nicht an Veranlassungen zu Betrachtungen und Gedanken von mancherlei Art wird fehlen lassen.

In ienen Zeiten, da die Wuth an heilige Orte zu wallfahrten, ausgebrochen war, und ansteckend, wie ein Fieber, um sich griff, kamen gewisse geistliche

liche Schauspiele auf, die in den Kirchen und Klöstern — man kann leicht denken, mit welcher Erbauung — aufgeführt wurden. Die Pilger welche von den heiligen Orten des gelobten Landes, in ihre Heimath zurückreiseten, gaben die erste Veranlassung dazu. Sie machten sich auf ihrer Heimkehr eine besondere Ehre daraus, mit Reliquien, Heiligthümern, Kreuzen, Schnecken und Konchilien u. d. gl. behangen, die Thaten und Schicksale Christi auf öffentlicher Straße abzusingen. — Man weiß nemlich, wie sehr der Kopf der armen Pilger unter Asiens heißem Klima litt, und wie heftig ihre Einbildungskraft dort echaufirt wurde. — In der Folge, fing man auch an die Geschichten anderer Personen der Bibel, z. B. der H. Jungfrau, eines Lazarus u. s. w. und die Thaten und Wunder der Heiligen, deren Gräber und Knochen man besucht hatte, öffentlich abzusingen, zur höchsten Freude des Pöbels.

Je mehr dies großen Beifall fand, desto baldiger kams dahin, daß man mit dem Gesang auch Handlung und Vorstellung verband, und die heiligen Legenden, und die Wunder und Schicksale vornehmer Märtirer, ganz eigentlich aufführte. In äußerst kurzer Zeit waren solche Spiele vom Leiden Christi, in Italien, Spanien, Frankreich und Deutschland überall im Gange, und überall beliebt. Man führte sie auf jedem offenen und freien Platz auf, obgleich bald genug die Kirchen ausschließungsweise im Besitz der Ehre kamen, den Schauplatz zu diesen Spielen herzugeben, so wie es sich auch der Klerus allein anmaßte, die Rollen in denselben zu machen. Bei jeder vorzüglichen Gelegenheit wurden diese Spiele gebraucht, und

wur-

wurden bald die ersten und unentbehrlichsten Lustbarkeiten, die man bei großen Festen, bei Verheirathungen der Fürsten, an den Tagen wo Prinzen zu Rittern geschlagen wurden, und bei ähnlichen Vorfällen anstellete. Man hat von der bekannten Roswitha zu Gandersheim sechs solcher geistlichen Komödien. So hat man auch ein Osterspiel von der Ankunft und vom Tode des Antichrists, in welchem alles mögliche auftritt — Pabst, Kaiser und andere Fürsten; der Antichrist in eigener Person, von Kezerei und Heuchelei begleitet, und sogar auch die jüdische Synagoge und das gesammte Heidenthum paradiren auf der Bühne.

Man kann ohne Mühe sehen, welche gefährliche Wirkungen es aufs Volk muß gemacht haben, wenn ihm seine Religion in ein so lustiges Ding umgeschaffen wurde, welches sich als sein liebstes Spielzeug gebrauchen ließ, zumal da der ehrwürdige Klerus bei diesen Gelegenheiten mit Tanzen, Singen und Springen, Zoten und tausend Ausschweifungen dem Volke sehr erbaulich ward. Sogar der heilige Stuhl zu Rom konnte zulezt nicht umhin sein Misfallen an diesen Spielen zu bezeigen. In Gregors des 9ten Dekretalen wird ausdrücklich getadelt, daß die Geistlichen mit Larven in der Kirche erschienen — denn es war Schauspiel und Maskerade zugleich — und Possenspiele trieben. 47)

Auch

---

47) (4. C. Cum Decorem) „Fiunt ludi theatrales in „Ecclesia, & non solum ad ludibriorum spectacu„la introducuntur monstra larvarum, sed etiam „in aliquibus festivitatibus, Diaconi, Presbyteri „& Subdiaconi infamia sua ludibria exercere

Auch noch im 15ten Jahrhundert waren diese Spiele an mehreren Orten üblich und wurden von Provincialsynoden 48) untersagt. Und dennoch haben sie in verschiedenen katholischen Ländern das fünfzehnte Jahrhundert noch lange überlebt. 49) So wurden dieselben in Baiern in den neuesten Zeiten durch landesherrliche Verordnungen untersagt. 50)

Diese

„praesumunt." — Man trift von diesen Spielen und Komödien, die Nachrichten bei E. Martene im Thesaur. Anecd. T. II. P. III.

48) Noch das 1445 unter dem Bischof Radulph gehaltene Conc. Rotomagense (Rouen in Frankreich) prouinc. verbietet n. II. die „*ludos fatuorum* qui „fiunt cum *laruatis* faciebus in ecclesiis aut coe‑ „miteriis."

49) In unserm protestantischen Deutschland giebt es noch bis izt ein und den anderen kirchlichen Gebrauch, der höchst wahrscheinlich Ueberbleisel dieser rohen Zeiten ist, nach und nach aber freilich, eine veränderte Gestalt bekommen hat, die aber immer noch ihren Ursprung durchschimmern läßt. Insbesondere kann man die Passionsvorstellungen hieher rechnen, welche in vielen Städten und Dörfern, am Charfreitage üblich sind, wobei die Rollen eines Pilatus, Petrus, der Magd, des Evangelisten u. s. w. gehörig vertheilt sind, und singend vorgestellt werden.

50) Jedoch hat, neuern Nachrichten nach, die Dorfgemeinde zu Oberammergau in Oberbaiern, Vergünstigung erhalten, ein, von ihren Vorfahren im Jahr 1634, bei einer gefährlichen Seuche gethanes Gelübd, alle zehn Jahre die Leidensgeschichte Jesu, zur Erbauung auf öffentlicher Bühne vorzustellen, auch izt noch halten zu dürfen. 1790 wurde hier das geistliche Drama wieder aufgeführt. Es ist sogar gedruckt zu haben, unter dem Titel:

Diese traurigen religiösen Schauspiele, blieben nicht blos auf den Bühnen in den Kirchen, sondern giengen auch auf die weltlichen Schaubühnen über, und gaben in Italien, Frankreich und Deutschland zu einer großen Menge von Vorstellungen Anlaß, die alle nach den Geschichten, Erzählungen und Vorstellungen der Bibel bearbeitet, oder doch genau mit denselben verwebt waren. Diese Spiele waren so unanständig und verzerrt, daß die Religion in ihrer Wirksamkeit nicht wenig durch dieselben verhindert, die Wahrheiten des Christenthums häßlich genug entstellt und der sittliche Charakter gewiß merklich verschlimmert werden mußte.

Im Jahre 1314 gab König Philipp der Schöne, da er seine Söhne zu Rittern schlug, ein sehr glänzendes Fest. Die Hofleute hatten alle Kleider erhalten, die Straßen waren tapezirt, und am Abend durch eine große Menge Fackeln erleuchtet: aber die Krone aller Lustbarkeiten waren die Schaubühnen, die überall errichtet, und mit reichen und prächtigen Vorhängen versehen waren. Da wurden nun gar mancherlei Spiele —

Feereien

Schauspiel, oder alt- und neues Testament in dem für uns leidenden Gottmenschen zur Betrachtung vorgestellt, und von einer ehrsamen Gemeinde zu Oberammergau auf öffentlicher Schaubühne ꝛc. aufgeführt, Augsburg 1790. Die Erbauung dürfte indessen in den musikalischen Auftritten zwischen Lucifer, Tod, Sünde, Neid, Geiz, und in den Teufelschören so groß eben nicht gewesen seyn: Aber an Zuschauern mag es nicht gefehlt haben, denn es sollen deren sich etwa 30,000 eingefunden haben.

333

Feereien nannte man es damals, und in Deutschland auch Schimpfspiele — vorgestellt. Allhier war zu sehen, wie Gott der Vater Aepfel aß; wie Christus mit seiner Mutter scherzte und mit seinen Aposteln das Paternoster betete, die Todten auferstehen ließ, und dann Gericht über sie hielt; wie die Seeligen im Himmel in Gesellschaft von etwä 90 Engeln (viel Personen!) nach Herzenslust sangen, und hingegen die Verdammten laut klagten und wimmerten; und ein Chor von mehr als hundert Teufeln in die Jammerklage lachten, und sich über das Elend der Unglücklichen freueten. — Auch ward vorgestellt Adams und Eva's Zustand vor und nach dem Fall, Herodes Grausamkeit und die Ermordung der Kinder, Johannes des Täufers Enthauptung, Kaiphas Ungerechtigkeit und Pilatus Urtheil. Ebenfalls war zu sehen, Meister Fuchs; anfangs als Priester, wie er eine Epistel singt, hernach Bischof, Erzbischof, und zulezt gar als Pabst, und wie er dabei immer junge und alte Hüner frißt — auch wilde Männer und Bohnenkönige, die miteinander schmaußten und zechten und sich lustig machten — Buhler und Buhlerinnen im blanken und weissen Hemde, die durch Schönheit, Laune und Jovialität ergözten und lüstern machten — allerhand Thiere in Procession — zehnjährige Knaben die Turnier spielten u. s. w. So wurde das Ehrwürdige mit dem Elenden verspottet.

In einer andern französischen Vorstellung, die auch eine Art Osterspiel ist, unter dem Titel: „Die Auferstehung," schläft der ewige Vater, und ein Engel kömmt und weckt ihn auf:

Engel.

Engel. Ewiger Vater, das ist falsch; du solltest dich schämen! Dein lieber Sohn ist todt, und du schläfst da wie ein Besoffener!

Ew. Vat. Was? er wäre todt?

Eng. Auf Ehre! Ja.

Ew. Vat. Der Teufel hohle mich, wenn ich was davon gewußt habe! 51)

Philipp der Gute von Burgund gab einmal seinen Rittern und Damen ein Fest. In dem großen Saal des Schlosses, in welchem man banketete, erschien Dame Religion auf einem Elephanten, als Nonne gekleidet. Sie öfnet ein Fenster auf ihrem Schlosse, und beklagt die traurige Lage, in welcher sie ist. Alle anwesende Ritter geloben, um sie zu trösten, allerlei Busübungen: einer in keinem Bette zu schlafen — ein anderer, auf keinem Tischtuch zu essen — ein dritter, immer geharnischt zu bleiben u. s. w. Höchlich darob erfreut, stellt die Religion der Gesellschaft 12 andere Damen vor. Eine derselben war die Hofnung, eine andere der Glaube u. s. w. wie man dieses aus den Namen ersahe, welche auf den, an den Schultern bevestigten Rollen ge-

---

51) Ange. Père éternel vous avez tort
Et devriez avoir vergogne,
Votre fils bienaimé est mort
Et vous dormez comme un yvrogne.

P. E. Il est mort?

Ang. D'homme de bien.

P. E. Diable emporte, qui en savoit rien.

geschrieben waren. Nun nahm ein Ball seinen Anfang, welchen Dame Religion eröfnete, und die Gerechtigkeit, die Liebe, die Wahrheit ꝛc. in lebendiger Form, tanzten iede mit ihrem Ritter.

Im 15ten Jahrhundert spielte man in der Dauphiné den Schwelger (reichen Mann); Asmodi, der Teufel der Schwelgerei, und Pluto der Teufel des Reichthums, erscheinen beide vor dem ewigen Herrn Vater, und verklagen den reichen Schwelger, der, vor seinem Richter kniend, um Gnade fleht. Schon ist ein Engel, sein Advokat, nahe daran, seine Lossprechung zu bewirken, da zum Unglück Lazarus dazu kömmt, sich von der Sache unterrichten läßt, und dem ewigen Vater gar derb zuredet. „Was, ewiger Herr Vater? — Was? Den Kerl willst du gehen lassen, das Teufelskind das, den Straßenräuber, den Filz, den Prasser, der nur immer in die Küche läuft und die Töpfe beschnüffelt, und wenn ihm iemand vom Gesetz und den Propheten etwas sagt, seinen Schmeerbauch streicht und antwortet: was Gesetz, was Moses! — das hier sind meine 5 Bücher Moses.” — Darauf ändert sich dann die Scene, und der ewige Herr Vater befiehlt den Hallunken in gehennam ignis zu werfen. Mit Jubel und Jauchzen leisten Pluto und Asmodi diesem Befehl Folge, und stellen den Schwelger dem Herrn Beelzebub vor, der auf seinem Thron sizt, mit einem Feuerhaken bezeptert.

In Mailand wurde ein Stück aufgeführt, in welchem Gideon, der Jude, Hannibal und der Heil. Ritter Georg sich heftig zanken, wer der Tapferste

Tapferste von ihnen sei. Da erscheint Simson und sein Eselskinnbacken, und fordert sie alle drei heraus. Es kömmt zur Schlägerei. Delila kommt hinzu, fällt für Schrecken in Ohnmacht, und die Geschichte endigt sich mit — einem Tanz. Diese Arten Schauspiele wurden so fleißig vorgestellt, daß zu den Zeiten des frommen und eifernden parisischen Kanzlers Charliers — unter dem Namen Gerson bekannter — verschiedene Schauspielergesellschaften aufkamen, deren jede ihre eigene Art hatte. Unter ihnen waren die Passionsbrüder, welche unter dem Titel Mysterien viele Religionsmeinungen äußerst komisch vorstellten. Christus, Bettlerbrüder, Propheten und Diebe — alle hatten ihre Rollen. Christus hält Reden auf dem Theater, halb Mönchslatein und halb französisch, 52) und reichte — man erstaune wie weit der Unsinn gieng — seinen Jüngern das Abendmahl auf dem Theater, mit Hostien und allen üblichen Gebräuchen, und trug bei der Verklärung auf dem Berge Tabor ein Karmeliter-

---

52) Dies war die damalige galante Sprache, in welcher auch gepredigt wurde. Die Religion brachte man damals aufs Theater, und hingegen lustige Schwänke und Mährlein, juristische Fragen u. dergl. auf die Kanzel, so wie man sich auch kein Gewissen machte, wie ein Landsknecht in Kanzelvortragen zu fluchen und zu schimpfen. Flüche, vorzüglich diese, ut diabolus vos importet — ad triginta millie diabolos — und fleißig husten, gehörten damals, wie es scheint, zu den Modeschönheiten eines beliebten Kanzelvortrags. Wie erbaulich und nutzbar die Kanzelvorträge damals gewesen sein mögen! —

meſterkleid. Der Teufel hatte immer bei allen dieſen Vorſtellungen die — Hanswurſtenrolle.

Wie oft nun auch dieſe Arten Spiele unter die Cenſur des römiſchen Hofes und der Kirche fielen, ſo hinderte das doch nicht, daß ſie nicht immer wieder aufgelebt wären, und ſich gewiſſermaßen ſogar an einigen Orten, bis auf unſere Zeiten er‍halten hätten, wie ſchon von Baiern ausdrücklich angezeiget iſt. Vor noch nicht zwanzig Jahren, hatte man in Baiern bei den Charfreitags- und Frohnleichnamsprozeſſionen (denn bei ſolchen feier‍lichen Aufzügen ſcheinen ſich die Ueberbleibſel und Nachgeburten dieſer Spiele am längſten erhalten zu haben) einen maskirten Chriſtus und Judas, ſelbſt ſogar einen vermummten Teufel — papier‍ne Figuren, in welchen Menſchen ſteckten, — Drachen von Papier, 20—30 Fuß hoch, denen der Teufel den Schweif nachtrug, und Engel und Ritter zu Pferde. Eben ſo zu Osnabrück, wo bei den Charfreitagsprozeſſionen, immer noch ein Chriſtus mit dem Kreuze aufzieht, dem ein Ex‍jeſuit vorangeht, und ein kleiner Simon von Cy‍rene nachfolgt. Selbſt in der großen Frohnleich‍namsprozeſſion zu Erfurt, iſt noch ſehr viel Mum‍merei. — Man kann allda ſehen Adam und ſeine Frau, den Baum des Erkenntniſſes, Kain und ſeine Keule, Simſon und ſeinen Eselskinnbacken, den Berg Sinai und 4 Mann die ihn tragen u. ſ. w. — Bemerkenswerth, daß dieſe Mummereien, als religiöſe Handlungen blieben, da ſie längſt als bürgerliche und weltliche Luſtbarkeiten aufgehört hatten.

Y. Hieher

Hieher kann man auch das Narrenfest, das Eselsfest und das bekannte Ostergelächter rechnen.

Das Narren- und das Eselsfest wurden beide nach Weihnachten gefeiert, und waren beide genau miteinander verbunden. 53) Beim Narrenfest wählten sich die Geistlichen und Priester, die an Kathedralkirchen angestellt waren, einen Narrenpabst, oder, gewöhnlicher einen Narrenerzbischof, und führten ihn in die Kirche. Unter den tollsten Formalitäten wurde er eingeweiht, angethan mit der Kleidung desjenigen, den er vorstellte. In der Tiare, oder in der dreifachen Krone, ertheilte der Erwählte dem versammleten Volk öffentlich den Seegen. Am ersten Tage der Feier gab der Almosenier — denn ein solcher Bischof oder Pabst hatte eine große Menge Bedienten, die ihm Ehre machten — dem Volke Ablaß, im Namen seines Herrn, und sagte mit dem feierlichsten Pathos einige Verse, deren Inhalt etwa dieser war: „In Namen des Erzbischofs meines Herrn! „— Der liebe Gott gebe euch allen Unglück an „der Leber, einen vollen Korb voll Vergebung, „und ein Paar Finger voll Krätze unters Kinn." Am zweiten Tage gabs noch mehr solcher Geschenke. „Mein Herr der zugegen ist, giebt euch 20 „Körbe voll Zahnweh, und fügt den schon ge- „machten Geschenken noch einen alten Pferde- „schwanz

---

53) Es ist uns übrigens hier sehr gleichgültig, ob beide Feste erst seit dem 13ten Jahrhundert, oder, nach andern Angaben, schon eine geraume Zeit früher da gewesen sind. Das Eselsfest scheint indessen älter als das Narrenfest, welches auch sonst der Tag der unschuldigen Kinder hieß.

„schwanz bei." Es war bei diesem Feste recht auf die äußerste Zügellosigkeit angelegt, die auch wirklich von Weihnachten an, bis zum Sonntag nach dem Fest Epiphanias herrschte. So lange dauerte nemlich dieses Fest, und so lange wohnten auch die Priester in ihren Hanswurstenkleidern, als Pikelhäringe, oder als Thiere verlarvt dem öffentlichen Gottesdienst bei — wenn anders dieser Name einem Possenspiel gebühren kann. Einige Geistliche waren sogar so schaamlos, sich ganz nackt, dem Volke darzustellen, und mit den wollüstigsten Bewegungen zu tanzen und zu springen. Statt der Psalmen, sang man im Chor die unzüchtigsten Lieder — Zoten und Buhlerlieder; an der Seite des Messe lesenden Priesters spielte man auf dem Altar mit Würfeln, schmaußte und zechte auf demselben, warf Exkremente in die Rauchgefäße und beräucherte das Volk damit, und lief und tollte herum, wie bei Bachanalien. Auch Laien konten dem Kitzel nicht widerstehen, an dieser rasenden Ausgelassenheit der Geistlichen mit Theil zu nehmen, und mischten sich unter den unsinnigen Haufen. Demienigen Priester, welcher sich bei diesem Feste als der tollste ausgezeichnet hatte, wurde Haar und Bart abgeschoren. Man findet es kaum glaublich, daß niemand dies geistliche greuelvolle Karneval tadeln durfte, ohne ein Ketzer gescholten, und als ein solcher sogar des Banns für werth gehalten zu werden, eben so wenig, als das, daß ein Doktor der Sorbonne in einer Disputation behauptete, dies Fest sei Christo eben so angenehm, als das Fest der Empfägniß. 54)

---

54) Die Nachricht von diesem Feste hat Tillot in seinen Mémoires pour servir à l'histoire de la fête de fous.

Das Eselsfest, welches mit dem Narrenfest genau zusammenhing, soll gleichsam die Propheten in Procession vorstellen, die von Christo geweissagt haben; wenn man anders dem Manuscript glauben will, welches auf der königlichen Bibliothek zu Paris gefunden ward. In der That aber sieht man aus allen Umständen, daß es wohl mehr ein Marienfest gewesen ist, dessen Hauptvorwurf, die Flucht der H. Jungfrau nach Aegypten war. Das schönste Mädchen des Orts ritt mit einem Kinde auf dem Arm, auf einem höchst prächtig aufgeschirrten und — mit Kutten behangenen Esel, durch die Gassen der Stadt, unter Begleitung der Geistlichen, des Volks, und eines Liedes, welches sehr oft wiederholt wurde. Unter dem Gesange suchte man das Eselsgeschrei nachzuahmen. Bei dem Anfange des Festes versammelte man sich vor den Kirchthüren, wo ein Gesang angestimmt wurde, der sich mit den Worten endigte:

 Sint hodie procul inuidiae

 procul omnia maesta.

 Laeta volunt, quicunque

 volunt asinaria festa.

Beim Gottesdienst wurde der gepuzte Esel neben dem Altar hingestellt, und man hörte immer noch nicht auf, wenigstens nicht am Ende jeden Liedes, sein Geschrei nachzuahmen. Zuweilen stimmte der Esel, zur höchsten Erbauung und Freude der versammelten Gemeinde selbst mit seinem Jahnen ein. Nach gesprochenem Seegen, schrie der Priester dreimal wie ein Esel, und die Gemeinde antwortete ebenfalls statt des Amens, mit einem

nem lauten Gähnen. Statt des Ausgangs sang man noch einmal, das an diesem Feste gewöhnliche Lied. 55)

Das

---

55) Vielleicht kommt der Verfasser dem Wunsch ein und des andern Lesers zuvor, wenn er dies, ohnehin noch nicht lange und nicht sehr bekannte Lied hersetzet. Es ist dieses.

    Orientis partibus
    aduentauit afinus,
    pulcher & fortiſſimus
    farcinis aptiſſimus
    hez, fir' ane hez! (*)

    Hic in collibus Sichen
    enutritus fub Ruben
    tranſiit per Jordanem
    faliit in Bethlehem
    hez fir' ane hez!

    Saltu vincit hinnulos
    damas & capreolos
    fuper dromedarios
    velox mandianeos
    hez fir' ane hez!

    Aurum de Arabia
    thus & myrrham de Saba
    tulit in ecclefia
    virtus in ecclefia
    hez fir' ane hez!

(*) Heda, Herr Esel!

Das Ostergelächter (risus paschales) war bis auf Luthers Zeiten sehr üblich. Man brachte die ärgsten Harlequinaden auf die Kanzel, erzählte lustige Histörchen, zu welchen man die Gestikulationen so komisch machte als man vermogte, brachte Witz und Schwänke vor, ohngefähr in Till Eulenspiegels Manier, und das alles in der löblichen Absicht, dem christlichen Pöbel dafür einige Erfrischungen aufzutischen, daß er die lange Zeit der Fasten hindurch von den traurigen und betrübten Vorstellungen — freilich mögen sie betrübt genug gewesen sein — und von dem langen Fasten selbst, ermattet sein könnte. Der war der beste

Dum trahit vehicula
multa cum farcinula
illius mandibula
dura terit pabula
hez fir' ane hez!

Cum aristis ordeum
comedit & carduum
triticum a palea
segregat in arena
hez fir' ane hez!

Amen dicas asine
iam satur ex gramine
Amen amen itera
aspernare vetera
hez fir' ane hez!

beste Osterprediger, der die christliche Gemeinde gar nicht vom Lachen zur Erholung kommen ließ. Man erzählte — und wer den Ton dieser Zeiten weiß, kann es ohnehin schon erachten — die häßlichsten und obscönsten Dinge auf den Kanzeln — man nannte es auch obscoena & omnis generis nugae — und wer noch am vernünftigsten und ernsthaftesten war, ließ es bei bloßen lustigen Schwänken bewenden. Wenn man nichts anders füglich vorzubringen wußte, so nahm man Stücke und Geschichten aus der Bibel, und machte sie zum Gegenstand der Ergötzlichkeit, durch Zusätze, Verdrehungen und Travestiren. So erzählte einer, mit welchen schlauen Kniffen der H. Petrus, auf seinen, für die Verkündigung des Evangeliums unternommenen Reisen, die Gastwirthe geprellt habe, im Fall er nemlich Geldmangel gehabt hatte; — andere ließen Personen der Bibel, selbst die Personen der Dreieinigkeit, handeln und sich untereinander zanken und streiten. Auch der oft erwähnte alte Matthesius erzählt ein Beispiel, das wir den Lesern nicht vorenthalten wollen. Er fängt seine siebente Predigt (S. 77. nach der Nürnberger Ausgabe von 1567, und S. 164 nach der Ausgabe zu Frankfurt und Leipzig von 1724) so an: „Geliebte Freunde im Herrn. Et„wan pflegt man um diese Zeit Oster=Mähr„lein und närrische Gedicht zu predigen, damit „man die Leute, so in der Fasten durch ihre „Buße betrübet und in der Marterwochen mit „dem Herrn Christo Mitleiden getragen, durch „solch ungereimt und loß Geschwätz erfreuet „und wieder tröstet, wie ich solcher Ostermähr„lein in meiner Jugend etliche gehöret. Als
„da

„da der Sone Gottes für die Vorburg
„der Hölle kam, und mit seinem Creuze
„anstieß, haben zween Teufel ire langen
„Nasen zu Riegeln fürgesteckt, als aber
„Christus anklopft, daß Thür und Angel
„mit Gewalt aufgingen, hab er den zween
„Teufeln ire Nasen abgestoßen. Solches
„nannten zu der Zeit die Gelehrten Risus pa-
„schales."

Man kann schon aus einigen in diesem Abschnitt bereits erwähnten Umständen schließen, wie sehr man es sich angelegen sein ließ, um diese Zeit zu belustigen und sich belustigen zu lassen. Man entschuldigte diese Narrheiten mit Ps. 118, 24. — Erasmus zeigt das Entstehen der Sitte, lustige Schwänke und Mährchen im öffentlichen Kanzelvortrag anzubringen — „eine Sitte, die nemlich nicht etwa nur zu Ostern allein, üblich war. Schon das römische Volk, sagt er, hätte immer vom Orator wollen ergözt sein, nach den Klagen des Fabius und Tacitus; und es sei nicht unbekannt, fährt er fort, daß die Prediger des Alterthums sich Mühe darum gegeben hätten, das Volk zu ergözen. Es wären auch unter den Christen lange genug sichtbare Spuren dieser Sitte da gewesen, daß auch die Bischöffe wären genöthiget worden, manches für die Ohren des Pöbels herzugeben. Doch wären diejenigen besonders angemerkt — wegen des Unanständigen — die durch erdichtete Mährchen und läppischen Spaß, den Beifall des großen Haufens zu erhalten gesucht hätten. Und izt, da die Theatersitten aus den Kirchen verwiesen wären, gäbe es deren doch noch,

die

die Demosthenes Einfall, die schläfrigen Richter, durch sein Mährchen vom Esel und dessen Schatten, munter zu machen, wenn man auch nicht sagen wolle, auf eine unverschämte Weise, doch gar zu oft nachahmten, und nicht allein lachenswerthe, sondern wirklich läppische, elende und unanständige Dinge vorbrächten. Nachdem er dies getadelt hat, so sagt er, daß es erträglicher und eher zu leiden sein dürfte, wenn einige durch Geräusch und Zurufen, und andere damit die Schlafenden aufweckten, daß sie bei einigen Abschnitten des Vortrags, das Volk sich räuspern und husten ließen. Aber das sei gewiß unverschämt, daß einige Prediger in den Osterfeiertagen, des alten Herkommens wegen, die Gemeinde ins Lachen zu setzen suchten, und das durch solche handgreifliche Mährchen (Münchhausensche Schwänke nach unserer Art) und schmutzige Zoten, deren kein gesitteter Mann bei einem Schmause, ohne Erröthen würde Erwähnung thun können. Zu dieser Art Frölichsein fordere uns der Osterpsalm nicht auf. Abgeschmackt sei es auch, daß man dergleichen nicht etwa gelegentlich, sondern plötzlich und unerwartet vorbringe. 56)."

---

56) Erasmus eccles. p. 154. „Neque obscurum est „veteres ecclesiastes multum in hoc incubuisse „vt delectarent populum — — Huius moris ve„stigia diu residerunt apud Christianos, vt episco„pi cogerentur multa dare auribus multitudinis. „Notati tamen sunt, qui confictis fabulis aut „ineptis iocis excitarunt imperitae multitudinis „applausum. Nunc autem, quum theatrici mo„res e templis eiecti sunt, tamen non desunt, „qui nimium frequenter, ne dicam impudenter,
„imi-

„imitantur fabulam, qnae iactetur de Demosthe-
„ne — qui iudices excitauit ioco de umbra asi-
„ni — Nec ridicula tantum adferunt, fed inepta,
„anilia parumque verecunda." Er führt auch ei=
nige Beispiele an, wovon das eine sauber genug
ist. — — „Tolerabilius est, quod quidam dor-
„mitantes strepitu aut voce excitant, quidam
„totius populi screatu, quem ad singulas oratio-
„nis partes fieri iubent. — Sed impudentius est,
„quod feriis paschalibus quidam, velut ex more
„populo risum mouent idque fabulis manifeste
„confictis plerumque obscoenis, quales ne in con-
„uiuio vir probus sustineat absque pudore com-
„memorare. Nequaquam ad hoc laetitiae genus
„inuitauit Psalmus paschalis — — — Ideo quo-
„que fit absurdius, quod ista non incidunt per
„occasionem, sed ex abrupto inseruntur, vel im-
„pinguntur potius."

www.ingramcontent.com/pod-product-compliance
Lightning Source LLC
Chambersburg PA
CBHW032358230426
43672CB00007B/746